はじめに

　運動会でかざられる万国旗、オリンピックやワールドカップで掲げられる国旗……。これらの旗の色やデザインには、いったいどんな意味があるのでしょうか。

　「国旗」とは、独立国を代表する旗をさします。

　世界の国にはそれぞれ、自分たちの民族性や宗教、歴史や国の理念をデザインした国旗があります。国旗の色やデザインの意味を知ると、その国の特ちょうがよくわかります。みなさんはどれだけ知っていますか？

　この本では世界にある197の独立国の現在の国旗・国章だけでなく、歴史上使われた過去の代表的な国旗についてもその意味を解説しています。長い歴史のなかで、多くの国では革命や植民地からの独立、政治体制の変化などから何度も国旗がかわってきました。その国の国旗がどうかわったかを知ることで、その国のたどってきた歴史もわかります。

　現在と過去の国旗の解説に加えて、この本ではそれぞれの国の特ちょうや立地、歴史を理解しやすいように人口や面積などの基本データや地図、「自然」と「歴史」の解説もつけています。また歴史上のできごとや有名な建築物、国旗や国章についての楽しいコラムもたくさんあります。

　この本で、みなさんがさまざまな国旗のヒミツを楽しみながら世界への関心を深めてくれたらうれしいです。

日本旗章学協会　苅安　望

国旗のおもなデザイン

横二分割旗
ポーランド共和国
横に2色に染め分けた旗

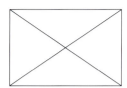 

対角四分割旗
ジャマイカ
斜めに4分割した旗（サルタイヤー旗）

 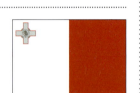

縦二分割旗
マルタ共和国
縦に2色に染め分けた旗

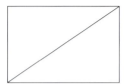 

斜め二分割旗
ブータン王国
斜めに2色に染め分けた旗

横三分割旗
ドイツ連邦共和国
横に2色または3色に染め分けた旗

斜め三分割旗
コンゴ共和国
斜めに2色または3色に染め分けた旗

縦三分割旗
ルーマニア
縦に2色または3色に染め分けた旗

放射八分割旗
マケドニア旧ユーゴスラビア共和国
縦横斜めに8分割した旗

四分割旗
パナマ共和国
縦横に4分割した旗（クォーター旗）

市松模様旗
オランダ王国・北ブラバント州
縦横市松模様に分割した旗

横T字旗 マダガスカル共和国
横T字に分割した3色旗

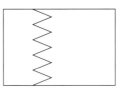 

鋸形旗 バーレーン王国
縦にギザギザ線をもつ旗

横Y字旗 フィリピン共和国
横Y字に分割した3色旗

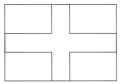

十字旗 スウェーデン王国
旗の中央に十字が交差するギリシャ十字旗や、旗竿よりに十字が交差するスカンディナビア旗

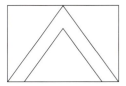 

横V字旗 エリトリア国
横V字に分割した2色または3色旗

カントン旗 アメリカ合衆国
旗竿上部（左肩部）に特別な意匠を入れた旗

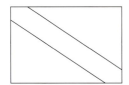 

山形旗 ブラジル連邦共和国 カンピナグランデ市
上向きの山形をもつ旗

縁取旗 モンテネグロ
3辺または4辺に縁取を入れた旗（ボーダー旗）

斜め帯旗 ソロモン諸島
細い斜帯をもつ旗

紋章旗 モロッコ王国
旗の中央に特別な意匠を入れた旗

もくじ

はじめに 3

国旗のおもなデザイン 4

この本のみかた 12

アジア

アゼルバイジャン共和国 14
　コラム　アルツァフ共和国

アフガニスタン・イスラム共和国 16
　コラム　アフガニスタン内戦とペシャワール会

アラブ首長国連邦 18

アルメニア共和国 19

イエメン共和国 20

イスラエル国 21
　コラム　パレスチナ自治政府

イラク共和国 22

イラン・イスラム共和国 23
　コラム　日本にもたらされたササン朝のガラス器

インド 25
　コラム　カシミールとシッキム
　コラム　古代インドに花ひらいた仏教美術

インドネシア共和国 27

ウズベキスタン共和国 28
　コラム　歴史の十字路 サマルカンド

オマーン国 30

カザフスタン共和国 31

カタール国 32

カンボジア王国 33
　コラム　森林のなかの仏教遺跡

キプロス共和国 35

キルギス共和国 36

クウェート国 37

サウジアラビア王国 38
　コラム　世界に広がるイスラム教とその帝国

ジョージア 40

シリア・アラブ共和国 41

シンガポール共和国 42

スリランカ民主社会主義共和国 43

タイ王国 44

大韓民国 45

タジキスタン共和国 46

中華人民共和国 47
　コラム　香港とマカオ　一国二制度のもとの域旗

朝鮮民主主義人民共和国 49

トルクメニスタン 50

トルコ共和国 51
　コラム　ヨーロッパを恐怖におとしいれた
　　　　　オスマン帝国

日本国 53

歴史がわかる! 世界の国旗図鑑

ネパール連邦民主共和国 ……… 54

パキスタン・イスラム共和国 ……… 55

バーレーン王国 ……… 56

バングラデシュ人民共和国 ……… 57

東ティモール民主共和国 ……… 58
　コラム　独立革命戦線の活動さかんに

フィリピン共和国 ……… 59

ブータン王国 ……… 60

ブルネイ・ダルサラーム国 ……… 61

ベトナム社会主義共和国 ……… 62
　コラム　ベトナム戦争

マレーシア ……… 64

ミャンマー連邦共和国 ……… 65

モルディブ共和国 ……… 66

モンゴル国 ……… 67
　コラム　ユーラシアにまたがる史上最大の帝国

ヨルダン・ハシェミット王国 ……… 69

ラオス人民民主共和国 ……… 70

レバノン共和国 ……… 71

アフリカ

アルジェリア民主人民共和国 ……… 74

アンゴラ共和国 ……… 75
　コラム　アンゴラ内戦

ウガンダ共和国 ……… 76

国旗コラム　教えて! 苅安先生

どうしてイスラムの国ぐにの国旗には「三日月」があるの? ……… 15

アフリカにはなぜ「赤黄緑」三色旗が多いの? ……… 80

「汎アラブ色」旗の由来 ……… 88

スーダンと南スーダン ……… 95

北ヨーロッパ諸国に多い「スカンディナビア十字」旗 ……… 137

4つの「国」からできているイギリス ……… 140

「白青赤」3色が象徴する「スラブ民族」 ……… 162

わかるかな?　世界の独立運動と旗 ……… 170

国旗や国章がかわるのはなぜ? ……… 180

もくじ

エジプト・アラブ共和国 ……………… 77
　コラム　エジプトはナイルのたまもの
エチオピア連邦民主共和国 …………… 79
エリトリア国 …………………………… 81
ガーナ共和国 …………………………… 82
カーボベルデ共和国 …………………… 83
　コラム　ベルデ岬はよその国
ガボン共和国 …………………………… 84
カメルーン共和国 ……………………… 85
ガンビア共和国 ………………………… 86
ギニア共和国 …………………………… 87
ギニアビサウ共和国 …………………… 88
ケニア共和国 …………………………… 89
コートジボワール共和国 ……………… 90
　コラム　象牙海岸といわれるわけは？
コモロ連合 ……………………………… 91
コンゴ共和国 …………………………… 92
コンゴ民主共和国 ……………………… 93
　コラム　コンゴ動乱の背景にゆたかな鉱物資源
サントメ・プリンシペ民主共和国 …… 95
ザンビア共和国 ………………………… 96
シエラレオネ共和国 …………………… 97
ジブチ共和国 …………………………… 98
ジンバブエ共和国 ……………………… 99

スーダン共和国 ………………………… 100
　コラム　メロエのピラミッド
スワジランド王国（新国名 エスワ
　ティニ王国）………………………… 101
赤道ギニア共和国 ……………………… 102
セーシェル共和国 ……………………… 103
セネガル共和国 ………………………… 104
ソマリア連邦共和国 …………………… 105
タンザニア連合共和国 ………………… 106
　コラム　交易でさかえた島 ザンジバル
チャド共和国 …………………………… 108
　コラム　チャド民族解放戦線
中央アフリカ共和国 …………………… 109
チュニジア共和国 ……………………… 110
トーゴ共和国 …………………………… 111
ナイジェリア連邦共和国 ……………… 112
　コラム　ビアフラの悲劇
ナミビア共和国 ………………………… 113
ニジェール共和国 ……………………… 114
　コラム　砂漠を行くラクダの隊商
ブルキナファソ ………………………… 115
ブルンジ共和国 ………………………… 116
ベナン共和国 …………………………… 117
ボツワナ共和国 ………………………… 118
マダガスカル共和国 …………………… 119

歴史がわかる！世界の国旗図鑑

マラウイ共和国 ……………………… 120

マリ共和国 …………………………… 121

南アフリカ共和国 ………………… 122
　コラム　オランダ移民 ブール人の国ぐに

南スーダン共和国 …………………… 124

モザンビーク共和国 ………………… 125

モーリシャス共和国 ………………… 126

モーリタニア・イスラム共和国 …… 127

モロッコ王国 ………………………… 128

リビア ………………………………… 129

リベリア共和国 ……………………… 130
　コラム　奴隷貿易

ルワンダ共和国 ……………………… 131

レソト王国 …………………………… 132

ヨーロッパ

アイスランド共和国 ………………… 134
　　　　　きょう わ こく

アイルランド ………………………… 135

アルバニア共和国 …………………… 136

アンドラ公国 ………………………… 138
　　　　こうこく

イギリス（グレートブリテン及び
　　　　　　　　　　　　　　およ
　北アイルランド連合王国）…… 139
　　　　　れんごうおうこく

イタリア共和国 ……………………… 141
　コラム　世界遺産がもっとも多い国イタリア

ウクライナ …………………………… 144

エストニア共和国 …………………… 145

オーストリア共和国 ………………… 146
　コラム　ヨーロッパ最大の王族 ハプスブルク家

オランダ王国 ………………………… 148

ギリシャ共和国 ……………………… 149
　コラム　ギリシャ文明の中心地 アテネの
　　　　　アクロポリス

クロアチア共和国 …………………… 151
　コラム　ユーゴスラビア連邦の解体と内戦

コソボ共和国 ………………………… 153

サンマリノ共和国 …………………… 154

スイス連邦 …………………………… 155

スウェーデン王国 …………………… 156

スペイン王国 ………………………… 157
　コラム　コロンブス・新大陸へ第一歩

スロバキア共和国 …………………… 159

スロベニア共和国 …………………… 160

セルビア共和国 ……………………… 161

チェコ共和国 ………………………… 163

デンマーク王国 ……………………… 164
　コラム　北欧3国でカルマル同盟

ドイツ連邦共和国 …………………… 165
　コラム　ベルリンの壁がこわされ、ドイツの
　　　　　統一へ

もくじ

ノルウェー王国 ────── 167

バチカン市国 ────── 168

ハンガリー ────── 169

フィンランド共和国 ────── 171

フランス共和国 ────── 172
  コラム　フランスをすくったジャンヌ・ダルク

ブルガリア共和国 ────── 174

ベラルーシ共和国 ────── 175

ベルギー王国 ────── 176

ボスニア・ヘルツェゴビナ ────── 177

ポーランド共和国 ────── 178

ポルトガル共和国 ────── 179

マケドニア旧ユーゴスラビア共和国 181

マルタ共和国 ────── 182

モナコ公国 ────── 183
  コラム　観光とＦ１レースの国

モルドバ共和国 ────── 184

モンテネグロ ────── 185

ラトビア共和国 ────── 186

リトアニア共和国 ────── 187

リヒテンシュタイン公国 ────── 188

ルクセンブルク大公国 ────── 189
  コラム　「小さな城」は有数の金融センター

ルーマニア ────── 190

ロシア連邦 ────── 191
  コラム　ソビエト社会主義共和国連邦

北アメリカ・中央アメリカ

アメリカ合衆国 ────── 194
  コラム　南北戦争とリンカン
  コラム　アラスカとハワイ

アンティグア・バーブーダ ────── 196

エルサルバドル共和国 ────── 197

カナダ ────── 198

キューバ共和国 ────── 199
  コラム　キューバ革命とカストロ

グアテマラ共和国 ────── 200

グレナダ ────── 201

コスタリカ共和国 ────── 202

ジャマイカ ────── 203

セントクリストファー・ネービス ── 204

セントビンセント及びグレナディーン諸島 ── 205

セントルシア ────── 206

ドミニカ共和国 ────── 207

ドミニカ国 ────── 208

トリニダード・トバゴ共和国 ────── 209

ニカラグア共和国 ────── 210

ハイチ共和国 ────── 211

パナマ共和国 ────── 212

バハマ国 ────── 213
  コラム　コロンブス、ついに陸地発見

歴史がわかる！世界の国旗図鑑

バルバドス................214

ベリーズ................215
    コラム　まぼろしのポヤイス公国

ホンジュラス共和国................216

メキシコ合衆国................217

南アメリカ

アルゼンチン共和国................220

ウルグアイ東方共和国................221

エクアドル共和国................222

ガイアナ共和国................223

コロンビア共和国................224
    コラム　ボリバルの理想、12年で消える

スリナム共和国................226

チリ共和国................227

パラグアイ共和国................228
    コラム　表と裏がある国旗

ブラジル連邦共和国................229

ベネズエラ・ボリバル共和国................230
    コラム　南アメリカ解放の父シモン・ボリバル

ペルー共和国................232
    コラム　なぞの都市　インカ帝国のマチュ・ピチュ

ボリビア多民族国................234

オセアニア

オーストラリア連邦................236

キリバス共和国................237

クック諸島................238

サモア独立国................239

ソロモン諸島................240

ツバル................241

トンガ王国................242

ナウル共和国................243
    コラム　リン鉱石バブルのはて

ニウエ................244

ニュージーランド................245

バヌアツ共和国................246
    コラム　太平洋の3文化圏

パプアニューギニア独立国................247

パラオ共和国................248
    コラム　ペリリュー島の玉砕

フィジー共和国................249

マーシャル諸島共和国................250

ミクロネシア連邦................251

国名さくいん................252

この本のみかた

この本について

* 本書は、アジア47カ国、アフリカ54カ国、ヨーロッパ45カ国、北アメリカ・中央アメリカ23カ国、南アメリカ12カ国、オセアニア16カ国を対象とし、地域ごとに50音順に配列しました。
* 国名表記は、原則として外務省の公式表記に従いました。
* 「データ」欄(首都・面積・人口・公用語)は、外務省のデータのほか、最新のものを使用しました。
* 巻末には全掲載国を50音順に配列したさくいんがあります。

アジア

Asia

Republic of Azerbaijan

アゼルバイジャン共和国

首都：バクー　面積：8.7万km²（北海道地方程度）　人口：983万人　公用語：アゼルバイジャン語

国旗比率1：2。1991年より使用。中央に白い三日月と八角星を配した青赤緑の横三色旗。青はトルコ系民族、赤は近代化への決意、緑はイスラム教を表す。八角星は国内の8つのトルコ系民族を表す。

1993年より使用。円形紋章で、中央には新しい時代を表す八角星のなかに国名の意味である「火の守護者」を表す炎。八角星の周囲には8つのトルコ系民族を表す8個の黄色い玉、国旗カラーの帯、底部に農業を表す小麦の穂と樫の枝のリースが配されている。

◆アゼルバイジャン人民共和国　1918

1918年、イスラム教徒による世界最初の共和国としてアゼルバイジャン人民共和国が成立。国旗は白い三日月と八角星を配した赤旗。

◆アゼルバイジャン人民共和国　1918〜20

最初の国旗を制定してまもない1918年に国旗を変更。左に白い三日月と八角星を配した青赤緑の横三色旗。現在の国旗のモデルとなった旗。

◆アゼルバイジャン人民共和国　1920〜22

1920年、ソビエト政権がたてられ、国旗も変更された。左上に白い三日月と五角星を配した赤旗。

◆ザカフカース社会主義連邦ソビエト共和国　1922〜36

アルメニア、ジョージアとザカフカース社会主義連邦ソビエト共和国をたて、ソビエト連邦の結成に参加。左上に鎌とハンマーを入れた五角星。

自然

北はロシア連邦、南はイラン・イスラム共和国と国境を接し、カスピ海の西岸部にある国。おもな産業はカスピ海から産出する石油と天然ガス。農業は小麦や綿花のほか、北部の山岳地方では牧畜もおこなわれている。北部は温暖湿潤気候、南部はステップ気候に区分される。

歴史

7世紀ころまでササン朝ペルシャに、その後はアラブ、トルコ、モンゴル系の国家に支配され、16世紀にサファビー朝支配のもと、イスラム教シーア派をうけいれ現在までつづいている。18世紀以降はカージャール朝に支配されるが、1828年に北半部をロシアに併合される。1918年、アゼルバイジャン人民共和国として独立を宣言。1920年、バクーにソビエト政権をたて、アゼルバイジャン・ソビエト社会主義共和国を成立させる。1922年、ジョージア、アルメニアとともにザカフカース社会主義連邦ソビエト共和国としてソ連邦に参加し、1936年にはアゼルバイジャン・ソビエト社会主義共和国としてソ連邦に加盟する。1989年9月、ソ連邦内でもっとも早く主権宣言をおこない、1991年にアゼルバイジャン共和国として独立した。

◆アゼルバイジャン・ソビエト社会主義共和国　1922～23

1922年、アゼルバイジャン・ソビエト社会主義共和国が成立し、国旗を制定。左上の緑地に黄字でペルシャ文字の国名を記した赤旗。

◆アゼルバイジャン・ソビエト社会主義共和国　1925～31

1925年に国旗を変更。左上に黄色い三日月、五角星、鎌とハンマー、キリル文字とペルシャ文字で黄字の国名略号を配した赤旗。

◆アゼルバイジャン・ソビエト社会主義共和国　1952～91

国家が成立してから数回の国旗変更を重ね、1952年にも変更。底部に青い横縞、左上に黄色い輪郭線の五角星、鎌とハンマーを配した赤旗。

アルツァフ共和国

1988年、アゼルバイジャン国内のアルメニア人の大規模なデモをきっかけに、同国西部のアルメニア人自治州ナゴルノ・カラバフが共和国からの分離・独立を宣言した。それ以後、内戦状態となり、アルメニア人はアルツァフ共和国として、ナゴルノ・カラバフ自治州を支配している。

◆アルツァフ共和国国旗

アルメニア共和国と同じ赤青オレンジの横三色旗で、右側に白い階段状の矢型がついている。

国旗コラム

教えて！苅安先生
どうしてイスラムの国ぐにの国旗には「三日月」があるの？

　西アジアや北アフリカなどのイスラム教徒が多い国ぐにの国旗には、三日月と星が描かれているものが多くあります。とくに、かつてイスラムの大帝国だったオスマン帝国領にあった国ぐにに多く、これはオスマン帝国が三日月と星をシンボルにしていたことに由来するといわれています。

　それ以外でもパキスタンやマレーシア、モルジブなど、イスラム教徒が多い国ではイスラムを表す三日月を国旗につかっている国があります。

①

②

③

④

⑤

⑥

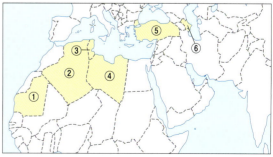

①モーリタニア・イスラム共和国　②アルジェリア民主人民共和国
③チュニジア共和国　④リビア
⑤トルコ共和国　⑥アゼルバイジャン共和国

Islamic Republic of Afghanistan

アフガニスタン・イスラム共和国

首都：カブール　面積：65.3万㎢（日本の1.7倍）　人口：3553万人　公用語：ダリ語（ペルシャ語）・パシュトゥー語

国旗比率2：3。2004年より使用。中央に白い国章を配した黒赤緑の縦三色旗。黒は外国に支配されていた暗い過去、赤はイギリスからの独立をめざした戦いで流された血、緑は達成した独立、平和とイスラムを表す。

2004年より使用。国旗をつけたモスク、説教壇、上部にアラビア語の「アッラーのほかに神はなく、ムハンマドはアッラーの使徒なり」「神は偉大なり」という聖なる句、底部に独立したアフガンの暦で1298年（西暦1919年）と国名を記したリボン、小麦の穂のリース、新生アフガニスタンを表す太陽を配している。

◆イギリス保護領アフガニスタン域旗　1880～1901

1880年、第2次アフガン戦争でイギリスの保護領となる。イギリス領アフガニスタンの域旗。無地の黒旗は世界でこれだけである。

◆アフガニスタン首長国　1919～21

第3次アフガン戦争の結果、イギリスよりアフガニスタン首長国として独立。国旗は八角星のなかに国旗をつけたモスク、説教壇などを配したもの。

◆アフガニスタン王国　1930～73

1926年にアフガニスタン王国にあらためた。1930年に変更された国旗は国旗のついたモスク、説教壇などを描いた国章を中央に配した、黒赤緑の縦三色旗。

◆アフガニスタン共和国　1974～78

1973年に王制がたおされ、共和制にうつる。1974年に変更された国旗はワシがデザインされた国章を左上に配した黒赤緑の横三色旗。

自然　北部はヒンドゥークシュ山脈が横断し、南部には砂漠地帯が広がる。西はイラン、南から東はパキスタン、北はタジキスタンなどと国境を接する内陸国。産業は小麦や米、トウモロコシなどの農業を主とする。世界最大のアヘンの栽培国としても有名。

歴史　2世紀ころ、カニシカ王によりクシャーナ朝の一部となる。8世紀からはイスラムの王朝による支配がつづき、その後もモンゴル系、テュルク系などの民族による支配をうける。1747年にドゥラーニー朝として独立。3度のアフガン戦争中に、イギリスの保護領となるが、1919年に独立を達成。
　1973年の共和制への移行、1978年の軍部クーデターによる人民民主党政権の成立、1979年のソ連の軍事介入によるカルマル政権の成立（1989年にソ連軍は撤退完了）を経て、1994年からタリバンが勢力をのばす。タリバンは国土の9割を支配するが、2001年のアメリカ同時多発テロをきっかけにアメリカ軍の空爆がおこなわれ、タリバン政権は消滅。カルザイ暫定政権のもと、2004年に新憲法が成立し、2014年に初の民主的な政権交代が実現した。

◆アフガニスタン民主共和国　1978〜80

1978年、軍事クーデターによってアフガニスタン共和国がたおれ、アフガニスタン民主共和国が成立。国旗は、左上に黄一色にした国章を配した赤旗。

◆アフガニスタン・イスラム国　1992〜96

1992年、アフガニスタン・イスラム国に国名をあらため、国旗を制定したが、同年、この国旗に変更。中央に金色の国章を配した緑白黒の横三色旗。

◆アフガニスタン共和国　1987〜92

1987年、アフガニスタン共和国に国名をあらため、国旗を制定。日の出、モスクと説教壇を描いた国章を左上に配した黒赤緑の横三色旗。

◆アフガニスタン・イスラム首長国　1997〜2002

1996年、タリバンが首都カブールをおさえ、国名を変更。1997年、中央にシャハーダ（イスラムの信仰の告白）を配した白旗にかえた。

アフガニスタン内戦とペシャワール会

1979年、混乱するアフガニスタンにソ連が軍事介入し、社会主義のカルマル政権をうちたてた。これに対し、多くのイスラム教反政府ゲリラによる内戦がはじまった。

1989年にソ連軍が撤退すると、1992年、ゲリラ勢力が社会主義政権をたおした。多くのゲリラ勢力があらそうなかで、イスラム神学生が設立したタリバンが、1996年に首都カブールを制圧した。

2001年9月、アメリカで同時多発テロがおこると、アメリカはタリバンがそれをおこなったとして、10月、アフガニスタンに空爆を開始。翌年、アメリカが支援する北部同盟のカルザイが大統領に就任する。

内戦やアメリカ軍の空爆、さらに干ばつなどがかさなり、国土はあれはて、難民は700万人以上にものぼった。国連をはじめ多くの機関が支援をはじめたが、日本の民間団体ペシャワール会の活動は、現地の人びとにひじょうに感謝されている。中村哲医師を中心とするペシャワール会は、医療活動にとどまらず、水を確保する事業を開始し、約1600本にものぼる井戸をほり、また2010年にはアフガニスタン東部に約25kmのかんがい用水路を完成させ、その流域に緑の畑地を出現させた。

人びとでにぎわう首都カブールの市場。

◆アルカイダ旗

白のシャハーダを書いた黒旗。

◆北部同盟旗

黒赤緑の横三色旗。

United Arab Emirates

アラブ首長国連邦

首都：アブダビ　面積：8.4万km²（北海道地方程度）　人口：940万人　公用語：アラビア語

国旗比率1：2。1971年より使用。左側に赤い縦縞を配した緑白黒の横三色旗。これらの4色は汎アラブ色で、赤は犠牲者の血、緑はゆたかな国土、白は平和と純粋さ、黒は国に近代化をもたらす石油を表す。

2008年より使用。金色のタカは預言者ムハンマドをうんだクライシュ族のシンボル。その胸には連邦を構成する7つの首長国を表す7個の五角星でむすばれた国旗のデザインを配した円。底部のタカの足がつかむ赤い板には白字でアラビア語で国名が書かれている。2008年まで使用されていた国章のデザインをうけついでいるが、タカの胸の円内のデザインがかわっている。

◆イギリス保護領トルシャル・オマーン域旗　1892～1968

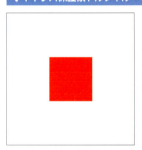

現在の7首長国の基礎をなすトルシャル・オマーンが1892年にイギリスの保護領となる。域旗は中央に赤い正方形を配した白旗。

◆イギリス保護領トルシャル・オマーン域旗　1968～71

1968年、イギリスからの独立の気運が高まるなか、域旗を変更。中央に7首長国を表す緑の七角星を配した赤白赤の横三分割旗。

自然　アラビア半島東部のペルシャ湾に面する国。全土が高温乾燥の砂漠気候で、大部分が砂漠。略称はUAE。石油と天然ガスがおもな産業であるが、オアシスでのナツメヤシなどの栽培もおこなっている。近年は観光業に力を入れている。

歴史　7世紀にイスラム政権による支配がはじまる前の政治的な統一はみられない。

ウマイヤ朝やアッバース朝の支配をうけたのち、オスマン帝国、ポルトガル、オランダなどによる支配をうける。17世紀以降、インドを支配するうえでの重要性から、イギリスが勢力をのばした。18世紀にアラビア半島南部からアラブの諸部族が移住をはじめ、現在の7首長国の基礎をつくる。1892年にイギリスの保護領となるが、1968年にイギリスがスエズ運河以東から撤退して、1971年にアブダビ、ドバイを中心とする6首長国によって、アラブ首長国連邦が成立する。1972年に、アブダビ、ドバイ、シャルジャ、アジュマン、ウム・アル・カイワイン、ラス・アル・ハイマ、フジャイラの7首長国による現在の体制が完成する。

Republic of Armenia

アルメニア共和国

首都：エレバン　面積：3.0万km²（九州の8割）　人口：293万人　公用語：アルメニア語

国旗比率1：2。1990年より使用。赤青オレンジの横三色旗。1918年に制定した国旗を、比率を変更して復活させた。赤はアルメニアの高地と独立、キリスト教を守る国民の戦い、青は平和をねがう国民の意思、オレンジは勤勉で創造的な国民を表す。

1992年より使用。盾型紋章で、中央に白いアララト山を描いた盾をおき、左上に9世紀のバグラト朝、右上に1世紀アルシャクニ朝、左下に紀元前1世紀のアルタクシアス朝、右下に11世紀のルーベン朝の紋章が描かれ、盾の左右には黄色いワシとライオン、盾の下には自由と独立を表すちぎれた鎖、知性と文化を表す羽ペンなどを配している。

◆アルメニア共和国　1918～22

1828年からロシア帝国領となっていたが、1918年、ロシア革命ののちに独立。このときに制定された国旗のデザインが1990年に復活した。

◆ザカフカース社会主義連邦ソビエト共和国　1922～36

アゼルバイジャン、ジョージアとザカフカース社会主義連邦ソビエト共和国を形成し、ソビエト連邦のひとつとなる。国旗の左上は鎌とハンマーを入れた五角星。

◆アルメニア・ソビエト社会主義共和国　1922～36

1922年、ザカフカース社会主義連邦の一国としてアルメニア・ソビエト社会主義共和国が成立。国旗を制定。左上に黄字のアルメニア文字で国名の略号を記した赤旗。

◆アルメニア・ソビエト社会主義共和国　1952～90

1952年、国旗を変更。左上に黄色い鎌とハンマー、黄色い輪郭線で描いた五角星、中央に青い横縞を配した赤旗。

自然　北をジョージア、西をトルコ、南をイラン、東をアゼルバイジャンにかこまれた内陸国。大部分が山地で冷帯湿潤気候、低地はステップ気候である。果樹や野菜などの農業とダイヤモンド加工業をおもな産業とする。

歴史　紀元前9世紀ころから国家があったとされ、旧ソ連邦で最古の国家とされる。前190年に古アルメニア王国が成立するが、1世紀にはパルティアの支配下に入る。301年、世界ではじめてキリスト教を国教とした。5世紀以降、ササン朝とビザンツ帝国に支配される。9世紀に一時独立するが、11世紀になるとセルジューク朝が支配。オスマン帝国・サファビー朝・ロシアなどによる支配ののち、1918年にアルメニア共和国が成立。1920年のソビエト化、1922年のザカフカース社会主義連邦ソビエト共和国の形成を経て、1936年にアルメニア・ソビエト社会主義共和国としてソ連邦を構成する共和国のひとつとなる。

1990年にアルメニア共和国とあらためて、翌年にソ連邦から独立。ナゴルノ・カラバフ自治州をめぐってアゼルバイジャンと紛争がおこり、いまだ解決していない。

Republic of Yemen

イエメン共和国

首都：サヌア　面積：52.8万km²（日本の1.4倍）　人口：2825万人　公用語：アラビア語

国旗比率2：3。南北のイエメンが統合され、イエメン共和国が成立した1990年より使用。赤白黒の横三色旗。赤は自由と統一のために流された血、白はかがやける未来、黒は過去の暗黒の時代を表す。

1990年より使用。紀元前650年にマリブの山につくられて、イエメンの農業をささえた石造りのダムと国のおもな産物のコーヒーの木、湖を描いた盾を胸にだいたサラディンのワシ（アラブのシンボル。サラディンはイスラムの英雄）、交差した2本の国旗、黒字でアラビア語で国名を記した黄色いリボンを配している。

◆イエメン王国　1927～62

1918年、北部はイエメン王国としてオスマン帝国から独立。1927年に変更された国旗は曲がった剣と5個の五角星を配した赤旗。

◆イエメン・アラブ共和国　1962～90

1962年、共和派の革命により王制が廃止され、イエメン・アラブ共和国にあらためた。制定された国旗は中央に緑の五角星を配した赤白黒の横三色旗。

◆南アラビア連邦域旗　1963～67

イギリス支配下の南イエメンは1937年にイギリス領アデンとなる。1963年、反英の南アラビア連邦に参加し、域旗を制定。

◆南イエメン人民共和国　1967～90

1967年、南イエメン人民共和国としてイギリスから独立。赤い五角星を入れた青い三角形を左に配した赤白黒の横三色旗。1970年にイエメン民主人民共和国と改名後も使用。

自然　アラビア半島南部、紅海とアラビア海に面する。沿岸部のわずかな平野部と高原地帯、広大な砂漠地帯からなる。主産業は石油・天然ガスと農業、漁業。大部分は砂漠気候だが、内陸の高原地帯はステップ気候で、アラビア半島内では降水量が最多である。

歴史　地中海とインド、東南アジアをむすぶインド洋航路の中継地として、古くから経済的にさかえた。

　前8世紀ころサバア王朝が成立。9世紀には、イスラム教シーア派の一派サイド派の指導者（イマーム）による支配がはじまる。16世紀以降のオスマン帝国による支配ののち、1839年にイギリスがアデンを占領し、植民地とする。

　1918年、オスマン帝国から北イエメン地域が独立し、1962年のクーデターによりイエメン・アラブ共和国が成立した。南イエメン地域は1963年までイギリスの支配がつづくが、同年に南アラビア連邦に参加し、1967年に南イエメン人民共和国として独立。南北対立ののち、1990年に南北が統合され、現在のイエメン共和国が成立した。

State of Israel

イスラエル国

首都：イェルサレム　面積：2.2万km²（併合地を含む。九州地方の半分）　人口：832万人　公用語：ヘブライ語・アラビア語

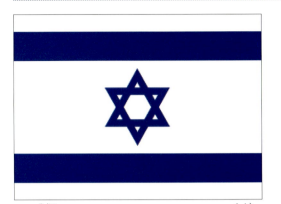

国旗比率8：11。1948年より使用。青い六角模様（ユダヤ教徒のシンボル「ダビデの盾」）、2本の青い横縞を配した白旗。青と白はユダヤ教の祈りのときの肩掛けの色。青はパレスチナの空、白はシオニスト（自分たちの国家をパレスチナにつくろうと志す）の心を表す。

1949年より使用。青い盾型紋章。中央の7つの枝がある燭台はメノーラという。紀元前70年にイェルサレムを破壊したローマ人がもちさったもので、ローマの古墳から発見されたというユダヤ教のシンボル。底部にヘブライ語の国名、周囲にユダヤ民族の平和を表すオリーブの枝のリースを配している。

◆ パレスチナ域旗　1927〜48

第一次世界大戦後、イギリスの委任統治領パレスチナとなる。1927年に制定された域旗は右に英語で域名を記した白い円を配したイギリス赤色船舶旗。

◆ パレスチナ・ユダヤ民族旗　1939〜48

1939年から使用されたパレスチナ・ユダヤ民族旗。中央に黄色い「ダビデの盾」を配した青白の縦二色旗。

パレスチナ自治政府

パレスチナの地に建国されたイスラエルは、アラブ諸国との数次にわたる戦争を経て、1988年にアラブ諸国に国家としてみとめられ、いっぽう、パレスチナは1993年に自治政府を成立させた。

◆ パレスチナ自治政府旗
左に赤い三角形をつけた黒白緑の横三色旗。

自然　レバノン、エジプト、ヨルダンと国境を接し、北部にゆたかな平野をもつ国。国土の大半は乾燥気候で、北部は地中海性気候。おもな産業は情報通信業、ハイテク産業や柑橘類、野菜を主とした農業。

歴史　紀元前11世紀末にイスラエル王国が建国された。ダビデ王、ソロモン王の治世ののち、南北に分かれた。北部のイスラエル王国は紀元前722年に、南部のユダ王国は紀元前586年にほろんだ。2世紀にユダヤ人は国外に散りぢりになり、のちアラブ人の入植、オスマン帝国による支配がはじまる。
19世紀後半、散らばったユダヤ人により郷土復帰運動（シオニズム）、ユダヤ人国家建国の動きが高まる。第二次世界大戦後の1947年、国連総会でのパレスチナ分割案により、1948年にイスラエルを建国するが、アラブ諸国の反発から、4次にわたる中東戦争がおこる。1979年にエジプトと平和条約、1993年にパレスチナ解放機構とのオスロ合意、1994年にヨルダンとの平和条約をむすび、アラブ諸国との関係改善をしたものの、アラブ人地域への入植をすすめ、和平への歩みはすすんでいない。

イラク共和国

Republic of Iraq

首都：バグダード　面積：43.5万km²（日本の1.2倍）　人口：3828万人　公用語：アラビア語・クルド語

国旗比率2：3。2008年より使用。2004年に暫定政府が制定した国旗から、アラブの統一をめざすバース党のシンボルである3個の緑の五角星をとりのぞき、アラビア語の「神は偉大なり」の標語を残した赤白黒の横三色旗。赤は闘争で流した血、白は明るい未来、黒は過去の抑圧を表す。

◆イラク王国　1921～22

1921年、イギリス支配への反乱を経て、イギリス統治下のイラク王国が誕生。国旗は左に赤い三角形を配した黒緑白の横三分割旗。

◆イラク王国　1924～58

1924年、イラク王国の国旗を変更。2個の白い七角星をもつ赤い台形を左に配した黒白緑の横三分割旗。イラク王国は1932年に独立。

◆イラク共和国　1959～63

1958年に王制をやめ共和制にうつる。翌年、国旗を制定。中央に白い輪郭線をもつ黄色い円と赤い8個の三角形を配した黒白緑の縦三色旗。

◆イラク共和国　2004～08

2003年、アメリカ・イギリスがイラクに攻めいり、フセイン政権をたおす。翌年、イラク暫定政府が成立し国旗が変更された。中央の標語は「神は偉大なり」。

2008年より使用。胸に国旗をデザインした盾をだき、足でアラビア語の国名を黒字で記した緑の板をつかみ、翼を広げたサラディンのワシを配したもの。1963年に制定された国章と基本のデザインは同じだが、国旗の変更ごとに盾の内部だけかえられてきた。

自然　アラビア半島の付け根にあり、東南はペルシャ湾にのぞむ国。ゆたかなメソポタミア平原が広がる。国土の大半は乾燥気候である。おもな産業は石油で、埋蔵量は世界第5位をほこる。

歴史　紀元前3000年ころ、シュメール人による世界最古の都市文明がおこる。750年にアッバース朝が成立し、首都バグダードを建設。1258年にモンゴル帝国に攻められてアッバース朝がほろび、16世紀以降はオスマン帝国の支配をうける。第一次世界大戦後はイギリスの委任統治領となる。

1932年にイラク王国として独立し、1958年に軍事クーデターにより共和制にうつる。1968年にバース党が政権をにぎる。1979年にフセイン大統領が就任してバース党の一党独裁がはじまり、1980～88年にイラン・イラク戦争、1991年に湾岸戦争がおこった。2003年にはアメリカ・イギリスがイラクに大量破壊兵器があるといって（のちにないことが判明）攻撃（イラク戦争）し、フセイン政権は崩壊。2006年に新政府が発足したが、北部をイスラム国（IS）が占領し、戦闘がつづいた。

Islamic Republic of Iran

イラン・イスラム共和国

首都：テヘラン　面積：162.9万km²（日本の4.3倍）　人口：8116万人　公用語：ペルシャ語

国旗比率4：7。1980年より使用。赤い国章を配した緑白赤の横三色旗。緑はイスラム、白は平和、赤は勇気を表す。革命記念日（イスラムの暦の1357年11月22日）をしめすように緑・赤縞の内側に「神は偉大なり」とアラビア語で22回書かれている。

1980年より使用。アッラーにむかう人間の成長と変革を表し、まっすぐに立つ剣と2個ずつ対称におかれた4個の三日月からなっている。剣は力と勇気、4個の三日月は月の4段階の進化を表す。イランでは伝統的に太陽と剣をもったライオンをくみあわせた国章が使用されてきたが、1980年にまったく異なる現在のデザインに変更された。

◆イスラム・ザンド朝　1750〜94

1750年、南東部を本拠としたイスラム教のザンド朝が成立。国旗は顔のある太陽とライオンを配し、緑の線でふちどられた白い三角旗。

◆カージャール朝　1794〜97

ザンド朝をたおしてカージャール朝が成立（1779年）。1794年に国旗を制定。中央の黄色の円に顔つきの太陽とライオンを配した赤旗。

◆カージャール朝　1848〜96

1848年にカージャール朝の国旗を変更。台座の上で右手に剣をもった黄色いライオンと顔つきの太陽、上下に緑と赤の細い横縞を配した白旗。

◆カージャール朝　1907〜25／1925〜32

1907年、カージャール朝の国旗を変更。中央の剣をもったライオンと顔つきの太陽の図柄が小さくなり、緑白ピンクの横三色旗になった。国旗にピンクがつかわれるのはめずらしい。

自然　北はカスピ海、南はペルシャ湾とインド洋と面し、西はイラク、東はアフガニスタンやパキスタンと国境を接する。北部・西部は山脈がつらなり、東部の大半は砂漠が広がる。石油と天然ガスがおもな産業。国土の大半は乾燥気候で、北部に地中海性気候が分布する。

歴史　紀元前550年にアケメネス朝がおこり西アジア一帯を統一する大帝国となるが、アレクサンドロス大王によりほろぶ。224年にササン朝がおこると、ローマ帝国やビザンツ帝国とたびたび衝突する。ササン朝はイスラム教勢力との戦争ののち651年にほろび、この地域にイスラム教が広がっていく。13世紀なかばからモンゴル帝国による支配をうけるが、1501年にサファビー朝が成立。ムハンマドの正統な後継者であるアリーの血統を宗教的・政治的指導者とする、少数派のシーア派のイスラム教を国教とする。1925年にパフレビー朝ペルシャ帝国が成立し（1935年、イラン帝国に改名）、第二次世界大戦後は1951年にモサデグ首相による石油の国有化など、近代化政策がすすめられる。

モサデグは2年後に親米派の軍部にたおさ

れるが、1979年、イラン革命がおこり、ホメイニを最高指導者とするイラン・イスラム共和国が成立する。翌年からイラクとの戦争がはじまるが、1988年に停戦。ホメイニの死後、1997年にハタミ大統領が就任すると、欧米や近隣諸国との関係改善がはかられるが、2005年から、核開発計画をめぐって欧米諸国との関係はふたたびわるくなる。近年、アメリカはヨーロッパ諸国の反対をふりきってイランに圧力をつよめている。

◆パフレビー朝ペルシャ帝国 1932〜64

1925年、パフレビー朝ペルシャ帝国が成立。1932年まではカージャール朝国旗を使用。1932年に国旗を変更。剣をもったライオンと顔なしの太陽を配した横長の緑白赤の三色旗。

◆イラン帝国 1964〜79

イラン帝国は1935年に成立していたが、国旗を変更したのは1964年。国旗の縦横の比率が1:3から4:7にかわった。

日本にもたらされたササン朝のガラス器

3世紀前半から7世紀なかばのササン朝の時代は、イランの古代史でもっともかがやかしい時代といわれる。ササン朝ペルシャは、4世紀には、現在のイランを中心に西はイラクから西はパキスタンにいたる広い地域を領土としていた。

この時代には、建築・美術・工芸などがおおいに発達した。銀製品やガラスの器、ペルシャ錦という織物などの工芸品は、西のビザンツ帝国を経て地中海世界へ、東はシルクロードをつうじて中国・朝鮮や飛鳥・奈良時代の日本にまでつたえられた。奈良時代の聖武天皇の遺品をおさめている正倉院には、ササン朝時代にペルシャでつくられたとみられる白瑠璃瓶や白瑠璃碗がのこされている。

ササン朝は、7世紀なかばにアラブ人のイスラム勢力に征服され、イスラムの諸王朝がつづく。13世紀なかばからの1世紀はモンゴル帝国のイル・ハン国となるが、16世紀初め、サファビー朝がひらかれ、あらたな発展がはじまる。新しい首都としてイスファハーンが建設され、美しいモスク、庭園などがつくられた。なかでも精密な幾何学文様でおおわれたイマームのモスクは、イラン建築の最高傑作とされる。

正倉院にある白瑠璃瓶（左）と**白瑠璃碗**（上） 瑠璃とは中国でガラスのことをいう。中国をとおして、イランからはこばれたとみられる。

イスファハーンのモスク すべての表面が青いタイルでおおわれたイスラム教寺院。

India

インド

首都：デリー　面積：328.7万km²（日本の8.7倍）　人口：13億3918万人　公用語：ヒンディー語

国旗比率2：3。1947年より使用。中央にアショカ王が建てた柱の頭にもとづくチャクラ（法輪）を配したサフラン色白緑の横三色旗。サフラン色は勇気と犠牲、白は平和と真理、緑は忠誠と礼節を表す。チャクラの青は空と海を表す。

1950年より使用。3頭の獅子像をかたどったもので、古代インド、紀元前3世紀のアショカ王の古都サルナート遺跡から発掘された柱の頭部。その台座の中央部にチャクラ、両側にウマとウシが描かれ、柱の下にヒンディー語で「真の勝利」と黒字で記されている。憲法が施行されたことにより共和国になった1950年に制定された。

◆ムガル帝国　1526〜1858

1526年、北インドにイスラム勢力のムガル帝国が成立。国旗は中央に黄色い三日月を配した緑の燕尾旗。

◆イギリス新東インド会社旗　1698〜1707

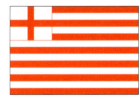

インドに進出していたイギリスが、1698年に新東インド会社を設立。会社旗は左上に聖ジョージ十字（イングランド国旗）を配した赤白の横13縞旗。

◆イギリス領インド帝国域旗　1885〜1943

1885年、イギリス領インド帝国の域旗を制定。中央に皇帝の冠、ダイヤモンドの白い五角星「インドの星」をデザインした域章を配したイギリス国旗。

◆自由インド臨時政府　1943〜45

1943年、日本の支援をうけ、自由インド臨時政府が成立。国旗は中央に反英闘争のシンボルである青い糸車を配したサフラン白緑の横三色旗。

自然　北部にはヒマラヤ山脈とヒンドスタン平原、南部にはデカン高原が広がる。西北部にはアラビア海にそそぐインダス川、北東部にはベンガル湾にそそぐガンジス川と2つの大河がある。北部の山岳地帯は高山気候、パキスタン国境地帯の西北部は乾燥気候、ガンジス川の中・上流一帯は温帯気候、デカン高原や沿岸部一帯は熱帯と、気候区分はさまざま。おもな産業は、米・小麦・綿花などの農業、自動車・鉄鋼などの工業のほか、近年はIT産業が急成長している。

歴史　紀元前2600年ころ〜前1800年ころにインダス文明がさかえ、前1500年ころのアーリヤ人の進出以降、バラモン教や仏教、ジャイナ教、ヒンドゥー教など数多くの宗教が成立。前4〜前3世紀にはマウリヤ朝がインド全土を統一するが、その後も南北で統一と分裂をくりかえし、いくつもの王朝がおこる。

北インドでは、4〜6世紀にグプタ朝が再統一をおこない、ヒンドゥー教を成立させるが、8世紀以降はふたたび諸国家に分裂する。11世紀からはイスラム勢力の侵入が本格化し、

16世紀前半にムガル帝国が成立する。

19世紀に入るとイギリスが勢力をひろげ、植民地化をすすめる。1858年にムガル帝国がほろんだのちはイギリスによる支配がはじまり、1877年にビクトリア女王を皇帝とする、イギリス領インド帝国が成立。第一次世界大戦後には、ガンディーを中心とする民族独立運動が開始され、第二次世界大戦後の1947年、イスラム教徒の多いパキスタンとともにイギリスの自治領として独立。1950年にインド共和国としてイギリス連邦からはなれる。東西の冷戦期には、中立政策で新興国の中心となるが、1960年代以降、中国との国境紛争やカシミール地方をめぐるパキスタンとの戦争がおこる。

1990年代に入ると、外国資本をとりいれた経済の自由化政策などをおこない、高い経済成長を実現した。

カシミールとシッキム

インド北西部のカシミールの領有問題は未解決だが、インドはジャム・カシミールの地域を支配している。

インドは、1975年に北東部のシッキム王国を併合。下の国旗はその最後のものである。

◆ ジャム・カシミール域旗

1953年制定の域旗。3本の白い縦縞は同地の3つの地域、右のすきは決意と繁栄、赤は労働を表す。

◆ シッキム王国国旗

1967年制定。黄色の輪は仏教の変化と進歩、周囲の赤は高い山やまを表す。

古代インドに花ひらいた仏教美術

紀元前6～5世紀ころ、ガウタマ・シッダルタ(釈迦)によりひらかれた仏教は、王族や商人のあいだに広まった。紀元前3世紀、マウリヤ朝のアショーカ王は仏教をもとに統治をしようと、各地に石柱碑や仏塔をたてた。また2世紀なかばのクシャーナ朝のカニシカ王が仏教を保護したことから、パキスタン北西部のガンダーラ地方で、ギリシャ彫刻の影響をうけた仏像彫刻がつくられるようになった。

グプタ朝の5世紀ころから、インド西部のアジャンターやエローラで仏教の石窟寺院がほられ、彫刻、色あざやかな壁画や天井画などでかざられた。これらの遺跡は仏教美術の源流とされる。

アジャンターの石窟寺院 紀元前1世紀ころから、断崖にほられた仏教寺院。約500mにわたって29の石窟がある。色あざやかな壁画などが描かれている。

Republic of Indonesia

インドネシア共和国

首都：ジャカルタ　面積：191.1万km²（日本の5倍）　人口：2億6399万人　公用語：インドネシア語

国旗比率2:3。1945年より使用。赤白の横二色旗。赤は勇気、白は純潔を表す。13世紀のマジャパヒト王国も赤白の旗をつかったといわれる。1945年に独立宣言をしたときに制定され、独立がみとめられたのちも使用されている。

1950年より使用。伝説の鳥ガルーダを配した盾型紋章。盾内の左上には赤地に民主主義をしめす雄ウシの頭、右上には白地に国の統一を表す緑の菩提樹の木、左下には白地に公正を表す黄色いイネと緑の綿の枝、右下には赤地に人道主義を表す金の鎖、中央には神への信仰を表す金の五角星を入れた黒い盾を配している。

◆マジャパヒト王国　1293～1520

1293年、ジャワ島にヒンドゥー教のマジャパヒト王国が成立。国旗は金色の太陽と9つのヒンドゥー教の神を配した赤白の縦二色三角旗。

◆オランダ東インド会社旗　1619～1799

1619年、オランダ東インド会社がバタビア（現ジャカルタ）を建設。会社旗は中央に社名の頭文字VOCを配した赤白青の横三色旗。

◆蘭芳公司旗　1777～1884

1777年、ボルネオ島の西部に移住した中国・広東省出身の中国人による共和政権である蘭芳公司がおこる。国旗は国名を漢字で記した黄旗。

◆オランダ領東インド・バタビア域旗　1803～63

1803年、オランダ領東インド・バタビアの域旗を制定。中央にまっすぐな剣、月桂樹のリースを配した赤白青の横9縞旗。

自然　大小さまざまな島じまが集まってできた国。環太平洋造山帯とアルプス・ヒマラヤ造山帯が接するところがあり、地震が多く発生している。おもな島は赤道直下にあり、熱帯気候。米を中心とする農業や、石油・天然ガス・すずの産出がおもな産業である。

歴史　7世紀、スマトラ島にシュリービジャヤ王国が、8世紀にはジャワ島でシャイレンドラ朝がおこる。13世紀にイスラム教が広まると、15～16世紀には、スマトラ島にアチェ王国、ジャワ島にマタラム王国がおこり、イスラム化がはじまる。16世紀末にはヨーロッパの勢力が進出し、オランダが長く植民地支配をつづける。この時期に、コーヒーやサトウキビ、茶などを強制的に栽培させる制度がとりいれられた。

　第二次世界大戦のあいだは日本が支配するが、1945年にスカルノが独立を宣言し、1949年にオランダがみとめる。1965年にスカルノが失脚すると、スハルトによる長期政権が成立。1997年に民衆暴動が発生してスハルトが辞任すると、44年ぶりの自由選挙がおこなわれる。

　2002年には東ティモールが独立した。

Republic of Uzbekistan

ウズベキスタン共和国

首都：タシケント　面積：44.9万km²（日本の1.2倍）　人口：3191万人　公用語：ウズベク語

国旗比率1：2。1991年より使用。左上に白い三日月、12個の五角星、中央に2本の赤い細縞を配した青白緑の横三色旗。青は水と空を表し、白は平和、緑は新しい生活と自然、赤は民衆の生命力を表す。三日月はイスラムと独立のシンボル。

1992年より使用。社会主義国型の紋章で、テンシャン山脈、アムダリア川、シルダリア川、日の出を背景に翼を広げた伝説の鳥フモ、小麦の穂と綿花の枝のリース、底部にキリル文字ウズベク語の国名を記した国旗カラーのリボン、上部に白い三日月と五角星を入れた青い「ルブ・エル・ヒズブ」というイスラムのシンボルの八角星模様を配したもの。

◆ティムール帝国　1370〜1507

1370年、ティムール帝国が成立。国旗は中央に、西部バルカン、東部インド、北部ボルガの3つの領土を表す3個の白円を配した青旗。

◆コーカンド・ハン国　1917〜18

ロシア革命後のコーカンド・ハン国（現フェルガナ州）は、中央に白い三日月と五角星を配した赤青の横二色旗を国旗として使用。

◆ヒバ・ハン国　1917〜18

ロシア革命後のヒバ・ハン国（現ホレズム州）は、左上に青い三日月を配した白旗を国旗として使用。

◆ブハラ・ハン国首長旗　1917〜20

ブハラ・ハン国（現ブハラ州）は黄色い三日月と五角星、ファーティマの右手（イスラムのシンボルのひとつ）を配した赤いふちどりのついた緑の首長旗を使用。

自然　北はカザフスタン、西はトルクメニスタン、南はアフガニスタン、東はタジキスタンやキルギスと国境を接する内陸国。大部分が砂漠と平原で、西部から中央部に砂漠が広がる。西から東に、砂漠気候とステップ気候がつづき、温暖な温帯気候もみられる。おもな産業は農業で、綿花の栽培は世界有数。

歴史　シルクロードが南部をとおり、「文明の十字路」とされた。6世紀にトルコ系民族に、8世紀からはアラブ系民族に支配され、イスラム教が広まる。一時期、モンゴル帝国の支配下となるが、ティムール朝以降、東方イスラム世界の中心地として、首都サマルカンドがさかえる。19世紀後半からはロシア帝国が支配し、1924年にウズベク・ソビエト社会主義共和国が成立する。

　1991年に独立を宣言し、ウズベキスタン共和国と国名をあらためる。2005年におきた反政府暴動とその対応から、欧米との関係が冷えこみ、ロシア・中国との関係をつよめることとなる。近年は積極的に首脳外交をおこない、欧米や国際機関との関係を改善しつつある。

◆トルキスタン自治ソビエト社会主義共和国　1918～19

1918年、トルキスタン自治ソビエト社会主義共和国が成立。国旗を制定。左上にアラビア文字とキリル文字で黄字の国名略号を記した赤旗。

◆ブハラ人民ソビエト共和国　1919～20

1919年、ブハラ人民ソビエト共和国が成立。国旗を制定。中央に白い三日月、左上にキリル文字の白字で国名略号を配した赤旗。

◆ホレズム人民ソビエト共和国　1920（1～4月）

1920年、ホレズム人民ソビエト共和国が成立。1月に国旗を制定。中央に黄色い三日月と五角星を配し、周囲に緑のふちどりのついた赤旗。

◆トルキスタン・イスラム共和国　1921～22

1921年、現サマルカンド州でトルキスタン・イスラム共和国が成立。左にオレンジの地に白い三日月と五角星を配し、青くふちどりした赤白の横9縞旗。

◆ウズベク・ソビエト社会主義共和国　1924～27

1924年、ウズベク・ソビエト社会主義共和国が成立。国旗は左上にアラビア文字とキリル文字で黄字の国名略号と黄色い輪郭線を配した赤旗。

◆ウズベク・ソビエト社会主義共和国　1952～91

1952年、ウズベク・ソビエト社会主義共和国の国旗を変更。中央に2本の白い輪郭線をつけた青い横縞、左上に黄色い鎌とハンマー、五角星を配した赤旗。

歴史の十字路　サマルカンド

ウズベキスタン第2の都市サマルカンドは、中国からローマにいたるオアシスの道の中間点にあたり、紀元前からシルクロードの交差点として発展した。ここでは、東西をむすぶ隊商の民ソグド人が活躍していた。8世紀ころからイスラム教が広まるが、1220年にモンゴル帝国のチンギス・ハンに侵略され、サマルカンドは破壊され、住民の4分の3が殺されたという。

14世紀後半、モンゴル族出身のティムールはティムール朝をおこし、サマルカンドを首都とした。ティムールの帝国はその後、西はイラク、東はアフガニスタンにいたる広大な地域を支配下においた。

首都サマルカンドには建築家や職人、学者たちが集められ、モスクや学校などがたてられて、イスラム文化の中心都市として発展した。美しくかがやく青いタイルを基調にした建物が多いことから、サマルカンドは「東方の真珠」とよばれた。

サマルカンドにあるティムールの墓廟「大王の墓」とよばれ、建物の周囲や高さ34mのドームの内部は青いタイルの花もようでかざられている。

オマーン国

Sultanate of Oman

首都：マスカット　面積：31.0万km²（日本の8割）　人口：464万人　公用語：アラビア語

国旗比率1：2。1995年より使用。左上に国章を配した赤白緑の横T字旗。赤は外部からの侵略者との戦い、白は繁栄と平和、緑はゆたかな国土を表す。それまで使用されていた国旗の赤い縞の幅を広げ、全体の縦横の比率を2：3から1：2にかえたもの。

1985年より使用。交差した剣の上にハンジャールという伝統的な短剣とかざりつきベルトを配したもの。1970年、マスカット・オマーンからオマーン国にあらためたときに制定された国章が原型だが、1985年にデザインが簡素化され、白い部分がふえた。

◆マスカット・オマーン　1650～1868

1650年、ポルトガル人を追放し、マスカット・オマーンにヤアーリバ朝が成立。無地の赤旗を国旗に制定。

◆マスカット・オマーン　1868～71

1741年にブー・サイード族のアフマドが現代までつづくブー・サイード朝をたてる。1868年、マスカット・オマーンの国旗を無地の白旗に変更。

◆イギリス保護領オマーン国／オマーン国　1970～71／1971～85

イギリス保護領時代の1970年、マスカット・オマーンからオマーン国にあらためた。現国旗の原型となる国旗を制定。この国旗は1971年の独立後も1985年まで継続して使用。

自然　アラビア半島の東端にあり、大半が砂漠地帯である。北東部をオマーン湾、南部をアラビア湾と接し、サウジアラビアやアラブ首長国連邦と国境を接する。国土の大半は砂漠気候だが、南部はモンスーンの影響で湿潤気候。おもな産業は石油産業で、近年は観光業も発展しつつある。

歴史　紀元前から海洋交易の中継地として都市があった。7世紀ころからイスラム教が広まり、支配を確立する。15世紀ころまではインド洋交易で発展するが、1509年にポルトガルが沿岸部を占領。17世紀半ばにポルトガル勢力を追い出し、アラブ系民族による一大海洋国家を形成。1741年にサイード家による政権が誕生し、現在までつづく。19世紀後半のスエズ運河の完成以降は、交易のルートが紅海となりおとろえ、1891年にはイギリスの保護国となる。1968年にイギリスがペルシャ湾岸からの撤退を発表し、1970年の革命を経てカーブースが王位につき、国名をマスカット・オマーン国からオマーン国にあらためる。独立後の1971年には国際連合に加盟し、鎖国政策から近代化政策へとかえる。1997年には女性参政権がみとめられる。

Republic of Kazakhstan

カザフスタン共和国

首都：アスタナ　面積：272.5万km²（日本の7倍）　人口：1820万人　公用語：カザフ語・ロシア語

国旗比率1:2。1992年より使用。左側に黄色いカザフ人固有の装飾模様、中央に黄色い太陽と翼を広げたワシを配した青旗。青は何世紀にもわたり遊牧をおこなってきたトルコ系民族とモンゴル系民族の伝統色で、空を表す。

1992年より使用。円形紋章で、カザフ遊牧民がつかう伝統的な移動式テント「ユルト」の上部内側、青空、ユルトをささえるようにのびる太陽光線がデザインされたもの。上部には黄色い五角星、底部にはキリル文字で国名が記され、左右には翼と角をもつ2頭のウマが配されている。

◆アラシュ自治国　1917～20

カザフスタンはロシア帝国に併合されていたが、ロシア革命時、北部は白軍の支配下に入り、アラシュ自治国が成立。三日月と五角星を配した赤旗。

◆カザフ（キルギス）自治ソビエト社会主義共和国　1920～25

赤軍が白軍をやぶり、アラシュ自治国は崩壊。カザフ（キルギス）自治ソビエト社会主義共和国が成立。国旗は、左上にキリル文字で国名の略号を配した赤旗。

◆カザフ・ソビエト社会主義共和国　1936～40

1936年、ソビエト連邦を構成するカザフ・ソビエト社会主義共和国に昇格。国旗の国名はラテン文字カザフ語とキリル文字ロシア語で記されている。

◆カザフ・ソビエト社会主義共和国　1952～91

1952年、カザフ・ソビエト社会主義共和国の国旗を変更。左上に黄色い鎌とハンマー、黄色の輪郭線の五角星、下部に青い横縞を配した赤旗。

自然　東部はカザフ高原からアルタイ山脈へとつづき、西はカスピ海沿岸の低地、中央部はカザフステップが広がる。北のロシア、東の中国と国境を接し、東西3000キロ、南北約1500キロの世界第9位の広大な面積をほこる。国土の大部分は砂漠気候とステップ気候で、東部に地中海性気候がみられる。鉱業や石油がおもな産業である。

歴史　ボルガ川下流からバルハシ湖の西側に広がるカザフ高原は、紀元前からさまざまな遊牧民の生活の拠点となり、東西交易の主要なルートとしての役割ももった。15世紀後半になって、カザフ・ハン国が成立し、18世紀ころまで広大な領土を支配する。1860年代に全土がロシア帝国の支配下に入ると、ロシアから移民が入りはじめる。

　1917年のロシアでの革命のときに、自治政府がうまれるが、1920年からはロシア・ソビエト連邦社会主義共和国の一部となり、1936年、カザフ・ソビエト社会主義共和国として、ソ連邦に加盟。1991年のソ連邦の崩壊と同時に、カザフスタン共和国として独立。翌年に国際連合に加盟。1990年に大統領になったナザルバエフの長期政権がつづいている。

State of Qatar

カタール国

首都：ドーハ　面積：1.2万km²（秋田県程度）　人口：264万人　公用語：アラビア語

国旗比率11：28。1971年より使用。中央左よりに9個の白いジグザグを配した海老茶色の鋸形の旗。縦横比率は11：28で、現在使用されている世界の国旗のなかでももっとも横長な旗である。イギリス保護領時代の域旗が原型。

1976年より使用。黄色い円形紋章で、中央に描かれているのは交差した三日月刀のなかの海を白い帆を張って航海するダウ船（イスラム世界の伝統的な木造帆船）と緑のヤシの木。まわりを国旗カラーの帯がかこんでおり、帯のなかにはアラビア語と英語で国名が記されている。

◆カタール　1670〜1820

1670年、オマーンのバニ・ハリード家の支配下に。国旗は無地の赤旗。1783年にバーレーンのハリーファ家の支配下となったのちも国旗は継続して使用。

◆カタール　1820〜55

1820年、イギリスと海事条約をむすび、国旗を変更。海賊船と区別するため、赤旗の左側に白を加えた。

◆カタール　1855〜1916

1855年、カタールの国旗を変更。左側に白いジグザグを配した赤い鋸形の旗。ジグザグのデザインは現在の国旗にもとりいれられている。

◆イギリス保護領カタール域旗　1916〜36

第一次世界大戦の結果、カタールはイギリスの保護領に。イギリス保護領カタールの域旗は左上に黄色い三日月、中央に赤い正方形を配した白旗。

自然　アラビア半島の東部中央にある小さな半島にある小国で、国土の大半が岩石がむきだしになった砂漠地帯。一日の気温の差が大きく、最高気温は50度にもなる。年間降水量は100ミリくらいの乾燥気候。天然ガスや石油をおもな産業とし、天然ガスの埋蔵量は世界第3位。

歴史　紀元前からの居住の跡もみつかるが、くわしいことは不明。3世紀にササン朝の支配に入ったとされ、その後7世紀にイスラム教の勢力が広がる。18世紀中ごろにアラビア半島北部やクウェートからアラブ系の諸部族が移住し、19世紀後半にはオスマン帝国の支配をうける。

1916年からはイギリスの保護領となり、イギリスがペルシア湾岸から撤退すると、1971年に独立。1940年代から石油の採掘がはじまり、1971年の天然ガス田の発掘とあわせ、国家収入の大半を石油・天然ガスの輸出にたよっている。

1995年に無血クーデターで政権が交代すると、基本法の改正や三権分立をみとめる恒久憲法を採択するなど、自由化・民主化をすすめている。

Kingdom of Cambodia

カンボジア王国

首都：プノンペン　面積：18.1万km²（日本の半分）　人口：1601万人　公用語：カンボジア語（クメール語）

国旗比率2：3。1993年より使用。中央に白いアンコールワットを配した青赤青の横3分割旗。青は王室、赤は国家、白は仏教を表す。フランス保護領時代の1948年に制定された域旗を復活させたもの。

1993年より使用。青い盾型紋章。盾のなかには重ねた金色の儀式用の椀、その上に国王の力を示す聖なる剣、神聖なオーム（聖音）、緑の月桂樹のリース、カンボジア勲章のメダル、盾の上に陽の光をはなつ王冠、マント、金色のローブ、盾の両側はそれぞれ5層の日傘をもったゾウの鼻をしたガジャシンハ（左）、獅子のシンハ（右）などを配している。

◆カンボジア王国　1618～1863

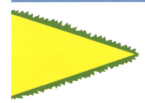

1618年、タイのアユタヤ朝の支配下から独立。国旗は緑のフリンジ（糸や紐をたらしたかざり）を配した黄色い三角旗。

◆フランス保護領カンボジア域旗　1863～1923

1863年、フランスの保護領となる。フランス保護領カンボジアの域旗は中央に白いアンコールワット、周囲に青いふちどりを配した赤旗。

◆カンプチア王国国旗　1945～48

1945年、日本の支援で独立を宣言。国旗は白いアンコールワット、青いふちどりの赤旗。同年10月にフランス保護領にもどったあとも国旗は継続して使用。

◆カンボジア王国　1953～70

1953年、シハヌーク国王がひきいる王国としてフランスから独立。保護領時代の域旗が国旗として継続して使用された。

自然　インドシナ半島の南西部にあり、北部がラオス、北西部がタイ、南東部がベトナムに接する広大な平野の広がる国。全土が熱帯気候で、雨季と乾季がある。おもな産業は、米を中心とする農業や観光業。近年は外国の資本を中心とした縫製業もさかん。

歴史　1世紀ころに扶南国が成立。9世紀にアンコール朝がおこり、大帝国をたてる。14世紀、アユタヤ朝の侵攻によって国内は混乱するが、1863年にフランスの保護国となるまでつづく。1887年にフランス領インドシナに編入されたあと、1945年の日本による支配とフランスの再支配をうける。

1953年に完全独立をなしとげ、シハヌークによる政権が成立。1970年にはクーデターにより共和制へとうつる。内戦ののち、1975年に民主カンプチア政府のポル・ポト派による支配がはじまる。1979年にはベトナム軍の介入でカンプチア人民共和国が成立し、内戦がつづくが、1991年にパリ和平協定が成立。1993年に王制が復活。2009年にはポル・ポト派による大量虐殺に対する特別法廷がひらかれた。

アジア

◆クメール共和国　1970〜75

1970年、ロン・ノルによるクーデターで王制が廃止され、クメール共和国が成立。国旗は赤地に白いアンコールワット、3個の白い五角星を配した青旗。

◆カンボジア国　1989〜91

1989年にベトナム軍が撤退し、カンボジア国にあらためる。国旗は中央に5つの塔のあるアンコールワットを配したカンボジアカラーの赤青をつかった横二色旗。

◆民主カンプチア　1975〜79

1975年、カンプチア共産党のポル・ポト派が内戦に勝利し、民主カンプチアをたてる。国旗は中央に3つの塔のある黄色いアンコールワットを配した赤旗。

森林のなかの仏教遺跡

インドでうまれた仏教は、1世紀ころシルクロードを経て中国につたわり、6世紀には日本にいたる。いっぽう、南に向かっては11世紀ころセイロン島を経てミャンマー、さらに東南アジアに広まった。

仏教遺跡としては、北には中国の敦煌・雲崗・竜門の石窟寺院（4〜8世紀）があり、南にはミャンマーのパガンの仏塔群（11〜13世紀）、カンボジアのアンコール・ワットやアンコール・トム（12〜13世紀）、インドネシアのボロブドゥール遺跡（8〜9世紀）が森のなかにのこされている。

アンコール・ワット　もともとヒンドゥー教寺院として建てられたが、アンコールの城が廃されたのち仏教寺院として信仰された。

雲崗の石窟寺院　岩を掘りこんでつくった巨大な仏像のほか、大小の石窟がある。

ボロブドゥール　ジャワ島にあり、9段のピラミッド状のつくりは、仏教の考え方を表したものという。

Republic of Cyprus

キプロス共和国

首都：ニコシア　面積：0.9万km²（四国の半分）　人口：118万人　公用語：トルコ語・現代ギリシャ語

国旗比率2：3。2006年より使用。金色で描かれたキプロスの地図と緑のオリーブの枝のリースを配した白旗。1960年に独立したときに制定した国旗および同年に修正した国旗が原型。地図がくわしくなり、縦横の比率がかわった。

◆イギリス領キプロス域旗　1881～1992

1881年、イギリス領キプロスの域旗を制定。右側の白い円内にキプロス高等弁務官の英語略称CHCを黒字で記したイギリス青色船舶旗。

◆キプロス共和国　1960（4～8月）

1960年、イギリスから正式に独立する前の4月に制定されたキプロス共和国の国旗。8月に修正された国旗では、地図が金色にぬりつぶされた。

◆北キプロス・トルコ共和国　1984～

1983年に北部のトルコ系住民が北キプロス・トルコ共和国の独立を宣言（トルコ以外の国はみとめていない）。翌年に国旗を制定。赤い三日月と五角星、上下に赤い2本の横縞を配した白旗。

2006年より使用。金色の盾型紋章で、平和のシンボル白ハトがオリーブの枝をくわえたデザイン。盾の周囲にはオリーブの枝のリース、ハトの下に独立した1960年が記されている。国旗と同様、1960年に制定されたものがモデル。全体にモダンなデザインに変更され、ハトがくわえているオリーブの枝と独立年の表記が白になった。

自然　地中海の東部トルコとシリアの沖合にある地中海第3の島。北部海岸ぞいと中南部に山脈がはしり、中央部に平野が広がる。夏は高温乾燥、冬は温暖多雨の地中海性気候。おもな産業は観光業と金融業。

歴史　紀元前からギリシャに支配され、ペルシャやエジプトに支配されたのち、紀元前1世紀にローマ領となる。7世紀にイスラム教の勢力が支配を広げるが、11世紀末からヨーロッパの十字軍による遠征の結果、イギリス、フランス、イタリアによる統治がつづく。1571年にはオスマン帝国の領土となる。1878年、イギリスが行政権を得て、1925年に植民地とする。1954年からおこった反英運動の結果、1960年に独立。

　1963年、ギリシャ系住民とトルコ系住民とのあいだで内戦。1974年のギリシャ系住民によるクーデターに対してトルコ軍が軍事介入し、北部を占領する。北部地域は1983年に北キプロス・トルコ共和国として独立を宣言するが、国際的にはみとめられていない。2004年に南部のキプロス共和国のみがヨーロッパ連合に加盟。南北の統合問題は、現在も未解決である。

キルギス共和国

Kyrgyz Republic

首都：ビシュケク　面積：20.0万km²（本州の9割）　人口：605万人　公用語：キルギス語・ロシア語

国旗比率3：5。1992年より使用。中央に黄色い太陽とキルギス人がつかう「ユルト」とよばれる移動式テントを真上からみた形に描いた赤旗。赤は勇敢さと勇気、黄は平和とゆたかさを表す。国名を変更する前のキルギスタン共和国時代に制定された。

◆トルキスタン自治ソビエト社会主義共和国　1918～19

ロシア革命のとき、1918年、トルキスタン自治ソビエト社会主義共和国が成立。国旗を制定。左上にアラビア文字とキリル文字で黄字の国名の略号を記した赤旗。

◆カラ・キルギス自治州／キルギス自治ソビエト社会主義共和国　1924～36

1924年にカラ・キルギス自治州となり、1926年にキルギス自治ソビエト社会主義共和国となる。このあいだ、左のロシア・ソビエト連邦社会主義共和国の国旗を使用。

◆キルギス・ソビエト社会主義共和国　1936～40

ソビエト連邦のひとつキルギス・ソビエト社会主義共和国に昇格。国旗はラテン文字キルギス語とキリル文字ロシア語の国名を左上に配した赤旗。

◆キルギス・ソビエト社会主義共和国　1952～91

1952年、国旗を変更。中央に白い細い横縞と2本の青い太縞、左上に黄色い鎌とハンマー、黄色い輪郭線の五角星を配した赤旗。

1994年より使用。青い円形紋章。なかに翼を広げた白ワシ、テンシャン山脈からのぼる太陽、小麦の穂と綿花の枝のリース、上部にキリル文字キルギス語で「キルギス」、底部に「共和国」と白字で配したもの。空色は勇気と寛大さを表す。1993年にキルギスタン共和国からキルギス共和国へとあらため、翌年に制定された国章。

自然　テンシャン山脈に属する山岳地帯にある国。北はカザフスタン、西はウズベキスタン、南をタジキスタン、東を中国と国境を接する。山岳部は冷帯気候、その他の低地や山麓地域は地中海性気候で、夏は乾燥、冬は温暖多雨。山岳地帯の牧畜業と大麦や小麦、トウモロコシなどの農業がおもな産業。金を中心とする鉱業もさかん。

歴史　8世紀に、ウイグル族による支配、13世紀にはモンゴル帝国の支配をうけ、16世紀からキルギス人が現在の地に移住したとされる。19世紀前半ころまでコーカンド・ハン国が支配したあと、1876年ロシア帝国領となる。1917年のロシア革命を経て、1936年、キルギス・ソビエト社会主義共和国としてソ連邦に加入する。

1991年、ソ連邦が崩壊してキルギスタン共和国として独立し、翌年に国際連合に加盟、1993年に現在の国名にあらためる。2001年のアメリカでの同時多発テロ事件以降、アメリカ軍の駐留をうけいれていたが、2014年にアメリカ軍は撤退。翌年、ロシアが中心のユーラシア経済同盟に加盟する。

State of Kuwait

クウェート国

首都：クウェート　面積：1.8万km²（四国程度）　人口：414万人　公用語：アラビア語

国旗比率1：2。1961年より使用。左に黒い台形を配した緑白赤の横三色旗。これらの汎アラブ色の4色は13世紀にうまれた詩からとられたもので、黒は戦場、緑はアラブの土地、白は戦士の純粋さ、赤は敵の血を表す。

1963年より使用。青い円形紋章。バガラとよばれる大型ダウ船（イスラム商人が利用した伝統的な木造帆船）、上部にアラビア語の国名を黒字で記した白いリボン、底部に翼を広げた黄色いハヤブサと国旗カラーの盾を配したもの。ハヤブサはイギリス領クウェートの域章につかわれている。

◆**イギリス保護領クウェート域旗　1914～21**

1914年、オスマン帝国領だったバスラ地方をイギリスが占領し、イギリス領クウェートに。域旗は中央に白字でアラビア語の国名を記した赤旗。

◆**イギリス保護領クウェート域旗　1921～40**

1921年にイギリス領クウェートの域旗を変更。中央に白字のアラビア語国名、右にシャハーダ（信仰告白）と白い2本の縦線を配した赤旗。

◆**イギリス保護領クウェート域旗　1940～56**

1940年、イギリス領クウェートの域旗を変更。中央に白字でアラビア語国名、右にシャハーダを配した赤旗。白い2本の縦線がとりのぞかれた。

◆**イギリス保護領クウェート域旗　1956～61**

1956年にも域旗を変更。それまでのアラビア語国名、シャハーダを配したデザインにハヤブサの足の指を表す矢印模様が加えられた。

自然　アラビア半島北部の付け根部分にある、大半が平らな砂漠地帯の国。北はイラク、南はサウジアラビアと国境を接する。沿岸部には9つの島を領有している。砂漠気候で、夏季は酷暑となり少雨。主要産業は石油で、埋蔵量は世界第7位をほこる。

歴史　古代から中心となる勢力がなく、18世紀になってアラビア半島中央部から遊牧民であるベドウィンが移住を開始。1756年、オスマン帝国の支配のもとで統治がはじまる。1899年、オスマン帝国の圧力に対抗してイギリスの保護国となる。

1938年に油田が発見されると、1950年からの石油産業の発達もあり、1961年に独立を達成。1990年に、となりのイラクがクウェートの領有権を主張して攻めいり、一時、全土を占領される。翌年にアメリカを中心とした多国籍軍による湾岸戦争がはじまり、イラク軍は撤退し、クウェートは解放される。その後は西側諸国よりの外交をおこなうが、2010年にイラクとの国交が正常化し、以降は国境を決めるなど、関係改善がすすんでいる。また、2005年には女性参政権をみとめ、2009年に初の女性議員が誕生している。

Kingdom of Saudi Arabia

サウジアラビア王国

首都：リヤド　面積：220.7万km²（日本の5.8倍）　人口：3294万人　公用語：アラビア語

1950年より使用。中央に生命力と成長を表すサウジアラビアの木であるヤシの木、その下にサウジアラビアのルーツであるネジド王国とヒジャーズ王国を表す交差した2本の三日月刀を配したもの。1932年にサウジアラビア王国が成立したのちも、ヒジャーズ＝ネジド王国時代に制定された国章が使用されていたが、1950年に現国章に変更された。

国旗比率2：3。1973年より使用。中央に「アッラーのほかに神はなく、ムハンマドはアッラーの使徒なり」というシャハーダ（信仰告白）、その下に白いまっすぐな剣を配した緑旗。旗は表裏両方からシャハーダが正しく読めるように2枚張りあわせてつくられている。

◆ディルイーヤ首長国　1744～1822

1744年、アラビア半島でサウード家がおこり、ディルイーヤ首長国が成立。国旗は中央に白い大きな三日月を配した緑旗。同国は1818年にほろんだ。

◆ネジド首長国　1822～1921

1822年、ネジド首長国が成立。国旗を制定。左側に白い縦縞、中央に白字のシャハーダ（信仰告白）を配した緑旗。

◆ヒジャーズ王国　1917～20

1916年にオスマン帝国からはなれ、成立したヒジャーズ王国が翌年に国旗を変更。左に赤い三角形を配した黒緑白の横三色旗。オスマン帝国からのアラブの解放旗とよばれた旗。

◆ネジド王国　1921～26

1921年、アラビア半島中部高原にネジド王国が成立。国旗は白字のシャハーダと右に向けた白い剣を配した緑旗。

自然　アラビア半島の80％を占め、西アジアで最大の面積。大半は砂漠地帯で、東はペルシア湾、西は紅海に面する。高温乾燥の砂漠地帯だが、沿岸部は海洋の影響から多湿となっている。おもな産業は石油と天然ガスで、埋蔵量は世界2位と6位をほこる。

歴史　イスラム教がおこった地で、メッカ、メディナの2つの聖地がある。6世紀にイランのササン朝とビザンツ帝国の抗争で、東西の交易が両国の国境でとだえると、アラビア半島に通商路が発達して、メッカがさかえた。メッカの商人ムハンマドがイスラム教をひらくと、イスラム勢力は急速に拡大し、661年にウマイヤ朝が成立。それ以来、イスラム系王朝がつづいた。
　現在のサウード家王朝の成立は1902年で、1932年に国名をサウジアラビアとする。1938年の石油生産の開始から経済発展をとげ、近代化がすすむ。1991年の湾岸戦争以降、内政の改革を求める動きがおこり、2005年に初の地方議会選挙がおこなわれる。2013年には女性議員が30名えらばれている。2016年以来、イランとの国交がとだえている。

◆ヒジャーズ＝ネジド王国　1927〜32

現在のサウジアラビアの領域を統一し、ヒジャーズ＝ネジド王国が成立。国旗はネジド王国のものを使用。白いシャハーダを配し、白くふちどりされた緑旗。

◆アスィール首長国　1906〜34

サウジアラビア王国に1934年に併合されたイドリス朝アスィール首長国の国旗。白いシャハーダ、白いフリンジ（糸や紐をたらしたかざり）を配した緑旗。

◆サウジアラビア王国　1932〜34

1932年、ヒジャーズ＝ネジド王国がサウジアラビア王国とあらためた。国旗は左側に白い縦縞、中央に白いシャハーダと白い左向きの剣を配した緑旗。

◆サウジアラビア王国　1938〜73

1938年に変更されたサウジアラビア王国の国旗。1934年にも変更されて左の白い縦縞が細くなっていたが、1938年の変更では白い縦縞がなくなった。

世界に広がるイスラム教とその帝国

　イスラム教を創始した預言者ムハンマドは、570年ころ、アラビアの都市メッカで生まれた。40歳のころ神のお告げをうけて、神の言葉を伝える預言者としての活動をはじめた。「アッラーのほかに神はなし」ととくイスラム教の教えは聖地メッカで反感をうけ、迫害された。

　622年、ムハンマドとその信者たちはメッカの北にあるメディナに移住。これをヒジュラとよび、イスラム暦の元年とされる。ついで630年、メッカに入城し、カーバ聖殿をイスラム教の聖地とした。神からムハンマドにくだされた言葉は「コーラン」にまとめられた。

　イスラム教はアラビア半島全域に広まり、632年のムハンマドの死後、その後継者がカリフとしてあとをつぎ、シリアやエジプトへと領土を広げ、王朝はいくどかかわっていったが、10世紀にはイスラム帝国は3大陸にまたがる大帝国となった。

カーバ聖殿　聖殿はムハンマドの時代以前から、アラブ人の聖地であった。

イスラム世界の広がり

Georgia

ジョージア

首都：トビリシ　面積：7.0万km²（東北地方程度）　人口：391万人　公用語：ジョージア語

国旗比率2：3。2004年より使用。12世紀から14世紀にかけてつかわれたジョージア王国の国旗を原型にした旗で、赤い大きな十字と四隅に小さな十字を配した白旗。この十字はイェルサレム十字とよばれ、十字軍にもとづく。

2005年より使用。赤い盾型紋章で、盾のなかには白馬にまたがり槍でドラゴンを退治するジョージアの守護聖人ゲオルギィが描かれている。盾の上には主権を表す冠、盾の両側には2頭の黄色いライオン、底部にはジョージア語で「団結は力なり」と黒字で記された2個の赤い十字入りの白いリボンが配されている。

◆ジョージア民主共和国　1918〜21

ロシア革命でロシア帝国がたおされ、1918年、ジョージア民主共和国が成立。左上に黒白二色の横縞を配した海老茶色の旗。

◆ジョージア・ソビエト社会主義共和国　1921〜22

1921年、ソビエトの赤軍が攻めいり、ジョージア・ソビエト社会主義共和国が成立。国旗は左上にジョージア語の国名の略号を記した赤旗。

◆ジョージア・ソビエト社会主義共和国　1951〜90

国旗を変更。赤い五角星、鎌とハンマー、太陽光線を描いた青い正方形を左上に配し、上部に青い横縞を配した赤旗。

◆ジョージア　1990〜2004

1990年、ソビエト連邦からの主権を宣言。国旗は左上に黒白二色の横縞を配した海老茶色の旗。黒はロシアの支配時代、白は平和と未来への希望、海老茶色は国の過去と現在の喜びを表す。

自然　国土の約半分は森林である。北はロシア、南はトルコ、東はアゼルバイジャンと国境を接する。気候は多様で、北部の山地は冷帯湿潤気候、高山気候が広がり、西部は温暖湿潤気候で、とくに黒海沿岸部は亜熱帯気候、東部は大陸性気候が広がる。おもな産業は農業と食品加工業。

歴史　4世紀以降にキリスト教が国教とされる。6世紀になると、東部地域はササン朝に、西部地域はビザンツ帝国に併合され、その後アラブ系民族の支配をうける。10世紀後半に統一王朝が成立するが、16世紀にオスマン帝国やサファビー朝の支配をうけ、18世紀にロシア帝国に併合される。

ロシア革命後の1918年に独立を宣言し、1922年にアルメニア、アゼルバイジャンとともにザカフカース社会主義連邦ソビエト共和国として、ソ連邦に加盟。1991年にソ連邦が崩壊したときに独立。2008年、南オセチアに攻めいり、ロシアの軍事介入をうけ、ロシアが南オセチアとアブハジアの独立をみとめたため、外交関係は断絶。2012年以降、関係改善に向けた動きがはじまっている。

Syrian Arab Republic

シリア・アラブ共和国

首都：ダマスカス　面積：18.5万km²（日本の半分程度）　人口：1827万人　公用語：アラビア語

国旗比率2：3。1980年より使用。中央に2個の緑の五角星を配した赤白黒の横三色旗。赤は自由への戦い、白は平和、黒は暗い植民地時代、2個の緑の五角星は美しいアラブの大地と統一を表す。1980年にアラブ共和国連邦を解消したのちに変更された国旗。

1980年より使用。ムハンマドをうんだクライシュ族のシンボルである右を向いた黄色いタカを描いた国章。胸には国旗のデザインをとりいれた盾をだいている。盾の下には緑の植物のリースがあり、タカの足がアラビア語の国名を黒字で記した緑のリボンをつかんでいる。クライシュ族のタカはシリアの国章としてたびたびつかわれてきた。

◆シリア王国　1918～20

1918年、第一次世界大戦でオスマン帝国がやぶれ、アラブ反乱の指導者ファイサルがダマスカスに入城。独立宣言の前にシリア王国の国旗を制定。赤の三角形を配した黒緑白の横三色旗。

◆フランス領シリア国域旗　1932～46／1946～58／1961～63

1932年、フランス領シリア国の域旗。3個の赤い五角星を配した緑白黒の横三色旗。1946年からのシリア共和国でも国旗としてつかわれ、1961年からのシリア・アラブ共和国でも使用。

◆アラブ連合共和国　1958～61

1958年、エジプトとアラブ連合共和国を結成。国旗は中央に2個の緑の五角星を配した赤白黒の横三色旗。現在の国旗と同じデザイン。

◆シリア・アラブ共和国　1963～72

1961年に連合を解消し、シリア・アラブ共和国となる。1963年に国旗を変更。中央に3個の緑の五角星を配した赤白黒の横三色旗。

自然　北はトルコ、西はレバノンとイスラエル、南はヨルダン、東はイラクと国境を接する。北部と西部には山地が、南部・東部は高原状の台地が広がる。沿岸部は地中海性気候、内陸部は乾燥地帯が広がり、イラクとの国境周辺は砂漠地帯が広がる。おもな産業は石油生産業、繊維業、食品加工業。

歴史　紀元前4世紀ころ、セレウコス朝が成立し、その後、ローマ帝国や東ビザンツ帝国が支配。7世紀になるとアラブ系民族が勢力を広げ、661年にウマイヤ朝が成立し、イスラム文化の中心地となる。750年に成立したアッバース朝では、中心地はバグダードに。十字軍やモンゴル帝国に侵略されたのち、1517年からオスマン帝国の支配下となる。

1918年にオスマン帝国から独立するが、1920年から1946年の完全な独立まで、フランスの委任統治領となる。1958年にエジプトと合同しアラブ連合共和国を結成するが、1961年に離脱。1971年にクーデターによってアサド政権が誕生して長期安定政権を確立。2000年に息子に政権がうつるが、反政府勢力との内戦がつづいている。

Republic of Singapore

シンガポール共和国

首都：シンガポール　面積：719km²（奄美大島程度）　人口：571万人　公用語：英語・中国語・マレー語・タミル語

国旗比率2：3。1965年より使用。左上に白い三日月と5個の五角星を配した赤白の横二色旗。赤は平等と世界人類、白は純粋さと美徳を表す。1959年、イギリスから自治権を獲得したときに制定された域旗が国旗として採用された。

1965年より使用。国旗のデザインをとりいれた赤い盾型紋章。盾の左には国名の獅子の町を表すライオン、右にはマレーシアとの関係を表すマレーのトラ、底部にはマレー語の黄字で「前進せよシンガポール」と記した青いリボンを配している。国旗と同様、1959年にイギリスから自治権を獲得したときに制定された域章が、独立後に国章となった。

◆イギリス東インド会社旗　1819〜26

1819年、イギリス東インド会社が進出し、ジョホール王国より商館建設の許可をうける。その後、イギリスはシンガポールとマラッカを勢力圏におさめる。

◆イギリス領海峡植民地域旗　1826〜1942／1945〜46

1826年、ペナン、マラッカとともにイギリス領海峡植民地に編入されたときに制定された域旗。この旗は1945年にシンガポール域旗として復活した。

◆イギリス領シンガポール域旗　1946〜59

1946年、イギリス領シンガポールの域旗を変更。右側の白い円のなかに王冠を入れた赤い逆Y字を配したイギリス青色船舶旗。

◆マレーシア連邦国旗　1963〜65

1963年、マレーシア連邦の成立にともない、その一州として参加。1965年にシンガポール共和国として独立するまではマレーシア連邦の国旗を使用。

自然　マレー半島の南端部にあるシンガポール島と周辺の55の小島からなる。島の中央部付近は丘陵地がつづき、東部には低地が広がる。赤道直下の熱帯雨林気候で、年間を通じて高温多湿である。エレクトロニクスや化学関連などの製造業や金融、流通、情報通信業などがおもな産業。

歴史　ヨーロッパと東南アジアをつなぐ主要航路の中継地点として古くからさかえる。14世紀ころマラッカ王国が建国されるが、1511年にポルトガルによってマラッカ王国がほろぶと、ジョホール王国の支配下に入る。1819年にイギリス人ラッフルズがこの地を買収し、1824年にイギリス領となる。第二次世界大戦中は日本が支配するが、大戦後にイギリス領にもどる。

　1959年、イギリスから自治権を得て、1963年にマレーシア連邦の一部として参加。1965年にマレーシアから分離・独立。独立したときから31年間首相をつとめたリー・クワンユー、そのあと14年間首相をつとめたゴー・チョクトン、2004年からリー・シェンロンとつづき、安定した政権がつづいている。

Democratic Socialist Republic of Sri Lanka

スリランカ民主社会主義共和国

首都：スリジャヤワルダナプラコッテ　面積：6.6万km²（東北地方程度）　人口：2088万人　公用語：シンハラ語・タミル語

国旗比率1：2。1978年より使用。シンハラ人のシンボルである右手で剣をにぎったライオン、四隅に4枚の菩提樹の葉、左にイスラム教徒を表す緑とヒンドゥー教徒タミル人を表すオレンジの縦縞を配し、黄色いふちどりを入れた暗赤色の旗。

1972年より使用。赤い円形紋章で、中心に剣をもった黄色いライオン。周囲に青い円と、仏教を表すと同時に国花である黄色い蓮の花、下部に永遠の生命を表す月と太陽、そのあいだに幸福と富を表す壺を配置。壺からのびている稲穂は国の繁栄を表す。上部には仏教国を表す青い法輪。

◆チョーラ朝国旗　1017

1017年、南インドのタミル人がつくったチョーラ朝がセイロン島に侵入した。チョーラ朝の国旗は左側を向いたトラを配した赤い燕尾旗。

◆キャンディ王国国旗　1815

1815年、15世紀後半から南部で独立を保っていたシンハラ人のキャンディ王国がほろぶ。全島がイギリスの植民地に。キャンディ王国の国旗は現国旗の原型。

◆セイロン　1948～51

1948年、イギリス連邦の一員のセイロンとして独立。国旗制定。右手に剣をもったライオンを描いたキャンディ王国時代の国旗の地色を赤にかえたもの。

◆セイロン　1951～72

1951年、セイロンが国旗を変更。緑とオレンジの縦縞が入り、現国旗にちかいデザインだが、四隅に配されているのは菩提樹の葉ではなく仏塔。

自然　インドの南端部の沖、インド洋上にうかぶ島国。島の中南部に標高2500mをこえる山脈がそびえ、周辺に平野が広がる。気候区は熱帯に属し、モンスーンの影響がつよい。夏季は南部は雨が多く、北部や東部は乾燥地帯となる。おもな産業は米や紅茶、ゴムなどの農業と、近年発展しつつある繊維業。

歴史　紀元前5世紀に北インドからシンハラ人がうつりすみ、つづいて前2世紀にタミル人がうつる。11世紀にタミル人による王朝が成立するが、16世紀にポルトガル、17世紀にオランダが入植し、支配を確立する。18世紀末にはイギリスが領有権を得て、1802年に正式にイギリス植民地となる。

　第二次世界大戦後の1948年、セイロンとしてイギリスから独立し、1972年、1978年に国名をあらためた。1983年から、タミル人の過激派勢力との争いがはげしくなり、内戦へと発展。1989年と2002年には一時停戦合意もされるが決裂し、2009年5月に政府軍が北部を制圧して、ようやくおわった。2004年12月にはスマトラ沖での地震で津波がおこり、多くの被害がでた。

タイ王国

首都：バンコク　面積：51.3万km²（日本の1.4倍）　人口：6904万人　公用語：タイ語

国旗比率2：3。1917年より使用。シャム王国時代に制定された国旗で、1939年にタイ王国にあらためたのちも使用されている。赤白青白赤の横5縞旗。赤は国民の血、白は信仰にまもられた国民の純粋さ、青はタイ王室を表す。

1910年より使用。翼を広げた赤いガルーダを配したもの。ガルーダとはインド神話にあるビシュヌ神の乗り物とされる半人半鳥の霊鳥。タイの伝説である勇猛なプラ・ナライ王の従者として邪悪に敢然と立ち向かう鳥とされる。シャム王国の国王ラーマ6世が国章に採用し、1939年にタイ王国にあらためたのちも継続して使用されている。

◆アユタヤ朝シャム　1656～1782

14世紀に成立していたアユタヤ朝が、1656年に国旗を制定。無地の赤旗。赤い地色はシャム王国の国旗に伝統的につかわれている。

◆ラタナコーシン朝シャム王国　1782～1817

1782年、現在までつづくラタナコーシン（チャクリ）朝が成立。国旗を変更。中央にビシュヌ神の力のシンボルである円盤状の武器チャクラムを配した赤旗。

◆ラタナコーシン朝シャム王国　1855～1916

1855年、シャム王国の国旗を変更。中央に大きく白いゾウを描いた赤旗。国王ラーマ4世によって採用された。

◆ラタナコーシン朝シャム王国　1916～17

1916年、国旗を変更。白いゾウが上下逆にかかげられることのないようゾウのかわりに白い横縞を採用。赤白赤白赤の横5縞旗。

自然　インドシナ半島中心部にあり、周囲をミャンマー、マレーシア、カンボジア、ラオスに囲まれている。北部に高地、中央部に平原が広がり、南部はマレー半島にある。全土が熱帯気候にあり、5～10月の雨季と11～4月の乾季に分かれ、南部は年間をとおして多雨。米や天然ゴムの生産は世界有数をほこるが、近年、自動車などの製造業も発展。

歴史　中国南部に住んでいたタイ人が南下し、11世紀にアンコール朝、13世紀にスコータイ朝、14世紀にアユタヤ朝と支配勢力はうつりかわった。1767年のビルマの侵攻により、アユタヤ朝は一時ほろぶが、1782年にラタナコーシン朝が成立。19世紀以降はヨーロッパ勢力による東南アジアへの進出がつづくなか、国王ラーマ5世のすすめた近代化などにより、唯一独立をつづけ、現在にいたっている。　1932年に革命により王制が廃止され、立憲君主制へとうつる。

1957年以降はクーデターによる政権の交代がくりかえされ、文民による政府と軍事力による政権の交代がつづいている。1967年成立の東南アジア諸国連合の初めからの加盟国。

Republic of Korea

大韓民国

首都：ソウル　面積：10.0万km²（東北地方＋関東地方）　人口：5098万人　公用語：韓国語

国旗比率２：３。1950年より使用。中央に太極（国章の解説を参考のこと）、四隅に卦（算木という棒をくみあわせた形のこと。中国の占い「易」ではこれで吉凶を占う）を配した白旗。白は赤、青とともに韓国の伝統的な色で平和を表している。

1963年より使用。中心に国旗にも使用されている赤青の太極を置いた国花のムクゲ、周囲に朝鮮語で国名を記した青白のリボンを配したもの。太極とは中国古来の思想にもとづく考え方で、陰陽、善悪、新旧、男女など、万物が相反するものからなることを意味する。

◆朝鮮（李朝）国王旗　1882〜97

1882年、朝鮮（李朝）の国王旗を制定。中央に黄色の太極、周囲に黄色い八卦、黄色のふちどりと緑のフリンジ（紐や糸のかざり）を配した暗赤色旗。

◆大韓帝国　1897〜1910

1897年、国号を大韓帝国に。国旗は中央に赤青の太極、周囲に黒の四卦を配した白旗。現国旗の原型だが、太極と四卦のデザインがちがっている。

4世紀からは高句麗・新羅・百済の三国時代がはじまる。7世紀に新羅が統一するが、935年に高麗が新羅をほろぼす。

　13世紀にはモンゴルの元朝の支配をうけ、元が日本へ遠征（元寇）したときには高麗からも軍をおくる。1392年、李成桂によって新たに朝鮮（李朝）が建国される。1443年には現在もつかわれるハングル（訓民正音）をさだめる。16世紀後半には豊臣秀吉による２度の侵攻をうけるが、中国からの援軍もありこれを撃退。19世紀になると、欧米諸国から開国や通商をもとめられ、また日本の軍事的圧力がはじまり、1876年に日朝修好条規をむすんで開国。1894年からはじまる日清戦争で日本が中国に勝つと、1910年に日本の植民地として併合される（韓国併合）。

　1945年、第二次世界大戦で日本が敗北して、アメリカとソ連が南北に分割して進駐。両者の対立によって、1948年、南部が大韓民国として独立。1950年に朝鮮戦争がおこり、1953年に休戦。1991年に南北朝鮮が国連に同時に加盟、2018年の南北首脳会談ののち、両国の仲なおりが期待されている。

朝鮮半島の南半部にある国。西は黄海をはさんで中国にのぞみ、東は日本海をへだてて、日本と接する。温帯にあり、夏季は暑くて雨が多く、冬季は寒くて雨が少ない。おもな産業は、電子機器や自動車、造船、石油化学など。自給率は高くないが、米などの農業もおこなわれている。

（朝鮮半島全体の歴史）中国の前漢の武帝の時代に、朝鮮に4郡がおかれた。3世紀後半に氏族国家が形成されると、

タジキスタン共和国

首都：ドゥシャンベ　面積：14.3万km²（日本の3分の1）　人口：892万人　公用語：タジク語

国旗比率1：2。1992年より使用。中央に黄色い7個の五角星と冠を配した赤白緑の横三色旗。タジク人はイラン系民族で、イラン国旗の3色を使用している。赤は国家主権、白はおもな産業である綿花、緑はその他の農産物を表す。

1993年より使用。社会主義国型の紋章。パミール高原の3つの雪山からのぼる太陽、黄色い7個の五角星と冠、国旗カラーのリボンを巻いた小麦の穂と綿花の枝のリース、底部にひらかれた本を配したもの。ソビエト連邦が解体してタジキスタン共和国として独立したのち、1992年に一度国章が制定されたが、翌年に現国章に変更された。

◆トルキスタン自治ソビエト社会主義共和国　1918～19

ロシア革命でロシア帝国がたおれ、1918年、この地域はトルキスタン自治ソビエト社会主義共和国に編入される。

◆タジク自治ソビエト社会主義共和国　1924～29

1924年、ウズベク・ソビエト社会主義共和国内にタジク自治ソビエト社会主義共和国が成立。国旗は左上に茶色の円形紋章を配した赤旗。

◆タジク・ソビエト社会主義共和国　1953～91

1953年、タジク・ソビエト社会主義共和国の国旗を変更。左上に黄色い鎌とハンマー、黄色輪郭線の五角星、中央に白い横縞と緑の細い横縞のある赤旗。

◆タジキスタン共和国　1991～92

1991年、タジキスタン共和国として独立。国旗を制定。それまでの国旗から社会主義を表す黄色い鎌とハンマー、黄色輪郭線の五角星がのぞかれた。

自然

北はキルギス、西はウズベキスタン、南はアフガニスタン、東は中国と国境を接する。国土の大半がパミール高原や山地からなり、寒暖差の大きい大陸性ステップ気候と冷帯湿潤気候が広がる。南西部は地中海性気候で夏は暑く乾燥、冬は寒い。おもな産業は綿花を中心とする農業と牧畜業。

歴史

紀元前1千年紀ころまでに移動してきたイラン系諸族を起源として、1～3世紀にクシャーナ朝が支配。8世紀にアラブ人による支配がはじまり、イスラム教をうけいれる。9～10世紀に、サーマーン朝を樹立。13世紀以降はモンゴル帝国・ティムール帝国の支配をうける。19世紀にはロシア帝国に併合され、ロシア革命後の1929年にタジク・ソビエト社会主義共和国としてソ連邦のひとつとなる。1991年に現在の国名にあらためて独立。同年に旧ソ連諸国によってつくられた独立国家共同体に加盟し、1992年に国際連合にも加盟する。

独立後の1992年に内戦がおこり、1994年に臨時に停戦が成立するが、断続的な戦闘状態がつづき、1997年になって最終的に和平が成立した。

People's Republic of China
中華人民共和国

首都：北京　面積：960.0万㎢（日本の25倍）　人口：14億952万人　公用語：中国語

国旗比率2：3。1949年より使用。黄色い大きな五角星と4個の小さな五角星の赤旗（五星紅旗）。赤は共産主義のシンボルで漢民族の伝統色。黄は光明を表す。大きな星は中国共産党の指導力、小さな星は中国人民の団結を表す。

1950年より使用。赤い社会主義国型の紋章。国旗と同じく黄色い大きな五角星と4個の小さな五角星を配し、その下に天安門が描かれている。周囲をかこんでいるのは農業を表す麦の束と米の穂、底部には工業を表す歯車、共産主義を表す赤い布を配している。

◆清　1862〜81

17世紀に成立していた清朝が1862年に国旗を制定。5本の爪をもった青龍と幸運・繁栄を表す赤い真珠を配した黄色の三角旗。黄龍旗とよばれる。

◆台湾民主国　1895（5〜10月）

1895年、清国により台北に台湾民主国が成立したが、10月に日本軍に占領されほろぶ。国旗は黄色いトラ、赤い炎、青い雲を配した青旗。

◆中華民国　1912〜15／1916〜28

1912年、中華民国が成立。国旗は赤黄青白黒の横5縞旗（五色旗）。5色は漢、満州、蒙古、ウイグル、チベットの5民族を表す。

◆中華帝国　1915〜16

1915年に北京で袁世凱が皇帝を名のり中華帝国が成立したが、翌年には滅亡。国旗は赤いX字で分割された黄青白黒の対角四分割旗。

自然　ユーラシア大陸の東部にあり、世界第3位の広大な面積をほこる。ロシア連邦やインド、ベトナムなど14カ国と国境を接する。インドと接するカシミール地方など、国境のさだまっていない地域もある。90％以上の漢族と55の少数民族からなる。南西部はチベット高原が世界最高峰をもつヒマラヤ山脈につづき、北東部〜東部には世界有数の草原地帯が広がる。気候区もさまざまで、南部は熱帯から温帯、東北地方は冷帯気候など。内陸部にいくと乾燥地帯が広がる。

農業は北部では小麦や綿花、大豆など、南部では米や茶など。資源がゆたかで、製鉄・鉄鋼・自動車などの重工業が発展。

歴史　紀元前6000〜前5000年ころから黄河文明・長江文明がかたちづくられ、前16世紀ころには最古の王朝である殷がおこる。その後、周がつづき、春秋戦国時代を経て、紀元前221年に秦が統一する。つづいて漢王朝が領域をひろげ、三国・南北朝の分裂時代へとうつり、ふたたび隋・唐による統一から五代十国時代の分裂と、統一と分裂をくりかえす。

五代十国の分裂時代を統一した漢族の宋以降

は、モンゴル族の元、漢族の明、満州族の清のように、漢族と周辺の諸族による支配が交互に成立する。清王朝の中期になると、現在の中国とほぼ同じ領域の支配が完成する。

清王朝後期になると、ヨーロッパや日本などが中国に侵略をはじめ、1840～1842年のアヘン戦争でイギリスにやぶれ、1894年の日清戦争でも日本に敗北する。

1911年には辛亥革命がおこり、翌年に中華民国が成立。中国国内での混乱がつづくなか、日本との1931年の満州事変を経て東北部で満州国が成立する。さらに1937年に日中戦争がはじまり、1941年からの太平洋戦争へとつづく。このあいだ、日本軍に対する抗戦がおこなわれた。

1945年の日本の敗戦ののち、中国国民党と中国共産党による内戦がはじまり、1949年、共産党による中華人民共和国が成立。やぶれた国民党は台湾にのがれる。

中華人民共和国は社会主義の建設をめざすが、経済政策の失敗、1960年代の中ソ対立、10年におよぶ文化大革命を経て、1980年ころから改革・開放政策がすすめられた。その後、経済は急速に発展し、2010年には世界第2位の経済大国となった。

◆中華民国　1928～

1928年、中華民国の国旗を変更。左上に青地と白い太陽を配した赤旗。青天白日満地紅旗とよばれる。赤白青は革命家の孫文がとなえた三民主義を表す。

◆中華ソビエト共和国　1931～36

1931年、内陸部の江西省に毛沢東により中華ソビエト共和国が成立。国旗は中央に白い地球、黄色い五角星、黒い鎌とハンマーなどを配した赤旗。

◆満州国　1932～45

1932年、日本が中国の東北部につくった満州国が成立。国旗は左上に赤青白黒の横縞を配した黄旗。1934年に満州帝国となったのちも継続して使用。

◆中華民国国民政府（南京）　1940～45

1940年、北京の臨時政府と南京の維新政府が合体し、日本の意にそった中華民国国民政府が成立。国旗上部の黄色い三角には「和平反共建国」とある。

香港とマカオ 一国二制度のもとの域旗

19世紀以来、香港はイギリスの、マカオはポルトガルの中国侵略の中心地であった。20世紀末、香港は155年ぶりに、マカオは112年ぶりに中国に返還された。両地とも、「一国二制度」とよばれる体制のもと、発展をつづけている。

◆中国返還後の香港域旗

香港を表す白いバウヒニアの花弁と、そのなかに中国を表す5個の赤い五角星を配した赤旗。赤白の2色は「一国二制度」をしめす。

◆中国返還後のマカオ域旗

中央の白い蓮の花はマカオを表す。5つの星は中国との一体感を表し、花の下の山形は中国とのかけ橋、4本の白い横線は海を表す。

Democratic People's Republic of Korea

朝鮮民主主義人民共和国

首都：ピョンヤン　面積：12.1万km²（日本の3分の1）　人口：2549万人　公用語：朝鮮語

国旗比率1：2。1948年より使用。赤い五角星を入れた白円と2本の細い白線を配した青赤青の横三分割旗。青は自主、平和、白はかがやける歴史的文化をもつ朝鮮民族、英知、勤勉、勇敢さ、愛国心など、赤は革命で流された血、不屈の闘争精神を表す。

1993年より使用。社会主義国型の紋章。共和国がうけついだ革命の伝統と、朝鮮人民の明るい未来を表す光を放つ赤い五角星、雪をいただく山と湖、水豊ダムと強力な重工業を軸とする自立的な近代工業と労働者階級を表す水力発電所、発展した農業と農民を表す稲穂のリース、底部に国名を記したリボンを配している。山は金日成が日本に抵抗した根拠地の白頭山。

◆大韓帝国　1897～1910

1897年、朝鮮が国名を大韓帝国とし、国旗を制定。中央に赤青の太極、周囲に黒の四卦を配した白旗。「太極」「卦」の解説は大韓民国の項を参考に。

◆朝鮮臨時人民委員会旗　1946～48

1946年、朝鮮臨時人民委員会旗を制定。南北に分断されてのち2年間は、北朝鮮も太極旗を使用していた。四卦の大きさと位置が現在の韓国国旗と異なる。

自然　ユーラシア大陸の東方、朝鮮半島北部にある国。北にロシア、南に韓国と国境を接している。国土の多くは山地で、冷帯に属する。夏は暑く、冬はきびしい寒さとなる。

歴史　（1945年までの歴史は大韓民国を参照）1945年に太平洋戦争がおわってのち、朝鮮半島をアメリカとソ連が分割して管理することになり、北緯38度線より北をソ連が占領した。1948年、大韓民国の成立につづいて、金日成を首相として朝鮮民主主義人民共和国が成立する。

1950年には朝鮮戦争がおこり、一時は韓国を朝鮮半島の東南のはしまでおいつめるが、アメリカを中心とする国連軍の介入や中国人民軍の参戦があり、1953年に休戦協定をむすび、現在まで休戦がつづいている。2003年には核開発問題をめぐり、アメリカ、中国、ロシアなどの諸国と北京で六者協議をおこなった。核問題をめぐっては、2017年の核実験とミサイル発射を経て、2018年に南北首脳会談、アメリカとの首脳会談がおこなわれた。

トルクメニスタン

Turkmenistan

首都：アシガバット　面積：48.8万km²（日本の1.3倍）　人口：576万人　公用語：トルクメン語

国旗比率2：3。2001年より使用。左側におもな5部族のグルという伝統的な絨毯の模様と平和を表すオリーブの枝が描かれた帯を配し、その右上に白い三日月と5個の五角星を配した緑旗。2001年に縦横の比率が変更された。

2003年より使用。八角形をした緑の紋章。この八角形はルブ・エル・ヒズブとよばれ、イスラムを表す形。中央にウマ、その周囲に5部族（テケ族、ヨムト族、アルサリ族、チョウドル族、サリク族）のグルという絨毯の模様が描かれた赤い輪、上部に白い三日月と五角星、外側におもな産物である小麦の穂と綿花の枝のリースを配したもの。

◆トルキスタン自治ソビエト社会主義共和国　1918〜19

1918年、トルキスタン自治ソビエト社会主義共和国が成立。国旗を制定。左上にアラビア文字とキリル文字で黄字の国名の略号を記した赤旗。

◆トルクメン・ソビエト社会主義共和国　1927〜37

1924年にトルクメン・ソビエト社会主義共和国が成立。国旗変更は1927年。左に黄色輪郭線の五角星、黄色い鎌、ハンマーを配した赤旗。

◆トルクメン・ソビエト社会主義共和国　1953〜92

1953年に国旗を変更。中央に配された2本の青い横縞は国を流れるアムダリア川とアトレク川を表す。

◆トルクメニスタン　1992〜97

1991年にトルクメニスタンとして独立し、その翌年に制定された国旗。現国旗の原型となったものだが、帯にオリーブの枝がなく、現国旗より横長である。

自然　西はカスピ海に面し、南はイランとアフガニスタン、東はウズベキスタン、北はカザフスタンと国境を接する。国土の大部分がカラクーム砂漠で、乾燥した砂漠気候。夏は最高50度、冬は南部でマイナス30度と、気温差が大きい。アムダリア川からの運河による灌漑農業と、カスピ海周辺で産出する石油・天然ガスなどの鉱業がおもな産業。

歴史　8世紀ころに中央アジアから移り住んだ民族がイスラム教をうけいれ、9世紀以降、サーマーン朝やセルジューク朝の支配下に入る。16世紀以降はイラン系の王朝に支配されるが、その後1885年までロシア帝国に併合される。1924年、トルクメン・ソビエト社会主義共和国となる。

1991年のソ連の崩壊と同時に独立し、翌年、国連に加盟する。1995年に永世中立国として国連総会でみとめられる。独立前から大統領についていたニヤゾフが1999年に終身大統領となるが、2006年にニヤゾフが死去したのち、開放政策がとられ、ロシアや周辺諸国との関係の改善もはかられている。

Republic of Turkey

トルコ共和国

首都：アンカラ　面積：78.4万km²（日本の2倍）　人口：8075万人　公用語：トルコ語

国旗比率2：3。1936年より使用。中央に白い三日月と五角星を配した赤旗。赤は勇気を表し、三日月と五角星はイスラムのシンボルであるとともに守護である。月の女神ディアナの三日月と聖母マリアの明けの明星をしめしている。

1923年より使用されているトルコ共和国の準国章。トルコ共和国には正式な国章はなく、ギリシャ軍をしりぞけたムスタファ・ケマルらがトルコ共和国をたてた1923年に制定されたこの準国章が、さまざまな場面で用いられている。赤い楕円形紋章で、なかに白い上向きの三日月と五角星、白字でトルコ語の国名を記したもの。

◆オスマン帝国　1307～1453

13世紀末に成立したオスマン帝国が1307年に国旗を制定。無地の赤旗を使用。オスマン帝国時代から国旗には代々、赤の地色がつかわれている。

◆オスマン帝国　1453～99

1453年、オスマン帝国がビザンツ帝国をほろぼす。国旗を変更。中央に黄色い三日月を配した赤旗。

◆オスマン帝国　1499～1517

1499年、オスマン帝国の国旗を変更。中央に白い3個の三日月を配した赤旗。

◆オスマン帝国　1517～1793

1517年、エジプトのマムルーク朝をほろぼし、イスラムのスンナ派が指導的な地位を得る。国旗を変更。中央の緑の円に3個の黄色い三日月を配した赤旗。

自然　アナトリア半島全域とバルカン半島南東部に広がり、アジアとヨーロッパにまたがる国。シリアやイラク、ギリシャやブルガリアと国境を接する。バルカン半島側には平野部が、アナトリア半島側には山地や高原が広がる。地中海に面した地域は、夏は高温乾燥、冬は温暖多雨の地中海性気候、高原地帯は大陸性気候で、雨が少ない。おもな産業は観光業と石油、天然ガス。

歴史　アジアとヨーロッパの接点にあるトルコは、紀元前からさまざまな民族が国をつくった。紀元前6世紀以降、ペルシャ人のアケメネス朝やマケドニアのアレクサンドロス大王、ローマ帝国の支配をうけ、4世紀末からのビザンツ帝国の支配のもとでは、イスラム勢力が西に進むのをふせぐ役割をはたす。しかし、1453年にビザンツ帝国がほろびたのちは、オスマン帝国領に編入される。オスマン帝国は16世紀に全盛期をむかえ、アジア・ヨーロッパ・アフリカにまたがる大帝国となるが、18世紀末から支配下の各地で独立運動がおこり、ヨーロッパ諸国の進出にともなっておとろえていく。第一次世界大戦で敗北すると、

オスマン帝国は解体され、ムスタファ・ケマルがトルコ共和国をたて、近代化政策をすすめた。第二次世界大戦後は平和外交をすすめるが、アラブ諸国の紛争にまきこまれている。

◆オスマン帝国　1808～26

1808年、オスマン帝国の国旗を変更。八角星がとりのぞかれ、中央に白い三日月だけを配した赤旗になった。

◆オスマン帝国　1793～1808／1826～44

1793年、オスマン帝国の国旗を変更。中央に白い三日月と八角星を配した赤旗。1826年からふたたび採用。

◆オスマン帝国　1844～1923

1844年、オスマン帝国の国旗を変更。中央に白い三日月と五角星を配した赤旗。八角星が五角星になった。三日月と五角星は現在の国旗より太い。

ヨーロッパを恐怖におとしいれたオスマン帝国

　1299年、アナトリアの西部にトルコ系の民族がオスマン帝国をうちたてた。14世紀中ごろにはバルカン半島に進出し、かつて東地中海地域を支配していたビザンツ帝国はかろうじて首都のコンスタンティノープルをのこすのみとなった。首都は海と城壁でかこまれていた。オスマン帝国軍はすべりやすい板で道をつくり、一夜で艦隊を山越えさせ、首都を攻略したという。コンスタンティノープルはイスタンブルと名をかえ、オスマン帝国の首都となった。

　その後、地中海をおさえ、16世紀と17世紀に2度にわたりウィーンを包囲して、ヨーロッパ諸国におそれられた。

　17世紀以降、ロシアの南下などヨーロッパ諸国の進出、バルカン諸国の独立があいついだ。国内でも専制政治に反対運動がたかまった。そして第一次世界大戦でドイツ側についてやぶれ、1922年、オスマン帝国は600年あまりの歴史をとじた。

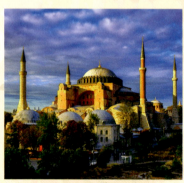

ハギア・ソフィア聖堂　イスタンブルにあり、キリスト教の聖堂がイスラム教のモスクに改装された。

Japan

日本国

首都：東京　面積：37.8万km²　人口：1億2558万人　公用語：日本語

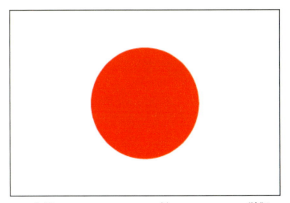
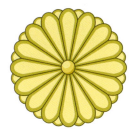

国旗比率2：3。1999年、国旗及び国歌に関する法律第127号で、2：3の比率の日の丸（日章旗）が正式な国旗に制定された。赤丸は太陽、白は純粋さや正直さ、赤は情熱や忠誠心の意味をもっている。

1926年より使用。日本に正式な国章はないが、皇室の紋章である十六弁八重表菊花紋章が準国章扱いとなっている。1926年の皇室儀制令で皇室菊花紋章様式がさだめられた。パスポートで十六弁一重表菊花紋章が使用されはじめたのは1965年から。

◆日本国　1870～

1870年、明治政府の太政官布告で日の丸が決められた。このときは、縦横の比率が7：10の商船旗と、2：3の軍艦旗の2つの日の丸がさだめられた。

◆日本民用船舶旗　1945～49

太平洋戦争にやぶれ、連合国軍総司令部により日の丸の使用が禁止される。日本民用船舶に、国際信号旗E旗をモデルとした青赤の横二色燕尾旗を使用。

自然　ユーラシア大陸の東のはしにうかぶ島国で、北から北海道、本州、四国、九州の4島を中心に6852の島じまで構成される。環太平洋造山帯の一部で火山が多い。大部分は温暖湿潤気候で、夏は高温多雨。北海道付近は冷帯湿潤気候、沖縄の八重山地方は熱帯雨林気候に属する。秋には台風が多く発生。米作中心の農業と自動車や造船、鉄鋼などの工業がさかん。原料を輸入して加工品を輸出する加工貿易が特徴。

歴史　約3万年前の旧石器時代、約1万2000年前から紀元前4世紀ころの縄文時代、水稲栽培の開始される弥生時代を経て、1世紀には小国が分立していたとされる。5世紀後半から6世紀にヤマト政権が形づくられると、7世紀後半に中国の制度をとりいれ、律令国家として整備されていく。12世紀後半、武士による鎌倉幕府が成立。14世紀半ばの室町幕府、16世紀後半の織田信長・豊臣秀吉の統一事業を経て、1603年に徳川家康が江戸幕府を成立させ、260年あまりつづく。

1868年、明治政府が成立し、欧米の制度や文化をとりいれ近代化政策をすすめる。19世紀末から、日清・日露戦争を経て、朝鮮半島を植民地化するなど、対外拡張政策をおこなう。1931年の満州事変以来、日中戦争や太平洋戦争へと拡大するが、1945年に敗戦。アメリカの占領統治下に入る。1947年には日本国憲法が施行され、1951年に独立を回復。東西冷戦下で経済的に発展し、1960年代の高度経済成長期を経て、経済大国としての地位を確立する。1990年代のバブル経済崩壊後、経済不安がつづいている。

Federal Democratic Republic of Nepal

ネパール連邦民主共和国

首都：カトマンズ　面積：14.7万km²（日本の4割）　人口：2931万人　公用語：ネパール語

国旗比率11：9。1962年より使用。白い月と太陽、青いふちどりを配した二重三角旗。太陽と月は国家の長期間にわたる繁栄、2つの三角形はヒマラヤ山脈、青は平和と調和、赤は勇気を表す。王制時代に制定され、2008年に王制が廃止されたのちも継続して使用されている。

2006年より使用。国花であるシャクナゲの花のリースでかこんだ円形紋章。上部に国旗、中央にエベレスト山、丘と白いネパールの地図、男女同権をしめす男女の握手、底部にサンスクリット語で「母と母国は天国に勝る」と記した赤いリボンを配したもの。2006年、ネパール王国からネパールにあらためたときに制定され、共和国でも継続して使用。

◆ネパール王国　1769～1928

1769年、グルカ王国シャハ王がネパールを統一し、ネパール王国を建てる。国旗として白い太陽と三日月を描いた赤い三角旗を使用。

◆ネパール王国　1928～39

1928年、ネパール王国の国旗を変更。顔のついた白い月と太陽、緑のふちどりを配した赤い二重三角旗。月は王家、太陽は王国を支配していたラナ家を表す。

◆ネパール王国　1939～62

1939年、ネパール王国の国旗を変更。ふちどりの色が緑から青になり、二重三角旗の形が修正された。顔のついた月と太陽のデザインも変更されている。

自然　北は中国、南はインドと国境を接する。北部はヒマラヤ山脈を中心とする山地が広がる一方、南部は平野が広がって、その高度差は8000メートルにおよぶ。北の高山気候から南の温帯気候まで多様に変化する。5～9月はモンスーンの影響で雨が多く、11～1月は乾燥する。おもな産業は米やトウモロコシなどの農業と観光業。

歴史　5世紀ころ、最古の王朝とされるリッチャビ朝が登場し、13世紀ころにマッラ王国が成立。15世紀後半に分裂し、18世紀にグルカ勢力によって統一されるまでつづく。1814年からはじまるイギリスとの戦争にやぶれ、1846年には親英政策をとるラナ家による専制政治がはじまる。
　1951年に王政復古がなされるが、政情は安定せず、1960年の国王親政や1990年の憲法発布などを経て、政党政治が復活する。その後も政権争いがつづき、1996年にネパール共産党の毛沢東主義派が武装闘争を開始。2006年に和平がすすみ、2007年、暫定憲法と暫定議会が発足して、翌年、連邦民主共和制へうつる。

Islamic Republic of Pakistan

パキスタン・イスラム共和国

首都：イスラマバード　面積：79.6万㎢（日本の2倍）　人口：1億9702万人　公用語：ウルドゥ語・英語

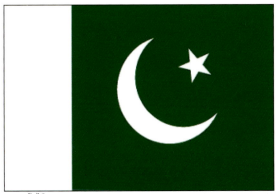

国旗比率2：3。1947年より使用。中央右よりに白い三日月と五角星、左に少数派の非ムスリムを表す白い縦パネルを配した緑旗。インドから分かれてイギリス連邦の一員のパキスタンとして独立したときに制定。以後、国名が変更されても継続して使用されている。

1956年より使用。緑の盾型紋章。盾内の左上は緑地で白い菱形のなかに白い綿花の花、右上は白地で緑の茶の花、左下は白地で緑の麦の束、右下は緑白地でジュート（熱帯・亜熱帯で栽培される黄麻）。盾の上には緑の三日月と五角星、周囲には国花のソケイの枝のリース、底部にはウルドゥ語で「信頼、統一、規律」と記したリボンを配している。

◆ムガール帝国　1526〜1858

1526年、現在のパキスタンをふくむ北インドにイスラム勢力のムガール帝国が成立。国旗は中央に黄色い三日月を配した緑の燕尾旗。

◆自由インド臨時政府国旗　1943〜45

現在のパキスタンをふくむインドは長くイギリスが支配していたが、1943年、日本の支援で自由インド臨時政府が成立。国旗を制定。中央に反英闘争のシンボルである青い糸車を配した、サフラン色白緑の横三色旗。

◆アザド・カシミール域旗　1947〜

1947年、カシミールの領土をめぐって第1次インド・パキスタン戦争がおこり、ムスリムが多いアザド・カシミールが成立。域旗の左上のオレンジは少数派のヒンドゥー教徒、シーク教徒、仏教徒を表す。

自然　北から西はアフガニスタン、西はイラン、東はインドと国境を接する。北部にはヒンドゥークシ山脈などの山岳地帯が、中央部にはインダス川流域を中心とした平野が広がる。国土の大半が乾燥気候で、インドとの国境付近は砂漠が広がる。おもな産業は、小麦や米などの農業と繊維産業。

歴史　紀元前25〜前18世紀ころ、インダス川流域でインダス文明がおこる。前6世紀以降、アケメネス朝にはじまり、5世紀のグプタ朝まで多くの王朝の支配をうける。8世紀にはイスラム教勢力が進出して、11世紀にガズナ朝や12世紀にゴール朝が支配。16世紀にはムガル帝国が勢力を広げるが、19世紀半ばにムガル帝国が滅亡すると、インドとパンジャーブの両地方はイギリスの植民地となる。

1905年に設立されたインド・ムスリム連盟は、イスラム教徒の単一国家をめざし、第二次世界大戦後の1947年にインドと分かれて独立、東西パキスタンが成立するが、のちに東パキスタンは分離。1998年に2度の核実験をおこなう。国内政治は不安定な状況がつづく。

バーレーン王国

Kingdom of Bahrain

首都：マナーマ　面積：771㎢（奄美大島よりやや広い）　人口：149万人　公用語：アラビア語

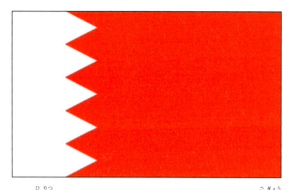

国旗比率3：5。2002年より使用。左側にイスラムの五行にもとづいた白い5個のジグザグを配した赤旗。白は純粋さと気品、赤は自由を表す。イスラムの五行とはイスラム教徒に課せられた5つの行い（信仰告白、礼拝、喜捨、断食、巡礼）のこと。

2002年より使用。赤い盾型紋章で、上部に5個の白いジグザグ、周囲に赤とグレーの盾かざりを配したもの。イギリス保護領バーレーン時代の域章が原型。1932年に制定された域章には、上部に王冠があり、ジグザグは4個だったが、バーレーン国として独立したのち、1972年に制定された国章では王冠がなくなり、バーレーン王国となった2002年に現国章が制定された。

◆ハリファ家バーレーン　1783〜1820

1783年、現王家のスンナ派ハリファ家がカタールから移住し、支配権を確立。国旗は無地の赤旗を使用。少数派のスンナ派支配層が多数派のシーア派を支配するかたちになった。

◆ハリファ家バーレーン　1820〜67

1820年、海賊行為をしないことをうたった海事条約をイギリスとむすぶ。友好の印に赤旗に白色を加えることをもとめられ、左側に白い縦縞を入れた旗を国旗とした。

◆バーレーン国　1972〜2002

1971年、イギリスよりバーレーン国として独立。翌年に国旗を制定。左側に8個のジグザグを配した白赤の鋸型の旗。8個のジグザグは国を構成する8地区と部族を表す。

自然　ペルシャ湾西岸にあるカタール半島周辺の約30の島じまからなる国。国内全域が砂漠気候で、夏は40度をこえ、年平均気温は26.6℃。雨は冬に集中して年間平均76mm程度。おもな産業は石油であるが、埋蔵量がとぼしく、近年はアルミ精錬などの多角化や金融業や観光業にも力を入れている。

歴史　紀元前2500〜前700年ころ「ディルムン」という名で、メソポタミアとインドをむすぶ貿易の中継地としてさかえる。8世紀にイスラム教の勢力が進出し、9世紀末には、シーア派の一大拠点となる。オスマン帝国やポルトガルの支配ののち、サファビー朝が進出するが、1783年にアラビア半島からうつり住んだアラブ系民族の支配がはじまり、現在までつづいている。19世紀末にイギリスの保護領となるが、1971年に独立。

　1932年、ペルシャ湾岸ではじめて油田を発掘して発展する。独立後の1973年に立憲君主制となるが、首長による独裁政治がつづく。2011年にはアラブ諸国で発生した反政府運動でデモが拡大。国民との対話なども実施するが、根本的な解決にはいたっていない。

People's Republic of Bangladesh

バングラデシュ人民共和国

首都：ダッカ　面積：14.8万㎢（日本の4割）　人口：1億6467万人　公用語：ベンガル語

国旗比率3：5。1972年より使用。中央左よりに赤い円を配した緑旗。緑は国の若さと活力を表す。赤い円はパキスタン支配時代に終止符をうち、独立日の夜明けにのぼった太陽。1971年の独立時に制定した国旗を変更したもの。

 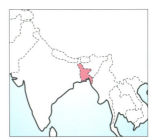

1972年より使用。白い円形紋章。国内の多くの川と国花である黄色いスイレンの花、両側に農業国をしめす水稲の穂のリース、民族主義、民主主義、社会主義、世俗主義の4つを表す4個の黄色い五角星、ジュート（熱帯・亜熱帯で栽培される黄麻）の葉を配したもの。国旗と同じく、パキスタンから独立したときに制定した国章を翌年に変更した。

◆ベンガル太守国　1727～57

1727年、現在のバングラデシュにあたる地域をふくむベンガル地方にベンガル太守国が成立。国旗は赤い三日月刀と3個の楕円を配した白い燕尾旗。

◆自由インド臨時政府国旗　1943～45

現バングラデシュ、パキスタンをふくむインドは長らくイギリス領となっていたが、1943年、日本の支援をうけ、自由インド臨時政府が成立。国旗を制定。

◆パキスタン　1947～71

1947年、イギリスよりパキスタンが独立。ベンガル地方東部は東パキスタン州となる。左はパキスタンが独立したときに制定し、国名をかえながらも1971年まで使用された国旗。

◆バングラデシュ人民共和国　1971～72

1971年、バングラデシュ人民共和国としてパキスタン共和国より独立。赤い円のなかに黄色のバングラデシュの地図が描かれる。

自然　インド半島の北東部にあり、国の大半をインドにかこまれる。南にはベンガル湾が広がる。全土が熱帯気候で、モンスーンの影響から6～10月の雨季と、それ以外の乾季にわかれる。雨季にはサイクロンや大洪水が発生する。おもな産業は、衣料品や縫製品産業と米やジュートなどの農業。

歴史　紀元前3世紀にマウリヤ朝の支配下に入り、4世紀にグプタ朝が支配する。9世紀以降は仏教国のパーラ朝がさかえる。13世紀に入り、イスラム教の勢力が進出し、1576年にムガル帝国に征服される。18世紀にイギリスの植民地となる。

1947年にインドからパキスタンが分かれて独立したとき、東パキスタンとなるが、政治的・経済的な圧迫から1971年にバングラデシュとして独立。1974年に国際連合に加盟。1975年にクーデターが発生し、軍事政権となる。その後もクーデターがつづき、1990年に民主化。1991年に初の女性首相が誕生し、議院内閣制が復活。以降、2大政党が政権交代をくりかえす。2015年の反政府運動にともなうテロの発生や2016年の反イスラムテロの発生など、不安定な情勢がつづいている。

東ティモール民主共和国

The Democratic Republic of Timor-Leste

首都：ディリ　面積：1.5万km²（岩手県程度）　人口：130万人　公用語：テトゥン語・ポルトガル語

国旗比率1：2。2002年より使用。黄色い輪郭線のある黒い三角形とかたむいた白い五角星を左側に配した赤旗。黒い三角形はのりこえる困難、黄は植民地時代の跡、赤は独立闘争、白い五角星は平和を表す。インドネシア共和国から独立したときに制定。

2007年より使用。白い円形紋章。もっとも高いラメラウ山を表す国旗カラーの盾のなかに平和を表す白い五角星、工業を表す黄色い歯車、農業を表すトウモロコシと稲穂のあいだに教育文化を表す赤いひらかれた本、独立、主権、名誉をまもる国民の戦いを表す弓矢、自動小銃、盾の下にポルトガル語で「統一、行動、進歩」と記したリボンなどを配したもの。

◆東ティモール民主共和国　1975〜76

東ティモール独立革命戦線が東ティモール民主共和国の独立を宣言し、国旗を制定。独立革命戦線の党旗をモデルにしたもの。

◆インドネシア共和国国旗　1976〜99

1975年、東ティモール民主共和国として、長く支配されていたポルトガルからの独立を宣言するが、インドネシア共和国の侵攻をうけ、翌年には27番目の州の東ティモールとして同国に併合されてしまう。左はインドネシア共和国の国旗。

独立革命戦線の活動さかんに

1974年、ポルトガル本国のクーデターで、東ティモール独立革命戦線が活発になる。

◆東ティモール独立革命戦線旗
五角星を入れた縦帯、党の略号を配した赤黄赤の横三分割旗。

自然　インドネシアの南東にあるティモール島の東半部と周辺の小島からなる国。国土の約3分の2が山岳地帯。熱帯性気候で、12〜3月が雨季。米やトウモロコシなどの農業が主産業。

歴史　16世紀以降にポルトガルとオランダがティモール島に進出し、領有権をあらそった。1859年、ポルトガルとオランダのあいだで、それぞれ東・西ティモールを分割した。第二次世界大戦中に日本に支配されたのち、大戦後に東半部はポルトガル領に復帰し、西半部はインドネシア領となる。1976年、インドネシアが東ティモールを占領すると、武力衝突がおこる。1999年の住民投票で独立派が勝利し、2002年に独立を達成し、東ティモール民主共和国となる。しかし、独立後も不安定な情勢がつづいている。

Republic of Philippines

フィリピン共和国

首都：マニラ　面積：30.0万km²（北海道を除いた日本の面積）　人口：1億492万人　公用語：フィリピノ語（タガログ語）・英語

国旗比率1：2。1997年より使用。左側に3個の五角星と黄色い太陽を配した白青赤の横Y字旗。白い三角形は自由のシンボルで、8本の光を放つ太陽は1898年にスペインに反乱をおこした8つの州、3個の五角星はルソン島、ビサヤ諸島、ミンダナオ島を表す。

1997年より使用。国旗カラーの盾型紋章。盾内の上部は白地に3個の黄色い五角星、左下は青地にオリーブの枝と矢を足でつかみ翼を広げたハクトウワシ、右下は赤地に黄色いライオンを配している。ハクトウワシはアメリカとの、ライオンはスペインとの歴史を表す。中央の楕円にはフィリピンのシンボルである黄色い太陽が描かれている。

◆フィリピン共和国　1899～1901

1899年、革命の指導者アギナルドが独立を宣言。アメリカ軍の攻撃をうけ、山岳地帯にのがれながらも、フィリピン共和国の国旗を制定。現国旗にちかいが太陽に顔がある。

◆フィリピン第二共和国　1943～45

1943年、日本の支援をうけフィリピン第二共和国が成立。国旗は1935年制定のアメリカ自治領政府域旗をうけついでいるが、青をうすい青に修正した。

◆フィリピン共和国　1946～85

1946年、フィリピン共和国としてアメリカより独立。国旗を制定。青がふたたび修正され、アメリカ自治領時代の域旗にちかい色になった。

◆フィリピン共和国　1985～86

1985年に変更された国旗。青が明るい青に修正されている。こののちふたたび独立したときの国旗にちかい青に修正され、1997年に現行の国旗の青になった。

自然　太平洋と南シナ海のあいだにある、7000以上の島じまからなる国。最大の島はルソン島で、ミンダナオ島がつづく。全土が熱帯気候で、一年中高温多雨。産業は米やトウモロコシなどの農業が中心で、植民地時代のプランテーション作物としてのバナナやサトウキビなどもつくられる。

歴史　紀元前500年～13世紀ころマレー系民族がうつり住み、14世紀以降にイスラム教が広まる。1521年にマゼランがフィリピンに寄港して以降、スペインが進出をはじめ、1571年にマニラを占領し、フィリピン全土を植民地とする。19世紀末からホセ・リサールによる革命運動がおこり、1898年アメリカ・スペイン戦争の結果、アメリカ領となる。第二次世界大戦中は日本軍が占領し、戦後の1946年にフィリピン共和国として独立する。1965年にマルコスが大統領に就任して、1986年の反乱により国外に脱出するまで、長期の独裁政治がつづく。以後、国軍のクーデターなどで不安定な状態がつづく。2014年にイスラム勢力との合意がなり、2016年にロドリゴ・ドゥテルテが大統領に就任し、つよい指導力をしめしている。

Kingdom of Bhutan

ブータン王国

首都：ティンプー　面積：3.8万km²（北海道の半分）　人口：81万人　公用語：ゾンカ語

国旗比率2：3。1972年より使用。中央に右側を向いた白い龍を配した黄オレンジの斜め二分割旗。黄は国王の指導力、オレンジは仏教、白は純粋さと忠誠心を表す。国名のブータンは「龍（または雷）の国」を意味し、龍がつかんでいる玉は国の富と成熟を表す。

1980年より使用。赤い円形紋章。中央に世俗の権力と宗教の権力を表す十字に交差した黄色い金剛杵（チベット仏教などで用いられる杵の形をした器具）、中心にグレーと赤の宝玉、国名を表す雌雄2頭の龍、下に清浄を表すグレーとピンクの蓮の花、上部にチャットラとよばれる赤い日傘を配したもの。

◆ブータン王国　1949～56

1949年、インド・ブータン友好条約がむすばれ、インドが外交権をにぎる条件でブータン王国が独立。国旗は右を向いた緑の龍を配した黄赤の斜め二分割旗。

◆ブータン王国　1956～69

1956年、ブータン王国の国旗を変更。中央の龍の色が緑から白に修正された。

◆ブータン王国　1969～72

1969年に変更された国旗。旗の形を正方形から長方形に、白い龍の向きを右向きから左向きに修正。1972年の変更で龍はふたたび右向きになった。

自然　ヒマラヤ山脈南東部にあり、北は中国のチベット自治区と国境を接し、そのほかをインドにかこまれる。南部は熱帯から温帯気候で、5～9月に降雨が集中。高度差が大きいため、北部の山岳地帯に近づくほど寒さがきびしくなる。おもな産業は農業と林業で、米や麦を栽培。水力発電により、インドに電力を輸出している。

歴史　8世紀中ごろから仏教が広まる。17世紀にチベットからきたガワン・ナムゲルが法王として即位する。18世紀にチベットを征服した中国の清朝が影響力をもつが、1864年にイギリスと衝突し、南部地方をイギリスにゆずりわたす。1910年、イギリスの保護領となる。

1949年、インドと友好条約をむすび、独立。1950年代から近代化政策をすすめるが、1980年代の文化政策に南部住民が反発し騒乱が発生。2006年に現国王が即位して、国会の召集や憲法の施行などをおこない、立憲君主制へとうつる。

Brunei Darussalam

ブルネイ・ダルサラーム国

首都：バンダルスリブガワン　面積：5770km²（三重県程度）　人口：43万人　公用語：マレー語

国旗比率1：2。1959年より使用。中央に赤い国章、白黒の斜め縞を配した黄旗。黄は国王、白は総理大臣、黒はその他の大臣を表す。イギリス自治領となった1959年に制定された国旗で、1984年に完全独立したのちも継続して使用されている。

1959年より使用。国家を表す赤い燕尾旗、国王の日傘、正義・平穏・繁栄・平和を表す片翼4枚からなる翼、不動の政府を表す中央の柱、なかにジャウイ文字マレー語で「つねに神の導きにしたがえ」と記されたイスラムを表す上向きの三日月などが配されている。両側の上向きにかざされた2つの手は政府への忠誠と国民の福祉、繁栄を実現する国の義務を表す。

◆イギリス保護領ブルネイ域旗　1888～1906

13世紀に成立したブルネイ王国は、ジャワのマジャパヒト王国の支配期間を経て16世紀には主権を回復していたが、1888年、イギリスと保護協定をむすぶ。以後、外交をイギリスが担当。イギリス保護領ブルネイの域旗は無地の黄旗。

◆イギリス保護領ブルネイ域旗　1906～41／1945～59

1906年、内政をふくめイギリス保護領となり、域旗を変更。総理大臣を表す白とその他の大臣を表す黒の斜め縞が加えられた黄旗。
1941年に日本軍に占領されるが、日本がやぶれたのち、ふたたびイギリス保護領にもどる。

自然　カリマンタン（ボルネオ）島の北東部にあり、周囲をマレーシアのサラワク州にかこまれる小国。東部は未開発で、国民の大半は西部に住む。熱帯気候で、年間をとおして高温多雨。おもな産業は石油と天然ガスで、天然ガスの80％以上を日本に輸出。近年は農業や森林開発にも力を入れている。

歴史　13世紀、ブルネイ王朝がボルネオ島と周辺の島を支配するが、14世紀にマジャパヒト王国の支配下に入る。16世紀からイスラム教が広まり、東南アジアでの布教の拠点となる。

1888年、イギリスと保護協定をむすび、1906年に保護領となる。第二次世界大戦中は東南アジアの他の国ぐにと同様、日本の占領下に入るが、戦後はふたたびイギリスの保護領となり、1959年に内政の自治を回復。1962年におきた反乱のときに非常事態宣言が発布され、現在までつづいている。1967年に独立をめぐる交渉がイギリスとのあいだではじまり、1971年に外交・軍事以外の独立を得て、1979年に友好条約をむすんで、1984年に完全独立を達成した。

Socialist Republic of Viet Nam

ベトナム社会主義共和国

首都：ハノイ　面積：33.1万km²（九州地方を除いた日本の面積）　人口：9554万人　公用語：ベトナム語

国旗比率2：3。1955年より使用。中央に黄色い五角星を配した赤旗。1975年にサイゴンが攻めおとされ、翌年、南北ベトナムが統一されて、ベトナム社会主義共和国が成立すると、北部のベトナム民主共和国の国旗が採用された。

1976年より使用。赤い社会主義国型の紋章。社会主義を表す黄色い五角星、工業化を表す歯車、農業を表す稲穂のリース、ベトナム語で国名を記した赤いリボンを配したもの。1955年に制定されたベトナム民主共和国の国章がほぼそのまま採用されているが、リボンに書かれた国名がベトナム社会主義共和国に修正されている。

◆西山朝　1778〜1802

1778年、ベトナム南中部に西山朝が成立。国旗は中央に黄色い円、周囲に黄色いフリンジ（紐や糸をたらしたかざり）を配した赤旗。

◆越南国　1802〜85

1802年、西山朝大越国がたおされ、阮朝越南国が成立。国旗は中央に赤い円、周囲に青いフリンジを配した黄旗。赤い円は南、黄は国王を表す。

◆大南国　1885〜90

1885年、清仏戦争でやぶれた清がベトナムに対する支配権をすて、ベトナムはフランスの保護国となる。阮朝は清国には越南国、その他の国には大南国と名のった。大南国の国旗は赤字で「大南」と記した縦長の黄旗。

自然

インドシナ半島の東部に、南北に細長くのびた国。北は中国、西はラオス、カンボジアと国境を接する。国土の大半は山地。南部は熱帯気候、北部は温帯夏雨気候で、5〜9月の雨季には多量の雨が降る。おもな産業は農業や水産業のほか、繊維業もさかんで、近年では石炭や石油、観光業にも力を入れている。

歴史

北部地域では、紀元前2世紀ころから中国王朝の支配が広がり、前漢時代には交趾郡がおかれた。938年に独立し、1009年には李朝が成立し、陳朝、黎朝とつづく。1802年に阮福暎がフランス人ピニョーの支援をうけて、農民反乱によって成立した西山朝をたおし、全土を平定。ベトナム最後の王朝である阮朝を建国する。1885年からフランスの植民地となり、第二次世界大戦中は日本とフランスから二重に支配される。

日本敗戦後の1945年9月、ベトナム民主共和国として独立し、ホー・チ・ミンが大統領となる。1946年、ふたたび植民地化を図るフランスとのあいだでインドシナ戦争がおこり、1954年に休戦協定をむすび、北緯17度線を

南北の境界とする。その後、休戦協定に反対したアメリカとのあいだで対立がふかまり、ベトナム戦争に発展し、1965年にはアメリカ軍による北爆がはじまる。1973年にパリ和平協定がむすばれてアメリカ軍が全面撤退。1976年に南北ベトナムが統一され、ベトナム社会主義共和国が成立する。

◆フランス保護領アンナン域旗　1890〜1920

1890年、大南国はフランス保護領アンナンとなる。域旗は中央に3本の赤い横縞を配した黄旗。3本の横縞は国の北部、中部、南部を表す。

◆フランス保護領アンナン域旗　1920〜23

1920年、フランス保護領アンナンの域旗を変更。黄赤黄の横三分割旗。黄赤の二色は国の北部と中部を表す。

◆ベトナム民主共和国　1945〜55

1945年、ベトナム民主共和国がフランスからの独立を宣言。丸みをおびた黄色い五角星を中央に配した赤のベトナム独立同盟旗を国旗に採用。

◆ベトナム帝国　1945

1945年、日本の支援をうけ、ベトナム帝国が成立。国旗は中央に南を表す赤い卦（中国の占いでつかわれる算木という棒をくみあわせた形）を配した黄旗。

◆コーチシナ共和国　1946（6〜10月）

1946年、インドシナ戦争がおこり、フランスよりの政権コーチシナ共和国が成立。6月に制定された国旗は3本の青い横縞を配した黄旗。10月に変更。

◆ベトナム国　1949〜55

1949年、コーチシナ共和国の後身として、やはりフランスよりの政権のベトナム国が成立。国旗は中央に3本の赤い横縞を配した黄旗。

◆南ベトナム臨時革命政府　1969〜76

1969年、南ベトナム臨時革命政府が成立。国旗は南ベトナム民族解放戦線の党旗を使用。中央に黄色い五角星を配した赤青の横二色旗。

ベトナム戦争

1954年、ベトナムは北緯17度線をさかいに、南北に分かれた。南ベトナム政府が南北統一選挙をこばむと、1960年、南ベトナム解放民族戦線が結成され、内戦となった。アメリカは内戦に介入し、1965年、北ベトナムへの爆撃を開始し、さらに兵をおくった。1975年、解放勢力が首都サイゴンを制圧し、翌年、南北は統一されて、ベトナム社会主義共和国が成立した。

米軍機から降下する南ベトナム軍。

マレーシア

Malaysia

首都：クアラルンプール　面積：33万km²（九州地方をのぞいた日本の面積）　人口：3162万人　公用語：マレー語

国旗比率1：2。1963年より使用。左上の青地に黄色い三日月と十四角星を配した赤白14本の横縞の旗。三日月と十四角星はイスラム、星の14光線と14本の横縞はマレーシアを構成する14州を表す。1957年に制定されたマラヤ連邦の国旗から、光線と縞の数をふやした。

1988年より使用。盾型紋章で、盾の上部の赤地に描かれた5本の黄色い短剣クリスはジョホール、ケダ、プルリス、クランタン、トレンガヌの5州、盾内左のピンロウの木とペナン橋はペナン州、盾内右の緑の草地に立つアムラの木はマラッカ州など、各図案がマレーシアを構成する州を表している。両側にはマレーのトラ、上部には黄色い三日月と十四角星。

◆イギリス領海峡植民地域旗　1826〜1942

1826年、ペナン、マラッカ、シンガポールで構成されるイギリス領海峡植民地が成立。域旗は右に3個の黄色い王冠をおいた白い逆Y字をもつ赤い菱形を配したイギリス青色船舶旗。

◆イギリス領マラヤ連合域旗　1946〜48

1946年、海峡植民地が解体し、ペナンとマラッカはイギリス領マラヤ連合にみこまれる。マラヤ連合の域旗はイギリス領マレー連合州の域旗をそのまま使用。中央の白円にトラを描いた白赤黄黒の横四色旗。

◆マラヤ連邦　1957〜63

1957年、イギリス連邦の一員マラヤ連邦として独立。独立後もイギリス領マラヤ連邦時代の域旗を使用。星が放つ光線と横縞の数は現国旗の14とは異なり、当時の州の数である11。

自然

マレー半島南部とカリマンタン（ボルネオ）島の北部からなる国。島側の大半は山岳地帯で、沿岸部にせまい平野がある。気候は高温多湿の熱帯雨林気候で、国土の70%が熱帯林。10〜2月に雨が多く、北東モンスーンの影響をうける。天然ゴムやすず、木材などの農林業や鉱業を主産業としているが、近年は電気機器などの製造業もさかん。

歴史

7世紀にシュリービジャヤ王国、13世紀末にマジャパヒト王国の支配をうける。14世紀末にマラッカ王国が成立し、交易の中心地としてさかえるが、1511年にポルトガル、1641年にオランダにより占領される。18世紀末にイギリスがマラッカを占領し、1826年にシンガポール、ペナンとともに海峡植民地を形成。1896年にイギリスがマレー半島の小国をまとめ、マレー連合州が成立する。第二次世界大戦中は日本に占領されるが、戦後はイギリスの支配下にもどり、1948年にマラヤ連邦となり、1957年に独立。1963年にはシンガポールやサラワクなどが加わり、連邦国家マレーシアとして独立するが、1965年、シンガポールは脱退する。

Republic of the Union of Myanmar

ミャンマー連邦共和国

首都：ネーピードー　面積：67.7万㎢（日本の1.8倍）　人口：5337万人　公用語：ミャンマー語

国旗比率2：3。2010年より使用。中央に白い五角星を配した黄緑赤の横三色旗。黄は団結、緑は平和と安らかさ、赤は勇気と決意を表す。白い五角星は長くつづく連邦を表す。ミャンマー連邦共和国へとあらためたときに制定。

2010年より使用。赤い盾型紋章で、中央に黄色いミャンマーの地図を置き、それを黄色い稲穂のリースがかこんでいる。上部には黄色い五角星、左右には知恵と勇気を表す外側を向いた2頭の黄色いビルマ獅子、底部にはビルマ語で国名を記したリボンが配されている。ミャンマー連邦共和国へとあらためたときに制定された。

◆コンバウン朝　1754〜1886

1754年、北部の部族の首長アラウンパヤーによりビルマ人最初の王朝であるコンバウン朝が成立。国旗は翼を広げたクジャクを中央に配した白旗。

◆ビルマ国旗　1943〜45

1943年、日本の支援でビルマ国を建国。国旗を制定。中央の白円に翼を広げたクジャクを描いた黄緑赤の横三色旗。クジャクは国のシンボル。

◆ビルマ連邦　1948〜74

1948年、イギリスよりビルマ連邦として独立。国旗を制定。左上の青地に白い大きな五角星と5個の小さな五角星を配した赤旗。

◆ビルマ連邦社会主義共和国　1974〜2010

1962年以降つづいていた軍政をやめ、1974年にビルマ連邦社会主義共和国となる。左上の青地に歯車、稲穂、14個の五角星を配した赤旗。1989年にミャンマー連邦となったのちも使用。

自然　インドシナ半島西部にあり、北は中国、西はインド、東はタイやラオスと国境を接する。ベンガル湾に面する南部は熱帯気候で、年間をとおして高温多雨となる。内陸部に向かうにつれて温帯気候もみられる。おもな産業は農業で、米を中心に栽培。

歴史　11世紀半ばころ、ビルマ人の統一王朝パガン朝が成立するが、1287年のモンゴルの侵攻によってほろび、分裂状態がつづく。16世紀半ばにタウングー朝がふたたび統一し、1754年にはコンバウン朝が成立する。19世紀には3度にわたるイギリスとの戦争がおこり、1886年にイギリス領インドの一州となる。

　1948年、ビルマ連邦として独立。1962年にはクーデターにより軍事政権が成立する。1988年には民主化運動もおこるが、国軍のクーデターによりふたたび軍政となる。1989年、民主化運動の指導者アウン・サン・スー・チーが軍事政権によって自宅軟禁となるが、新憲法制定後の2010年に解除。2011年に民政へとうつり、2015年の総選挙でスー・チーが実権をにぎる政府が成立した。少数民族ロヒンギャの問題が国政の課題となっている。

Republic of Maldives

モルディブ共和国

首都：マレ　面積：300km²（淡路島の半分）　人口：44万人　公用語：ディベヒ語

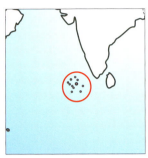

国旗比率2：3。1965年より使用。中央の緑の長方形のなかに白い三日月を配した赤旗。赤は自由のために流された血、緑は平和と繁栄、白い三日月はイスラム教を表す。モルディブ・スルタン国として独立したときに制定され、共和制へうつったのちも継続して使用。

1965年より使用。中央にイスラムを表す黄色い三日月と五角星、緑のヤシの木、交差した国旗、底部にアラビア文字ディベヒ語の黒字で16世紀につかわれた国名「マハル・ディビヤット国」と記したグレーのリボンを配したもの。モルディブ・スルタン国として独立したときに制定され、1968年にモルディブ共和国へとあらためたのちも使用されている。

◆イギリス保護領モルディブ域旗　1796～1903

約150年におよぶオランダの支配を経て、1796年、イギリスの保護領となる。イギリス保護領モルディブの域旗は無地の赤旗。

◆イギリス保護領モルディブ域旗　1903～32

1903年、イギリス保護領モルディブの域旗を変更。左側に黒白の斜めの縞を配した赤旗。

◆イギリス保護領モルディブ域旗　1932～53

1932年、イギリス保護領モルディブの域旗を変更。1903年に変更された域旗の中央に白い左向きの三日月を配した赤旗。

◆イギリス保護領モルディブ域旗　1953～65

1953年、イギリス保護領モルディブの域旗を変更。1932年に変更された域旗の中央に緑地の長方形を加え、なかの三日月の向きをかえたもの。

自然　インドの南西、インド洋の北部にある、約1200の島じまからなる国。熱帯気候で高温多湿。南西モンスーンの発生する5～10月に雨が多い。おもな産業はカツオやマグロなどの漁業と観光業。ココナッツの生産も多い。

歴史　古くから南西インドやスリランカから人びとがうつり住み、インド洋貿易の拠点のひとつとなる。紀元前3世紀には仏教も伝わる。6～7世紀にはイラン系民族が進出し、8～10世紀にはアラブ系やイスラム世界の商人も交易のために来航。12世紀になると、国王がイスラム教に改宗する。16世紀にはポルトガルに占領され、17世紀にはオランダ、18世紀末にはセイロンの支配をひきついだイギリスの保護国となる。

1965年に独立し、国際連合にも加盟。1968年、王制から共和制にうつる。独裁体制が長くつづいたが、2004年に民主化がすすみ、2008年に憲法が制定される。同年の大統領選により、独裁体制はおわる。

非同盟中立政策をとるが、インドとの関係がつよい。

Mongolia

モンゴル国

首首都：ウランバートル　面積：156.4万km²（日本の4倍）　人口：308万人　公用語：モンゴル語

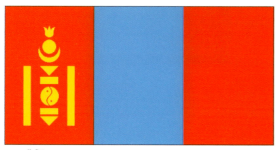

国旗比率1：2。1992年より使用。左に黄色いモンゴル固有の模様ソヨンボを配した赤青赤の縦三分割旗。赤は進歩と繁栄、黄は永遠の友情、青はモンゴル伝統色で国民を表す。1992年、社会主義をやめ、モンゴル国にあらためたときに制定。

1992年より使用。大空を表す青い円形紋章。黄色いソヨンボをくみこんだ独立、主権を表すヒーモリという風のなかを走る馬、緑の山なみ、青いハダクというスカーフを巻いた黄色い法輪、白い蓮の花、周囲はツメン・ナサンという永遠を表す黄色い連続模様、過去、現在、未来を表す赤青緑の三宝を配したもの。法輪、三宝は仏教のシンボル。

◆チンギス・ハン皇帝九尾旗　1203～

1206年、チンギス・ハンがモンゴルを統一し、モンゴル帝国を建国。モンゴル9部族を表す9個の青い房をつけ、ハヤブサを描いた皇帝旗を使用。

◆モンゴル国　1911～19

1911年、モンゴルは清国より分かれ、自治政府をたてる。新たに成立したモンゴル国の国旗は、国章を配し、織り柄の入った3本の足のついた黄旗。

◆モンゴル人民共和国　1924～30

1924年、ラマ教の生き仏の死去により共和制となり、モンゴル人民共和国に。国旗は中央に国章、左に「国旗」、右に国名を白字で縦書きした3本の足のついた赤旗。

◆モンゴル人民共和国　1930～40

1930年、モンゴル人民共和国の国旗を変更。中央のベージュの円に蓮の葉とソヨンボをくみあわせた国章を配した赤青赤の燕尾旗。

自然　モンゴル高原にあり、ロシアと中国に国境を接する内陸国。南部にはゴビ砂漠が広がり、東に大シンアンリン山脈、西にアルタイ山脈をのぞむ。乾燥気候で、寒暖の差が大きい。おもな産業はモリブデンや石炭などの鉱業や牧畜業が中心。

歴史　紀元前から匈奴や鮮卑などの騎馬遊牧民がモンゴル高原に勢力を広げ、モンゴル系・テュルク系・チベット系などの遊牧民が興亡をくりかえす。12世紀末にモンゴル族が諸部族を統一し、1206年にチンギス・ハンがモンゴル帝国を建国する。のち史上最大の帝国となる。第5代のフビライ・ハンのとき、中国全土も征服し、元王朝を成立させる。14世紀半ばに明によって中国を追われ、18世紀半ばまでにモンゴル諸部族全体が清王朝の支配下となる。

　1911年に中国で辛亥革命がおこると、外モンゴルとして独立を宣言。1924年には社会主義国家としてモンゴル人民共和国へとうつる。1961年に国際連合に加盟し、1980年代後半から民主化運動がすすむ。1991年のソ連邦崩壊をうけて、翌年に新憲法を発布し、民主主義国家のモンゴル国となる。

◆モンゴル人民共和国　1940～45

1940年、モンゴル人民共和国の国旗を変更。中央に国章を配し、左右にモンゴル文字モンゴル語の白字で「国旗」の文字と国名を記した赤旗。

◆モンゴル人民共和国　1945～92

1945年、モンゴル人民共和国の国旗を変更。現国旗のモデルとなっているデザインで、ソヨンボの上に社会主義を表す黄色い五角星が配されている。

ユーラシアにまたがる史上最大の帝国

　名門の部族長の家に生まれたテムジンは、モンゴルの諸部族を統一し、1206年、有力者の会議クリルタイでチンギス・ハンの称号をうけた。かれはモンゴル系などの遊牧民を統一して大モンゴル国をたてた。モンゴル軍は、小がらな馬にのったまま強力な弓矢をつかって敵をたおした。馬はひとり数頭をつれていて、毎日のりかえたので、馬の力はおとろえることはなかった。

　こうして、チンギス・ハンはカスピ海北部まで進撃し、孫のバトゥはポーランドのワールシュタットでドイツ・ポーランド連合軍をやぶり、ヨーロッパ世界をおびやかした。また、孫のフビライは中国に元という国をたて、中国やモンゴル高原のほかにチベットや朝鮮半島まで支配した。さらに、日本やベトナム、ジャワなどにも遠征軍をおくったが、これは失敗した。

　ユーラシアの東西にわたる大帝国をきずいたモンゴルは、チンギス・ハンの子や孫たちが領土を分け、13世紀なかばまでに各地に国をたてた。大帝国の成立で、アジアとヨーロッパの交流がさかんになったが、14世紀になるとおとろえていった。

Hashemite Kingdom of Jordan

ヨルダン・ハシェミット王国

首都：アンマン　面積：8.9万km²（北海道地方程度）　人口：970万人　公用語：アラビア語

国旗比率1：2。国旗としては1946年より使用。左側に赤い三角形、そのなかに白い七角星を配した黒白緑の横三色旗。1939年からのイギリス委任統治領時代に制定された域旗を、1946年にトランスヨルダン王国として独立したのちも、さらに1949年に現国名にあらためたのちも継続して使用している。

1999年より使用。中央に描かれている半円球のイスラム文明を表す地球に乗って翼を広げるワシは、力、堅忍、高潔さを表し、赤い三角形と黒緑白の旗は「アラブの反乱旗」、その下には菊の花を描いた赤い円形の盾。背景は赤い位階服と王冠。底部のリボンには「ヨルダン・ハシェミット王国国王は神の助けと導きをもとめる」と記されている。

◆イギリス委任統治領トランスヨルダン首長国域旗　1924～28

1923年、イギリスが委任統治領パレスチナを分割し、トランスヨルダン首長国を設立。翌年、域旗を制定。左に赤い三角形を配した黒白緑の横三色旗。

◆イギリス委任統治領トランスヨルダン首長国域旗　1928～39

1928年、イギリス委任統治領トランスヨルダン首長国の域旗を変更。左の赤い三角形に白い七角星を加えたもの。現国旗より三角形の長さが短い。

自然　北はシリア、西はイスラエル、南はサウジアラビア、西はイラクと国境を接し、国土の大半が砂漠である。西部にヨルダン渓谷と死海が広がる。東部は砂漠気候、西部は地中海性気候。西アジアの国としては数少ない非産油国で、おもな産業は製造業・観光業・金融業と小麦や果実などの農業。

歴史　紀元前1万年前ころから農業がおこなわれる。106年にローマ帝国の属州となる。7世紀まではローマ帝国、ビザンツ帝国の支配下にあり、その後、アラブ人の進入により、イスラム教が広まる。イスラム系のウマイヤ朝、アッバース朝の支配のあと、16世紀からはオスマン帝国が支配。1919年にイギリスの委任統治領となり、1923年にはトランスヨルダン首長国となる。第二次世界大戦後の1946年にトランスヨルダン王国として独立。1949年に現在の国名へとあらためる。

1967年の第3次中東戦争で、ヨルダン川西岸を占領されると、国内で反イスラエル勢力が台頭するが、1970年にフサイン国王がゲリラを弾圧し、国内から追放する。現在、200万人をこえるパレスチナ難民を国内にかかえる。

Lao People's Democratic Republic

ラオス人民民主共和国

首都：ビエンチャン　面積：23.7万km²（本州程度）　人口：686万人　公用語：ラオス語

国旗比率2：3。1975年より使用。中央に白い円を配した赤青赤の横三分割旗。赤は自由と独立をもとめて戦った国民の血、青は国の繁栄とメコン川、白い円はメコン川の上にでる満月を表す。内戦に勝利したラオス愛国戦線の党旗がモデル。

1991年より使用。社会主義国型の紋章。ビエンチャンのタートルアン仏塔、ナムグムダムと水力発電所、道路、米畑、森林、日の出と歯車、稲穂のリース、底部にラオス文字ラオ語で向かって左に「平和、独立、民主主義」、右に「統一、繁栄」という標語、中央に国名を黄字で記した赤いリボンを配したもの。

◆ルアンプラバン王国　1707～1893

ラオ人の国家ランサン王国が、1707年、ルアンプラバン王国とビエンチャン王国に分かれた。左はルアンプラバン王国の国旗。中央のゾウは3つの頭をもつ。

◆ビエンチャン王国　1707～1828

ラオス中部のビエンチャン王国の国旗は、左上の赤地に白いゾウを配した黄旗。1713年には同国からさらにチャンパーサック王国が分かれる。

◆フランス領ラオス域旗　1893～1923

1893年、フランスはシャム王国領となっていた旧ビエンチャン王国とルアンプラバン王国を併合し、フランス保護国ラオスとする。左はその域旗。

◆ラオス王国　1949～75

1949年、フランス連合内で王国として独立。中央に7層の日傘の下、5段の階段の上に立つ3つの頭をもつ白いゾウを配した赤旗。

自然　インドシナ半島のほぼ中央にあり、南北に細長くのびる国。北は中国、西はミャンマーとタイ、南はカンボジア、東はベトナムと国境を接する。国土の大部分が山地・高原地帯。南部は熱帯気候、北部は温帯気候に属する。雨季は5～9月で、モンスーンの影響をうけ多雨となる。農業や木材加工業、水力発電がおもな産業。ほかに軽工業もみられる。

歴史　14世紀半ばにランサン王国がおこり勢力をのばすが、18世紀に3つの国に分裂する。19世紀末にタイの侵攻をうけ、その後はフランスの保護国となり、1899年にフランス領インドシナに編入される。

第二次世界大戦末期の1945年、日本がフランスからこの地をうばうが、戦後、臨時政府の樹立をはさんでフランス支配が復活。1949年にフランス連合内の王国として独立し、1953年に完全独立を達成。1955年、国際連合に加盟。この間、国内で内戦がおこり、アメリカ軍が介入する。1973年に和平協定が成立し、1975年に人民民主共和国が成立。1991年に新憲法が制定され、社会主義を継続することがさだめられた。

Lebanese Republic

レバノン共和国

首都：ベイルート　面積：1.0万km²（岐阜県程度）　人口：608万人　公用語：アラビア語

国旗比率2：3。1990年初頭より使用。中央に緑のレバノン杉を配した赤白赤の横三分割旗。レバノン杉はこの国のシンボルで富と力を表す。赤は犠牲心と勇気、白は平和と純粋さを表す。1943年に独立を宣言したときに制定した国旗を修正したもの。

1990年より使用。国旗のデザインを採用した赤い盾型紋章。中央にレバノン杉を描き、白い斜めの帯を配したもの。レバノン杉は古代イスラエル王ソロモンが神殿に、また古代フェニキア人が造船用につかったといわれる。レバノン共和国では独立を宣言したのちも国章は制定されていなかったが、1990年に国旗を修正したときにさだめられた。

◆オスマン帝国領レバノン自治区旗　1861～1918

オスマン帝国領レバノン自治区の旗。中央にレバノン杉を配した白旗。レバノンにはマロン派キリスト教徒、ドルーズ派イスラム教徒も多く、オスマン帝国もレバノンの自治をみとめた。

◆フランス委任統治領大レバノン域旗　1920～43

1920年、シリアの一部を大レバノン国としてフランスの委任統治領とする。域旗は中央にレバノン杉を配したフランス国旗。大レバノンは1926年に行政上、シリアから分離された。

◆レバノン共和国　1943～1990初頭

1943年、フランスより独立を宣言して制定した国旗。現国旗にちかいデザインだが、レバノン杉の幹や枝は茶色で描かれ、旗の形も横長。第一次世界大戦中にフランス軍内に組織されたレバノン軍団の旗がモデル。

自然　イスラエル、シリアと国境を接し、西に地中海が広がる。大半が地中海性気候で、冬に雨が多く、高山地帯では雪がみられる。夏には高温乾燥となる。海岸部ではレバノン杉の森林が広がる。おもな産業は金融業と観光業で、柑橘類などの農業もさかん。

歴史　古代からフェニキア人の都市がつくられ、地中海貿易の中心地としてさかえる。紀元前6世紀には新バビロニアが征服。その後、アレクサンドロス大王の征服、ローマ帝国やビザンツ帝国の支配をうける。7世紀にはイスラム教が広まるが、山地部はキリスト教の一派などの拠点となる。海岸部では、11世紀末から十字軍による侵略がはじまる。アイユーブ朝、マムルーク朝に支配されたのち、16世紀にはオスマン帝国に併合されるが、半独立的な勢力が支配をつづける。

　19世紀にキリスト教とイスラム教のあいだで宗教対立がおこり、1920年にフランスの委任統治領となる。1943年に完全独立。金融業などで経済的に発展するが、1975年から内戦。1978年以降、イスラエル軍が侵攻。イスラエルやアラブ諸国との紛争がつづいている。

アフリカ

Africa

People's Democratic Republic of Algeria

アルジェリア民主人民共和国

首都：アルジェ　面積：238.2万km²（日本の6.3倍）　人口：4132万人　公用語：アラビア語

国旗比率２：３。1962年の独立時より使用。かつての民族運動旗、臨時政府旗をベースにした現国旗が制定された。緑は繁栄、白は純粋さ、赤は独立運動で流された血、三日月と五角星はイスラムを表す。

◆アルジェ州船舶旗　1671〜1793

オスマン帝国支配下のアルジェ州で使用された船舶旗。赤旗の左上にアラブ人の顔が描かれている。

◆マスカラ首長国　1832〜47

1832年に成立したマスカラ首長国の国旗。中央にファティマの手とその周囲にアラビア語の銘文のある、緑白緑の横三分割旗。

◆アルジェリア臨時政府旗　1958〜62

カイロに亡命したアルジェリア臨時政府の国旗。現在の国旗にくらべ、三日月と星が小さく、緑部分の割合も小さい。

1976年より使用。赤い三日月と五角星の右側に白い投票箱、中央に工業を表す煙突をもつ建物、農業を表すヤシの葉、オリーブの葉、樫の葉、小麦、オリーブの枝の上にムハンマドの末娘であるファティマの手、背後にアトラス山脈と日の出、周囲に赤字でアラビア語の国名が書かれている。

自然　アフリカ大陸の北西部にあり、地中海に面している。面積はアフリカで最大。北部を東西にアトラス山脈がはしり、南はほとんどがサハラ砂漠。北の地中海沿岸は地中海性気候で、国民の約90％がここに住んでいる。農業は小麦やオリーブ、ブドウなどを栽培。石油や天然ガスの資源も豊富である。

歴史　紀元前8世紀ころ、フェニキア人のカルタゴの支配下におかれ、紀元前2世紀にはローマの属州となる。8世紀にアラブ人が侵入し、先住民のベルベル人のあいだにイスラム教が広まった。その後、イスラム王朝が何代かつづき、16世紀にオスマン帝国の支配下に。1830年にフランスの植民地となり、キリスト教が布教される。
　1954年、民族解放戦線が結成されて独立戦争がはじまり、1962年に独立。社会主義体制がしかれた。1991年の総選挙で急進的なイスラム勢力が圧勝し、軍と衝突するなど国内情勢は悪化。2011年、19年ぶりに非常事態宣言がとかれ、翌年の総選挙で安定に向かった。2013年、石油天然ガスプラントがイスラム過激派勢力に襲撃され、日本人をふくむ多くの犠牲者をだした。

Republic of Angola

アンゴラ共和国

首都：ルアンダ　面積：124.7万km²（日本の3.3倍）　人口：2978万人　公用語：ポルトガル語

国旗比率2：3。1975年にアンゴラ人民共和国としてポルトガルより独立し制定した国旗を継続して使用。中央に国際連帯と進歩を表す黄色い五角星、農民・農業・闘争武器を表す山刀、労働者や工業を表す歯車を描いた赤黒の横二色旗。

1992年より使用。青地を背景に、中央に労働と武力闘争を表す鍬と山刀、上部に黄色の五角星、下部に新しい国を表す日の出、教育や文化をしめすひらかれた本、周囲に労働者と工業を表す歯車、農民と農業を表す綿花の葉、コーヒーの葉、トウモロコシのリースを配した円形紋章。国章の底部には、国名「アンゴラ共和国」と記す。

◆アンゴラ総督旗　1648～1975

7年間のオランダによる支配ののち、ふたたびポルトガル領となった時代のアンゴラ総督旗。青地の中央に王冠を配している。

アンゴラ内戦

ポルトガルでは独裁政権がつづき、植民地が独立したのは1975年のことであった。しかし独立とともにアンゴラ解放人民運動（MPLA）とアンゴラ全面独立民族同盟（UNITA）・アンゴラ民族解放戦線（FNLA）のあいだで内戦がはじまった。

◆MPLA 党旗

◆UNITA 党旗

◆FNLA 党旗

自然　アフリカ大陸の南西部にあり、大西洋に面している。国土の大半が標高1000m以上の高地で、北部は熱帯気候、南部は砂漠気候。石油や天然ガス、ダイヤモンドが大きな収入源となっている。

歴史　14世紀ころ、コンゴ王国の支配下にあった。1483年、ポルトガル人が到来し、やがて海岸地方ではブラジル向けの奴隷貿易がおこなわれた。1885年のベルリン会議でアンゴラはポルトガルの植民地とされ、強制労働によりダイヤモンド鉱山の採掘や鉄道の敷設など、内陸の開発がすすめられた。

1951年にポルトガルの海外州となり、本国との一体化がすすむと、1956年にアンゴラ解放人民運動（MPLA）が、1966年にはアンゴラ全面独立民族同盟（UNITA）が結成され、1975年にMPLAが独立を宣言した。しかし、アメリカと南アフリカが支援するUNITAと、ソ連（現在のロシア）とキューバが支援するMPLAのあいだで内戦に突入し、1988年に停戦協定がむすばれた。1992年に国名をアンゴラ共和国とあらためたが、ふたたび内戦に。2002年、27年ぶりに和平が成立した。

Republic of Uganda

ウガンダ共和国

首都：カンパラ　面積：24.2万km²（本州程度）　人口：4286万人　公用語：英語・スワヒリ語

1962年より使用。上部にゆたかな降雨を表す3本の青い波線、中央に赤道直下の国をしめす太陽と伝統的な太鼓が描かれた国土防衛を表す盾、その背後には2本の槍が交差。台座には、湖と川をしめす青い波線、緑の大地にはコーヒーと綿花の枝、左右にウガンダコーブ（ウシ科の動物）とカンムリヅルを配した盾型紋章。

国旗比率2：3。1962年にイギリス連邦の一員のウガンダとしてイギリスより独立し制定した国旗を継続して使用。中央に国鳥のカンムリヅルを描いた白い円を配した黒黄赤の横6縞旗。黒はアフリカ人、黄は太陽、赤はほかのアフリカ諸国との兄弟愛を表す。

◆イギリス東アフリカ会社旗　1890～94

イギリス東アフリカ会社がブガンダ王国を支配していた当時の社旗。イギリス青色船舶旗に太陽と王冠の社章を配している。

◆ブガンダ王国　1891～94

ブガンダ王国の国旗として、中央に白い盾と交差した槍を配したえんじ色の旗を使用。

◆ウガンダ域旗　1914～62

イギリス領時代に制定されたウガンダ域旗。イギリス青色船舶旗に、地面に立つカンムリヅルを描いた域章を配している。

◆独立国旗　1962.3～10

ウガンダ独立前に与党民主党が党旗カラーを反映した独立国旗を制定。中央にカンムリヅルを配し、黄色の輪郭線を入れた緑青緑の縦三分割旗。

自然　アフリカ大陸の中央部内陸の国。赤道直下にあるが、平均標高が1200mの高地にあるため、温暖でしのぎやすい。南部にはナイル川の源流のひとつでアフリカ最大のビクトリア湖がある。おもな産業は農業で、コーヒーやタバコ、綿花の栽培がさかん。

歴史　1500年ころ、ブニョロ王国がおこり、17世紀に最盛期をむかえる。その後、南のブガンダ王国が勢力をのばした。18世紀ころ、イスラム商人が到来し、イスラム教を伝えた。19世紀中ころ、ヨーロッパのナイル川探検隊が入国、その後イギリスが進出し、1894年にブガンダ王国を保護領とした。

1962年、部族国家4国の連邦制でイギリス連邦の一員として独立し、翌年、共和国となった。1966年、オボテ首相が大統領となったが、1971年に軍人のアミンがクーデターをおこし実権をにぎった。これに反対する人びとを弾圧し、約30万人を粛清したといわれる。1979年、ウガンダ民族解放戦線はアミン大統領を追放。その後もクーデターがおこるなど政局は混乱したが、1986年以降は安定している。

Arab Republic of Egypt

エジプト・アラブ共和国

首都：カイロ　面積：100.2万km²（日本の2.7倍）　人口：9755万人　公用語：アラビア語

国旗比率2：3。1984年より使用。中央に国章のワシを配した赤白黒の横三色旗。赤は革命以前の王制時代を、白は1952年の自由将校団によるクーデターで共和制になったときの無血革命の到来を、黒はイギリス植民地時代と王制時代の抑圧を表す。

1984年より使用。十字軍からイェルサレムをうばいかえした英雄サラディンを表すワシ（サラディンのワシ）が金色で描かれている。胸には国旗と同じく赤白黒の三色に染めわけられた盾。ワシがつかんでいる板には「エジプト・アラブ共和国」の国名が記されている。

◆ムハンマド・アリー朝　1844～67

ムハンマド・アリー朝の初代国旗。中央に白い五角星と長い三日月を配している。オスマン帝国国旗に似た赤旗を使用。

◆ムハンマド・アリー朝　1867～81

1867年にムハンマド・アリー朝が国旗を変更。3個の五角星はアジア、アフリカ、ヨーロッパでの戦に勝利する願いを表す。

◆エジプト王国　1922～58

イギリスから独立したエジプト王国の国旗。中央に白い三日月と3個の五角星を配した緑旗。1953年に共和制にうつっても継続して使用された。

◆革命旗・解放旗　1953～58

1953年、クーデターによる共和制移行後、国旗とともにつかわれたエジプト革命旗・アラブ解放旗。中央にサラディンのワシを配した赤白黒の横三色旗。

自然　アフリカ大陸の北東のはしにあり、北は地中海に東は紅海に面している。ナイル川が南から北に流れ、その流域と河口のデルタ地帯をのぞいたほとんどの地域は砂漠地帯で、高温で乾燥している。地中海沿岸は冬に雨がふる温暖な地中海性気候。

農業は綿花のほか、小麦、米、ナツメヤシなどを栽培している。リン鉱石、鉄鉱石、石油、天然ガスなどを産出。水力発電による鉄鋼や化学肥料などの工業もさかん。クフ王の巨大ピラミッド、ルクソールのアブ・シンベル神殿など世界遺産も多く、観光業もさかんである。

歴史　紀元前3000年ころ、古代王朝が成立。その後、30もの王朝が興亡をくりかえした。紀元前332年にアレクサンドロス大王に征服され、その後、プトレマイオス王朝がひらかれる。紀元前30年、女王クレオパトラがローマと戦ってやぶれ、属州となる。7世紀からアラブ人が進出し、イスラム教が伝えられる。その後、イスラム諸王朝が興亡をくりかえし、16世紀、オスマン帝国領となる。19世紀初め、エジプト総督のムハンマド・アリーが王朝をひらき、近代化をすすめた。

1882年、イギリスに占領されたが、1922年、エジプト王国として独立する。

　第二次世界大戦後の1952年にナセルら自由将校団によるクーデターがおこり、1953年、エジプト共和国が成立。1958年、シリアと連合しアラブ連合共和国となる（1961年解消）。1967年の第3次中東戦争で、シナイ半島とガザ地区をうしなう（シナイ半島は1982年返還）。1971年、国名をエジプト・アラブ共和国に変更。1981年からムバラク大統領が長期政権をつづけたが、2011年、民主化運動が高まると辞任。イスラム勢力とリベラルの世俗勢力が対立し、政情は不安定になる。

◆アラブ連合共和国　1958～72

シリアとともに結成したアラブ連合共和国の国旗。中央の2個の五角星はエジプトとシリアを表す。1961年にシリアが連合を脱退したあとは、2個の星は全アラブ諸国の統一を表す。

◆アラブ共和国連邦　1972～77

シリア、リビアと1971年に結成したアラブ共和国連邦の国旗。中央の金色のタカはムハンマドの出身部族クライシュ族を表す。

エジプトはナイルのたまもの

　ナイル川は、毎年7～9月ごろに定期的に洪水がおこり、上流からゆたかな栄養分をはこんできたので、紀元前5000年ころから農耕がはじまった。のちのギリシャの歴史家ヘロドトスが「エジプトはナイルのたまもの」といったのは、このためである。

　ナイル川の流域では、はやくから小さな国ができ、紀元前3000年ころには、「ファラオ」とよばれる王を中心とした最初の統一王朝がうまれた。ファラオは祭りと政治の最高権力者であり、巨大なピラミッドやスフィンクスがつくられた。クフ王（紀元前2600年ころ）のギザにあるピラミッドは、高さ約145mもあり、王の大きな権力をしのばせる。墓から豪華な品々がでて有名なツタンカーメン王は、紀元前1330年ころの王である。

　エジプト人の宗教は、太陽神ラーを中心とする多神教で、魂の不滅と死後の世界を信じてミイラをつくった。また、1年を365日とする太陽暦をもちい、墓などにきざんだ神聖文字や、パピルスという一種の紙に書いた民用文字がつかわれた。

クフ王のピラミッドとスフィンクス　クフ王のピラミッドには平均2.5トンの石が約230万個もつみあげられている。

Federal Democratic Republic of Ethiopia

エチオピア連邦民主共和国

首都：アディスアベバ　面積：110.4万km²（日本の2.9倍）　人口：1億496万人　公用語：アムハラ語

国旗比率1：2。1996年より使用。中央に国章を配した緑黄赤の横三色旗。緑は労働・土地のよいこと・発展、黄は希望・正義・平等、赤は自由と平等をもとめて流された血を表す。

1966年より使用。黄色い輪郭線で描いた五角星と5本の光線を配した青い円形紋章。古代イスラエルのソロモン王の印章がモチーフ。ソロモン王とシバ女王の子メネリク1世がエチオピアを建国した伝説にもとづく。青は平和、五角星は国民の団結、黄色の光線はかがやける繁栄を表し、光線が等間隔なのは民族や宗教上の平等を表す。

◆エチオピア帝国　1875～81

旧約聖書に登場する「ユダのライオン」が、リボンでかざられたキリスト教十字架をもつ姿を中央に配した赤白紫の横三色旗。

◆エチオピア帝国　1881～89

1881年ころから赤黄緑の三角旗を使用。

◆エチオピア帝国　1889～97

1889年ころから赤黄緑の横三色旗を使用。

◆エチオピア帝国　1897～1936

1897年、国旗の色順が緑黄赤に変更される。

自然　アフリカ大陸の東部にある内陸国。中央に標高2000～3000mのエチオピア高原が広がる。高原はすずしくしのぎやすいが、低地は熱帯のサバナ気候で一年中高温。農業が中心で、コーヒー豆、トウモロコシ、綿花などを栽培している。牧畜もさかん。金や銀なども産出している。

歴史　1世紀ころにアクスム王国が成立し、4世紀にエジプトからキリスト教のコプト派が伝わる。13世紀にエチオピア帝国が成立し、諸侯が分立したのち、19世紀にテオドロス2世がふたたび統一。19世紀末、メネリク2世はイタリア軍の侵入をしりぞけた。1936年、イタリアに一時併合されるが、これを撃退し、1941年に独立した。

　第二次世界大戦後の1952年、北部のエリトリアと連邦を結成し、1962年にエリトリアを併合するが、エリトリアの分離独立をめぐり内戦に。1974年のクーデターで軍事政権が成立。翌年に社会主義路線がしかれた。1991年、軍事政権は反政府組織にたおされ、内戦は終了。1995年、国名をエチオピア連邦民主共和国にあらためる。

◆エチオピア帝国 1941〜74

イタリア領東アフリカから独立を回復し、制定された新国旗。中央に皇帝の冠をかぶったユダのライオンを配した緑黄赤の横三色旗。

◆エチオピア人民民主共和国 1987〜91

1987年、国名変更にともない新国旗を制定。赤い円に入った黄色い五角星などがデザインされた新国章を中央に配した緑黄赤の横三色旗。

◆エチオピア 1975〜87

1974年の革命の翌年に新国旗を制定。農業を表す鍬、工業を表す赤い歯車などをデザインした新国章を中央に配した緑黄赤の横三色旗。

◆エチオピア暫定政府 1991〜96

エチオピア人民革命民主戦線を中心とする暫定政府により制定された暫定政府旗。それまでの国旗から国章をのぞいた緑黄赤の横三色旗。

国旗コラム 教えて！苅安先生

アフリカにはなぜ「緑黄赤」三色旗が多いの？

◆ガーナ共和国

◆カメルーン共和国

◆ギニア共和国

「緑黄赤」の三色旗は、19世紀からエチオピアでつかわれるようになりました。アフリカは多くの国が欧米の植民地にされてきましたが、そのなかでエチオピアだけはほぼ独立を保った国でした。第二次世界大戦後、アフリカ諸国は次つぎに独立します。そのときにエチオピアにならって「緑黄赤」の色をとりいれました。これは「汎アフリカ色」とよばれています。

19世紀からエチオピアでつかわれた三色旗。アフリカ諸国の国旗のモデルとなりました。

◆セネガル共和国

◆ブルキナファソ

◆ベナン共和国

◆ギニアビサウ共和国

◆コンゴ共和国

◆サントメ・プリンシペ民主共和国

◆マリ共和国

State of Eritrea

エリトリア国

首都：アスマラ　面積：11.8万㎢（北海道＋九州）　人口：507万人　公用語：ティグリニャ語・アラビア語

国旗比率1：2。1995年より使用。左に描かれている徽章は3つに枝分かれした若いオリーブの枝で、外側の枝についている左右15枚ずつの葉は、解放に費やされた独立闘争の30年を表す。

1993年より使用。独立戦争時のおもな運搬手段であったラクダと、それをかこむオリーブの枝で構成された円形紋章。ラクダはヒトコブラクダ。底部の青いリボンには、左よりティグリニャ語、英語、アラビア語で国名が記されている。

◆東アフリカ総督旗　1936～42

イタリア領東アフリカ時代に使用された総督旗。中央に王冠と、青い帯でふちどった赤地に白十字のサボイ王家の紋章を配している。

◆自治州旗　1952～62

エチオピア・エリトリア連邦時代のエリトリア自治州旗。緑のオリーブの枝とリースを中央に配した青旗。国連旗がモデルになっている。

◆エリトリア国　1993～95

エチオピアより独立したときに制定された国旗。エリトリア人民解放戦線党旗がモデル。このデザインが現国旗のベースとなっている。

自然　アフリカ大陸の北東部にあり、紅海に面した細長い国である。海岸ぞいと南部の平野は年間の平均気温が30℃にもなるが、高原地帯は平均気温が20℃とすごしやすく、冬は0℃くらいになることもある。産業は農業が中心で、小麦やトウモロコシを栽培。ウシやヒツジ、ヤギなどの牧畜もさかん。

歴史　1世紀ころ、エチオピアを拠点とするアクスム王国の紅海での交易地としてさかえた。4世紀ころキリスト教が広まる。7世紀以降、イスラム教徒が貿易を支配するようになるとおとろえ、16世紀、オスマン帝国に支配された。1846年、エジプトの一部に。1890年にイタリアの植民地となってエリトリアとよばれ、イタリアのアフリカ進出の拠点となる。

　第二次世界大戦中の1941年、イギリスの保護領となり、1952年にエチオピアと連邦を結成するが、1962年にエチオピアに一方的に併合される。これに対してエリトリア解放戦線は独立闘争をおこし、そこから分離したエリトリア人民解放戦線は、1993年に約30年ぶりに独立を達成。この戦いで約20万人が亡くなり、難民は75万人にのぼったといわれる。

Republic of Ghana

ガーナ共和国

首都：アクラ　面積：23.9万km²（日本の3分の2）　人口：2883万人　公用語：英語

国旗比率2：3。1966年より使用。中央にアフリカの黒い五角星を配した赤黄緑の横三色旗。赤は独立戦争で流した血、黄は鉱物資源、緑はゆたかな森林を表す。イギリスからガーナとして独立した1957年に制定した独立旗が復活。

1957年より使用。青い盾型紋章で、黄色いふちどりの緑十字で仕切られ、中央に黄色いライオンが描かれている。盾のなかの左上は黄色い剣と杖、その右は海にうかぶ城、下左にはカカオの木、下右は金鉱山の建物。左右には黄色のワシが配されている。

◆ゴールドコースト域旗　1877〜1957

イギリス領ゴールドコーストで使用された域旗で、円形の域章を配したイギリス青色船舶旗。山、ヤシの木、ゾウが描かれた。

◆ガーナ　1957〜60

1957年、イギリス連邦の一員として独立したときに制定された国旗。現国旗と同じ。

◆ガーナ共和国　1964〜66

独立につくしたエンクルマ大統領が、国旗の色を会議人民党党旗の色である赤白緑にかえた。エンクルマが軍部クーデターで失脚したのち廃止される。

自然　アフリカ大陸の西部のギニア湾に面した国。南北に流れるボルタ川流域には、国土の3分の2をしめる低地が広がる。南部は熱帯雨林気候で雨が多く暑いが、北部はサバナ気候で乾燥している。チョコレートの原料カカオの栽培がさかん。金やダイヤモンド、原油などの資源にもめぐまれている。

歴史　13世紀以降、サハラ砂漠の隊商の交易地としてさかえる。1481年にポルトガル人が来航、金がとれたことから「ゴールドコースト（黄金海岸）」と名づけた。ポルトガルは沿岸に城砦をきずき、金や奴隷の貿易の拠点とした。17世紀、アシャンティ王国が成立、オランダやイギリスと交易をしてさかえる。19世紀になると、イギリスはアシャンティ王国を攻撃し、1902年に全域を植民地にした。

第二次世界大戦後、民族運動がさかんになり、1957年、イギリス連邦内の自治領として最初に独立する。1960年に共和国となるが、1966年以降、何度もクーデターがおこり、軍政による支配がつづいた。1992年に複数政党制などをさだめた憲法を制定、民政にうつった。

Republic of Cabo Verde

カーボベルデ共和国

首都：プライア　面積：0.4万km²（滋賀県程度）　人口：55万人　公用語：ポルトガル語

国旗比率10：17。1992年より使用。新憲法の制定とともにさだめられた。青は海と空、白は平和、赤は国民の努力、10個の黄色い五角星は国を構成する島じま、星の輪は国の統一とひらかれた世界、横縞は国家建設への道筋を表す。

1992年より使用されている円形紋章。中央の青い三角形は平等をしめし、なかに描かれた黄色いたいまつは自由を意味する。3本の青い横線は海を、上部の黄色いおもりは公正さを、底部の鎖は連帯と友情を、ヤシの葉のリースは独立闘争を、左右にならぶ黄色い五角星は国を構成する島じまを表す。

◆ 独立アフリカ党旗　1956

ポルトガルからの独立運動をすすめたギニア・カーボベルデ独立アフリカ党の党旗。黒い五角星と、党の略名を記した赤黄緑の横T字旗。

◆ カーボベルデ共和国　1975～92

1975年、ポルトガルから独立しカーボベルデ共和国となる。アフリカ人の尊厳を表す黒い五角星、おもな作物のトウモロコシ、大西洋に位置することをしめすホタテガイを配した横T字旗。

ベルデ岬はよその国

カーボベルデとは、ポルトガル語で「緑の岬」という意味。いいかえると「ベルデ岬」となる。ところが、アフリカ大陸のもっとも西になるベルデ岬はセネガル共和国にある。カーボベルデ共和国は、ベルデ岬の西の大西洋上の島国。まぎらわしいことだ。

自然　アフリカ大陸西部のセネガルの沖合約600kmの大西洋にうかぶ火山列島。15の島からなり、その多くは山がちである。気候は一年中高温で乾燥している。おもな産業は農業と漁業で、バナナやサトウキビ、トウモロコシを栽培。マグロやロブスターなどを輸出している。観光収入もふえている。

歴史　1460年にポルトガル人が「発見」したといわれる。その後、ポルトガル人の植民がはじまり、1587年にポルトガル領となる。ヨーロッパとアメリカ大陸をむすぶ大西洋航路の中継地となり、サトウキビの栽培や奴隷貿易でさかえた。

第二次世界大戦後の1956年、ギニア・カーボベルデ独立アフリカ党（PAIGC）が結成され、独立運動が高まった。1963年にポルトガルの海外州になり、1975年に共和国として独立を達成。ギニアビサウとの統合をめざしていたが、ギニアビサウで統合に反対するクーデターがおこり、断念した。独立以来、単一の政党（PAIGC、のちにカーボベルデ独立アフリカ党PAICV）が政権をになってきたが、1991年、複数政党制をみとめる初の総選挙がおこなわれた。

Gabonese Republic

ガボン共和国

首都：リーブルビル　面積：26.8万km²（日本の7割）　人口：203万人　公用語：フランス語

国旗比率3：4。1960年より使用。19世紀半ばからフランスの保護国となっていた。フランスからガボン共和国として独立したときに制定された。緑黄青の横三色旗で、緑は森林、黄は赤道と太陽、青は大西洋を表す。

1963年より使用。黄色の盾型紋章。盾の上部には緑地に鉱物資源を表す3個の黄玉、その下に黒い帆船、盾の背後には、国の重要な輸出品であるオクメ材とフランス語で「団結し前進」と記されたリボン、底部には「統一、労働、正義」と記されたリボン、左右にはクロヒョウが配されている。

◆赤道アフリカ域旗　1910～59

フランス領赤道アフリカに編入されていたころの域旗。左上にフランス国旗、右には白い三日月と五角星を配した赤旗を使用。

◆フランス自治国ガボン国旗　1959～60

フランス共同体内の自治国に昇格した翌年に制定。中央に黄色の横線を入れた緑青の二色旗。緑は森林、黄は赤道、青は海を表す。

自然　アフリカ大陸中部の赤道直下にあり、ギニア湾に面している。ほとんどが熱帯雨林。内陸部は標高500～700mの高原で、国立公園が国土の約10％をしめる。原油やマンガンなどの鉱産資源にめぐまれ、1人当たりの国民所得はアフリカでは上位にある。

歴史　15世紀末にポルトガル人が渡来する前は、バンツー系の先住民が住んでいた。ポルトガル人は沿岸に交易の基地をきずき、奴隷貿易を開始。その後、オランダやイギリスも奴隷貿易に参加。19世紀に入り奴隷貿易が禁止されると、フランスが内陸部まで進出し、首長たちと保護条約をむすんで、1870年代にはほぼ全域を支配下におさめた。1910年、チャドやコンゴなどとともに、フランス領赤道アフリカの一州となる。

　第二次世界大戦後の1958年、フランス共同体内の自治共和国となり、1960年に独立。ガボン民主ブロック（BDG）のムバが初代大統領に就任した。石油やウランの開発がすすんで政情は安定し、1968年、BDGをつぐガボン民主党（PDG）の一党独裁体制がかたまった。

Republic of Cameroon

カメルーン共和国

首都：ヤウンデ　面積：47.6万km²（日本の1.3倍）　人口：2405万人　公用語：フランス語・英語

国旗比率2：3。1975年より使用。カメルーン連邦共和国からカメルーン連合共和国へと国名が変更されたのちに制定され、カメルーン共和国でも継続して使用。中央に黄色い五角星を配した緑赤黄の縦三色旗。緑は南部の森林、黄は北部のサバンナ地帯、赤は両者の統一を表す。

1986年より使用。国旗と同じ緑赤黄の三色を配した盾型紋章。中央の赤地の上部には黄色い五角星、その下に平等を表す黒い天秤と青い国土が描かれている。盾の背後には、交差した黄色い束桿斧（斧のまわりに木の束を結びつけたもの）。上部の文字は「平和、労働、祖国」、底部の文字は国名。

◆ドイツ西アフリカ会社旗　1885〜1903

カメルーンとトーゴランド（現トーゴ共和国）で活動したドイツ西アフリカ会社の社旗。赤い十字の中央の円内には黒ワシ。D、W、A、Gは社名の頭文字。

◆カメルーン自治国　1957〜60

フランス領カメルーンが自治権を得て制定した国旗。汎アフリカ色の緑赤黄の縦三色旗。緑は希望、赤は統一、黄は繁栄を表す。

◆カメルーン連邦共和国　1961〜75

左上に南北カメルーンを表す2個の五角星を配した緑赤黄の縦三色旗。1972年からのカメルーン連合共和国でも1975年まで継続して使用された。

自然　アフリカ大陸のほぼ中央にあり、ギニア湾に面している。大半が熱帯雨林で、北部に行くにしたがいサバナ気候、ステップ気候、砂漠気候へと乾燥がすすむ。農業がさかんで、カカオ豆やコーヒー豆、綿花などを栽培。原油やボーキサイト、金などの鉱産資源も豊富である。

歴史　9世紀ころ、北部にカネム・ボルヌ王国が成立。15世紀末、ポルトガル人が来航し、奴隷貿易をはじめた。つづいてオランダ、イギリスも奴隷貿易に参加。1884年にはドイツが内陸部に進出し、諸部族の首長と保護条約をむすんでゴムやカカオのプランテーションをはじめ、道路や鉄道もつくった。第一次世界大戦後の1922年、東部がフランスの、西部がイギリスの委任統治領となった。

第二次世界大戦後、1960年にフランス領の東カメルーンが独立、翌年にイギリス領の西カメルーンの南部と合体して連邦制に。1972年、連邦制から単一のカメルーン連合共和国になり、1984年に国名をカメルーン共和国にあらためた。250もの民族をかかえ、宗教の対立もあり、政情は不安定である。

ガンビア共和国

Republic of The Gambia

首都：バンジュール　面積：1.1万km²（岐阜県程度）　人口：210万人　公用語：英語

国旗比率2：3。1965年にイギリス連邦内のガンビアとして独立したときに制定され、1970年に共和制に移行後も継続使用。2本の白い輪郭線を加えた赤青緑の横三色旗。赤は太陽とサバンナ、青はガンビア川、緑は森林、白は平和と純粋さを表す。

独立前年の1964年に制定され、以後使用。盾のまわりに緑白の帯をつけた青い盾型紋章。盾の中央に二大民族であるマンディンゴ人の鍬とフラニ人の斧が交差している。盾の上には兜かざり、青と黄色の布のリースとヤシの葉、左右には斧と鍬をもったライオンが配されている。底部の文字は「進歩、平和、繁栄」。

◆聖アンデレ島域旗　1651～64

クールランド公国（現ラトビア）に領有されていた聖アンデレ島の域旗。左よりにカニを配した暗赤色旗を使用。

◆西アフリカ植民地域旗　1821～89

イギリス領西アフリカ植民地時代の域旗。ゾウ、ヤシの木、山、域名で構成された円形の域章を右に配したイギリス青色船舶旗。

◆ガンビア域旗　1889～1965

1889年にイギリス領ガンビア域旗が制定された。西アフリカ植民地域旗にちかいが、円形域章内の赤い文字が域名の頭文字「G.」になった。

自然　大陸の西のはしにあり、大西洋に面した国。ガンビア川にそって南北45km、東西300kmある。ほとんどがサバナ気候で乾燥している。おもな産業は農業と漁業、観光業など。農業は落花生や米などを栽培。

歴史　10世紀にガーナ王国の、13世紀にマリ王国の一部となった。紀元前3世紀～13世紀にストーン・サークル群がたてられ、それらは世界遺産に登録されている。

15世紀半ばにポルトガル人が来航し、象牙や香辛料の交易の拠点となる。16世紀後半、イギリスが進出し、クンタキンテ島に奴隷貿易の拠点を建設。この一帯の奴隷貿易のようすは、作家アレックス・ヘイリーの『ルーツ』により、広く知られるようになった。

第二次世界大戦後、マンディンゴ人らによる人民進歩党やウォロフ人らの統一党による独立運動が高まり、1965年にイギリス連邦内の王国として独立した。1970年、共和制に移行。1982年、セネガルと「セネガンビア国家連合」を結成するが、7年後の1989年に解体。1994年にクーデターがおこり、軍事政権が成立、政情は不安定になる。

Republic of Guinea

ギニア共和国

首都：コナクリ　面積：24.6万km²（本州＋四国）　人口：1272万人　公用語：フランス語

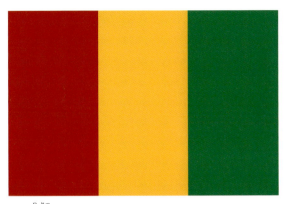

国旗比率2：3。1958年にフランスよりギニア共和国として独立し制定された国旗を使用。赤黄緑の汎アフリカ色を使用した縦三色旗。赤は反植民地闘争で流した血、黄は太陽と鉱物資源、緑は農業と繁栄を表す。

1993年より使用。白い盾型紋章。盾の内部には平和を表す黄色のオリーブの枝。変更される前の国章には剣とライフル銃が描かれていたが、とりのぞかれている。盾の上にはオリーブの枝をくわえた白いハト、台座に国旗と同じ三色をつかい、底部にフランス語で「労働、正義、連帯」という標語を記したリボンを配している。

◆フータジャロン王国　1735～1898

1735年、ギニア中部に成立したイスラム国家フータジャロン王国の国旗。緑のアラビア語で「神への感謝」と書かれた白い三角形旗。

◆サモリ帝国　1878～98

ギニア高地とマリ南部をふくむサモリ帝国の国旗。左の赤い三角形内に赤い菱形をもつ白い七角星を配した青水色白の横三色旗。

◆西アフリカ総督旗　1895～1958

フランス領西アフリカにくみこまれたことにより、総督旗を制定。左上にフランスの国旗を配した青い燕尾旗を使用。

自然　大陸の西のはしにあり、大西洋に面している。沿岸部は暑くて雨が多い熱帯雨林気候で、内陸部はサバナ気候で乾燥している。おもな産業は農業で、米やキャッサバなどを栽培。ボーキサイトやダイヤモンド、金などの鉱産資源にもめぐまれている。

歴史　古くはガーナ王国の、13世紀ころからはマリ帝国の支配下にあった。諸王朝の興亡を経て、19世紀にマリンケ族のサモリ・トゥーレがサモリ帝国をおこした。

いっぽう、ヨーロッパ人は15世紀にポルトガル人が来航し、16世紀にはイギリス、フランスなどが奴隷貿易の基地をもとめて入植。19世紀、フランスの侵略に対してサモリ帝国は戦ったが敗退した。1895年、ギニアはフランス領西アフリカの領土の一部となる。

第二次世界大戦後、独立運動が高まり、トゥーレにより1958年にギニア共和国として独立。1978年、ソ連など社会主義国との結びつきを強め、国名もギニア人民革命共和国としたが、1984年のクーデターで自由主義体制にうつった。1990年、複数政党制などをさだめた新憲法が成立するが、以後も政情は不安定である。

Republic of Guinea-Bissau

ギニアビサウ共和国

首都：ビサウ　面積：3.6万km²（九州程度）　人口：186万人　公用語：ポルトガル語

国旗比率1：2。1973年より使用。19世紀後半からの支配国ポルトガルより独立したときに制定された、赤黄緑の横T字旗。赤は独立闘争で流した血、黄は太陽と鉱物資源、緑は農産物、黒い五角星はアフリカの自由と尊厳を表す。

1973年より使用。赤い円形紋章で、中央上部には国旗にも使用されている黒い五角星、これをかこむのが平和を表すヤシの葉のリース。下部にポルトガル語で「統一、闘争、進歩」と黒字で記された白いリボン、底部には大西洋を表す黄色いホタテガイが配されている。

◆独立アフリカ党旗　1956

ポルトガルの植民地支配に対して独立運動をおこなったギニア・カーボベルデ独立アフリカ党の党旗。赤地の部分に黒い五角星と党の略称（PAIGC）が記されている。現国旗の原型。

教えて！苅安先生
「汎アラブ色」旗の由来

国旗コラム

第一次世界大戦中、イギリスの支援をうけたアラブ諸国が中東一帯を支配していたオスマン帝国からの独立をめざしました。このときに用いられたのが「アラブ反乱旗」（下）で、その後独立を果たしたアラブ系諸国ではこのデザインをとりいれました。日本がまだ国家としてみとめていないパレスチナ自治政府の旗もこの反乱旗に由来しています。アラブ首長国連邦、クウェート国、ヨルダン・ハシェミット王国、スーダン共和国の国旗を見てみましょう！

自然
アフリカ大陸の西のはしにある大西洋に面した国で、沖合のビジャゴ諸島もふくむ。ほとんどが低地で、雨が多く、一年中暑い熱帯雨林気候。産業は農業が中心で、米や落花生、カシューナッツなどを栽培している。エビやイカなどの漁業もさかん。

歴史
1446年にポルトガル人が来航。以後、ポルトガルによる植民がすすめられる。17〜18世紀、ヨーロッパ諸国による奴隷貿易の拠点としてさかえる。1879年にポルトガル領として確定するが、1936年まで住民の反乱がつづく。

第二次世界大戦後、独立をもとめる運動が高まり、1956年にギニア・カーボベルデ独立アフリカ党（PAIGC）が結成され、1963年から武装闘争がはじまる。1973年に独立宣言をし、翌年、ポルトガルもこれをみとめた。政府はカーボベルデとの統一をはかるが、1980年にこれに反対するクーデターがおこり、統一は断念した。1994年、複数政党制による初の大統領選挙をおこなう。しかし、1999年、軍の反乱により大統領が追放されたり、その後もクーデターがおこるなど、政情は不安定。経済もとどこおり、世界最貧国のひとつとされている。

Republic of Kenya

ケニア共和国

首都：ナイロビ　面積：59.2万km²（日本の1.6倍）　人口：4970万人　公用語：スワヒリ語・英語

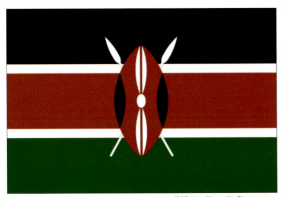

国旗比率2：3。1963年より使用。独立の際に制定。共和制に移行後も継続して使用された。2本の白い輪郭線を配した黒赤緑の横三色旗。中央の絵柄はマサイ族の伝統的な交差した槍と盾。黒は国民、赤は独立闘争で流された血、緑は自然のゆたかさ、白は平和と統一を表す。

◆シンバ・スルタン旗　1885〜90

ウィトゥランド（現ラム港）を保護領としたドイツは、ドイツ海軍旗とともに、白い五角星を配したシンバ・スルタン旗を使用。

◆ウィトゥ域旗　1893〜1920

イギリス領・イギリス保護領時代のウィトゥ域旗。イギリス国旗を赤くふちどりしたデザイン。

◆東アフリカ、ケニア域旗　1895〜1963

1895年にイギリス領東アフリカ植民地が成立し、1920年にイギリス領ウィトゥはイギリス領ケニアに併合される。イギリス領東アフリカ植民地時代の赤いライオンを描いた域旗がひきつづき使用された。

1963年より使用。盾型紋章。国旗の三色に染めわけた中央に、ケニア・アフリカ民族同盟のシンボルである斧をもった白い雄鶏、背後に交差した赤い槍、台座にコーヒー、トウモロコシなどの農作物とキリニャガ山（ケニア山）、底部にスワヒリ語で「共に働かん」と記したリボン、左右には黄色いライオンを配している。

自然　アフリカ大陸東部の赤道直下、南東がインド洋に面する。海岸ぞいをのぞき1000m以上の高原で、中央に標高5199mのキリニャガ山（ケニア山）がそびえる。産業は農業が中心で、茶、コーヒー豆、サイザル麻などを栽培。観光業がさかん。

歴史　7世紀ころからアラブ人が渡来し、モンバサなど港町がひらかれた。15世紀末、ポルトガルの航海者バスコ・ダ・ガマが来航し、以後、ポルトガルが進出した。その後、アラブ人がふたたび進出。19世紀半ば、イギリスが勢力をのばし、1895年にイギリスの東アフリカ植民地に。鉄道がしかれ、白人入植者が内陸部に進出した。

第二次世界大戦末期にケニア・アフリカ民族同盟が結成され、1963年にイギリス連邦内の王国として独立を達成。1964年に共和制にうつり、ケニヤッタ大統領のもと、経済発展をとげる。1991年、複数政党制をとりいれるが、2007年の選挙をめぐり、与党と野党の対立がはげしくなり暴動となった。その後も、イスラム過激派によるテロ事件などがおこり、政情は不安定である。

Republic of Côte d'Ivoire

コートジボワール共和国

首都：ヤムスクロ　面積：32.2万km²（日本の9割）　人口：2430万人　公用語：フランス語

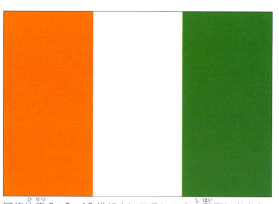

国旗比率2：3。19世紀末にフランスの支配下におかれ、1960年に独立。独立の前年である1959年より使用。オレンジ白緑の縦三色旗。オレンジはゆたかな自然と解放闘争をおこなった若者の血、白は正義ある平和、緑は将来への希望を表す。

2011年より使用。緑の盾型紋章。中央に国名のもととなったゾウの頭、背後に日の出、両側に黄色いヤシの木、底部に国名が記されたリボンが配されたデザインは、1960年独立時に制定された国章からうけつがれているが、たびたび新しい色のバージョンが登場している。現国章は盾が緑、ゾウが黄色。

◆西アフリカ総督旗　1895～1959

1895年、フランス領西アフリカにくみこまれ、新たに総督旗が制定される。左上にフランスの国旗を配した燕尾旗。1959年のコートジボワール共和国独立まで使用された。

象牙海岸といわれるわけは？

ギニア湾に面した現在のコートジボワールとガーナの沿岸は「象牙海岸」といわれていた。コートジボワールとは、フランス語で象牙海岸の意味である。

象牙は古くから工芸品の高級素材として珍重されてきた。15世紀後半以降、ヨーロッパ諸国が、この海岸で象牙の取り引きをおこなったことから象牙海岸の名がつけられたのである。

取り引き品目により、ギニア湾岸は西から胡椒海岸（現リベリア）、象牙海岸、黄金海岸（現ガーナ）、奴隷海岸（トーゴ～ナイジェリア）と名づけられた。

自然　アフリカ大陸西部のギニア湾に面した国。全体に平らな地形だが、西側に山岳地帯がある。沿岸部は熱帯雨林気候で、中部～北部は乾燥したサバナ気候。産業は農業が中心で、カカオ豆やコーヒー豆、ヤムイモなどを栽培。近年、油田開発もはじまった。

歴史　14世紀まで、いくつかの部族国家が混在していた。15世紀末にポルトガル人が来航し、以後、ポルトガル、イギリス、オランダなどが進出し、奴隷や象牙の交易がさかんになる。コートジボワールはフランス語で「象牙海岸」の意味。17世紀、フランスが西アフリカに進出、内陸部へ支配地を広げ、1895年にほぼ全域がフランスの植民地になる。

第二次世界大戦後、コートジボワール民主党（PDC）により独立運動がすすめられ、1964年、独立。その後、PDCの一党独裁のもと、「イボワールの奇跡」とよばれる経済発展をはたした。1990年、複数政党制による大統領選挙がおこなわれた。2000年以降、大統領選挙をめぐる与党と野党の対立から内戦に発展。2004年から国連の平和維持軍（PKO）が派遣された。

Union of Comoros

コモロ連合

首都：モロニ　面積：0.2万k㎡（沖縄県程度）　人口：81万人　公用語：フランス語・アラビア語・コモロ語

国旗比率3：5。2001年より使用。4個の五角星はコモロ諸島を構成するコモロ4島を表す。緑と三日月はイスラム、黄はモヘリ島、白はマヨット島、赤はアンジュアン島、青はグランコモル島を表す。

◆コモロ共和国　1975～78

1975年、マヨット島をのぞく3島がフランスから独立したときに制定。白い右下向きの三日月と4個の五角星を配した赤緑の横二色旗。

◆コモロ・イスラム連邦共和国　1978～92

1978年に国名をコモロ・イスラム連邦共和国と変更したときに制定された国旗。中央に白い右下向きの三日月と4個の五角星を配した緑旗。

◆コモロ・イスラム連邦共和国　1992～96

1992年に国旗を変更。白い4個の五角星が横一列にならび、三日月が上向きにかわった。

◆コモロ・イスラム連邦共和国　1996～2001

1996年にふたたび国旗を変更。白い4個の五角星が縦一列にならび、三日月が右向きに。右上には「アッラー」、左下には「ムハンマド」の文字。

2005年より使用。1978年に制定されたコモロ・イスラム連邦共和国の国章を原型とする緑の円形紋章。中央に8本の光線をはなつ太陽と4個の五角星を入れた上向きの三日月、その上下にフランス語とアラビア語の国名、周囲にオリーブの枝、底部に「統一、連帯、開発」の文字を配している。

自然　アフリカ大陸東部とマダガスカル島のあいだにあるモザンビーク海峡にうかぶ3つの火山島からなる。いずれも山がちで、原生林におおわれている。サバナ気候で一年中高温、11～4月が雨季。農業が中心でシナモンやバニラなどの香辛料の産地として知られている。近海には、古生代の「生きた化石」シーラカンスが生息している。

歴史　古くはアラブ人が交易の中継地として利用。17世紀にはイスラム系の小国家が成立していた。フランスが1843年にマヨット島を、ついで1886年にほかの3島を保護領とする。

第二次世界大戦後の1958年、フランス共同体内の自治領となる。1975年にイスラム教徒が多い3島が独立するが、キリスト教徒が多いマヨット島は翌年の住民投票でフランス領にとどまることになった。3島は国名をコモロ・イスラム連邦共和国とした。1989年以降は大統領の暗殺事件やクーデター、2島の分離独立の動きなどがあり、政情は不安定に。2001年、国民和解協定に調印し新憲法を制定。国名をコモロ連合にあらため、大統領は3島から交代で選出することになった。

Republic of Congo

コンゴ共和国

首都：ブラザビル　面積：34.2万km²（日本の9割）　人口：526万人　公用語：フランス語

国旗比率2：3。1991年より使用。コンゴ労働党による一党独裁をやめ、国名をコンゴ人民共和国からコンゴ共和国にもどしたときに、1959年に制定した国旗も復活した。緑黄赤の汎アフリカ色をつかった斜めの三分割旗。

1991年より使用。国名をコンゴ共和国にもどしたときに1963年に制定した国章にもどした。黄色い盾型紋章。自由な国民を表す赤いたいまつを手にしたライオン、コンゴ川を表す緑の線が中央に描かれている。盾の上に配された密林の冠は主権を表す。左右には赤い台座にのった2頭の黒ゾウ。

◆赤道アフリカ域旗　1910〜58

フランス領赤道アフリカに編入されていた時代の域旗。左上にフランス国旗、右に白い三日月と五角星を配した赤旗。

◆コンゴ共和国　1959〜69

フランスから独立する前年に制定され、1991年に現在の国旗として復活した。緑は農業と森林、黄は友情と国民の誇り、赤は独立闘争に流した血を表す。

◆コンゴ人民共和国　1969〜91

1968年の軍事クーデターで社会主義国となり、翌年国旗も変更。左上にハンマーと鍬、黄色い五角星、ヤシの葉のリースを配した赤旗。

自然　アフリカ大陸中西部にある赤道直下の国。南西の一部が大西洋に面しており、この海岸地域は乾燥したステップ気候だが、国土の約半分は熱帯雨林のコンゴ盆地である。産業の中心は農業で、サトウキビやカカオ豆、キャッサバなどを栽培。1970年代に海底油田が開発され、経済の中心となる。

歴史　13〜15世紀、コンゴ王国が支配していた。15世紀末からポルトガルが進出し、コンゴ川河口を拠点に象牙や奴隷の貿易をさかんにおこなった。17世紀からフランスも進出し、1882年にフランス領となった。

第二次世界大戦後の1958年にフランス共同体内の自治共和国となり、1960年、コンゴ共和国として独立を達成。1969年にコンゴ労働党（PCT）による一党独裁体制となり、国名をコンゴ人民共和国にあらためた。

1991年に複数政党制をとりいれ、国名をコンゴ共和国にあらためるが、1993年の大統領選挙をめぐり与党と野党が対立し、内戦に発展。2002年、新憲法を制定。2007年の総選挙でPCTが圧勝し、政局は安定に向かう。

Democratic Republic of the Congo

コンゴ民主共和国

首都：キンシャサ　面積：234.5万km²（日本の6倍強）　人口：8134万人　公用語：フランス語

国旗比率3：4。新憲法公布にともない2006年より使用。黄色い輪郭線をもつ赤い斜めの帯と黄色い五角星を配した青旗。1967年の国旗に似ているが青がうすい。青は平和、赤は国のために流された血、黄は国の富、五角星はかがやく国の未来を表す。

2006年より使用。独立のシンボルであるヒョウの頭、左右に象牙と槍、岩の上にフランス語で「正義、平和、労働」という標語を黄字で記した赤いリボンを配している。1963年以来、国章にはヒョウがつかわれていたが、2003～2006年はライオンとなり、2006年に国章を変更したときにふたたびヒョウにもどっている。

◆コンゴ自由国　1885～1908

ベルギーのレオポルド2世の私有地として成立したコンゴ自由国の国旗。黄色い五角星を配した青旗。イギリス人探検家スタンリーが考案。

◆コンゴ共和国　1960～67

ベルギーから独立したときに制定。コンゴ自由国国旗の左側に、国を構成する6州を表す6個の黄色い五角星を配している。

◆コンゴ共和国　1963～67

動乱後に制定された新国旗。現国旗の原型。黄は繁栄、赤は統一のために戦った犠牲者の血、青は希望、五角星は統一を表す。

◆コンゴ民主共和国　1967～71

1965年の軍事クーデターにより、新政権が発足。国名をコンゴ民主共和国とし、国旗も変更。五角星の大きさと斜めの帯の幅が修正された。

自然　アフリカ大陸の中央部にある国。コンゴ川流域に広大なコンゴ盆地がある。赤道直下にあるため、ほとんどは高温多湿の熱帯雨林気候だが、南部の高原は雨が少ないサバナ気候や温帯気候である。鉱産資源が豊富で、コバルト、ダイヤモンド、銅などを産出。農産物はコーヒーやパーム油などがある。

歴史　14世紀ころ、コンゴ王国が成立。15世紀末にポルトガル人が来航し、奴隷貿易をおこなう。19世紀後半にイギリスの探検家スタンリーが、ベルギー国王レオポルド2世の命をうけて探検し、1885年にベルギー国王の私有地としてコンゴ自由国が成立。1908年、ベルギー領コンゴとなる。
　第二次世界大戦後の1960年に独立するが、南部のカタンガ（現在のシャバ）州の分離独立をめぐり動乱がおこる（コンゴ動乱）。1965年にモブツがクーデターをおこし一党独裁体制をうちたて、1971年に国名をザイール共和国にあらためる。1997年、武装勢力のコンゴ・ザイール解放民主連合が首都を制圧しモブツを追放するが、1998年、ふたたび内戦に突入。2002年に和平が成立するが、政情は不安定である。

◆ザイール共和国　1971〜97

1971年に国名をザイール共和国にあらため、国旗も変更。中央に赤いたいまつをかかげる黒人の腕を描いた黄色い円を配した緑旗。

◆コンゴ民主共和国　1997〜2006

コンゴ・ザイール解放民主連合が政権をにぎり、国名をコンゴ民主共和国に変更。1960年の独立当時の国旗にもどされた。

コンゴ動乱の背景にゆたかな鉱物資源

　ベルギー領だったコンゴ（現在のコンゴ民主共和国）では、第二次世界大戦後、独立運動が高まり、1960年6月30日、コンゴ共和国として独立した。しかし、国のかたちをめぐってカサブブ大統領とルムンバ首相の対立があるなかで、独立後1週間もたたないうちに、首都での軍隊の反乱をきっかけに内乱となった。
　チョンベが鉱産資源のゆたかなカタンガ州（現在のシャバ州）の独立を宣言し、ベルギーが軍隊をおくると、国連はベルギー軍の撤退と国連軍の派遣を決議した。9月、陸軍のモブツ大佐がクーデターをおこしルムンバをとらえ、のちに虐殺した。
　その後、政府内の対立が解消しても、カタンガ州は抵抗をつづけたが、1962年末からの国連軍の攻撃でカタンガ州は独立を撤回。1964年6月、国連軍がひきあげると、反政府勢力が武装蜂起するが、アメリカやベルギーの支援を得た政府軍によって鎮圧され、動乱は終結した。この動乱により約10万人が殺害されたといわれる。
　動乱の背景には、コンゴの鉱物資源に利権をもつ欧米諸国の動きがあったという。

◆カタンガ国　1960〜63

緑の斜めの帯で赤と白にわけ、白の部分に3個の赤い十字をつけた旗。赤は国民の力と主権、緑は希望、白は平和を表している。赤十字は銅を精錬してつくったクロセッツという通貨で、繁栄を表す。

◆南カサイ鉱山国　1960〜62

カタンガ州の北西にあり、カタンガについで独立を宣言し、2年で撤回。中央に勝利を表す黄色のV字を入れた国旗。

コンゴ民主共和国の銅の採掘場。うしろの山は銅を選別したあとのかす。

サントメ・プリンシペ民主共和国

首都：サントメ　面積：964万㎢（東京都の半分）　人口：20万人　公用語：ポルトガル語

国旗比率1：2。1975年にポルトガルより独立したときから使用。左側に赤い三角形をつけ、中央にサントメ島とプリンシペ島を表す2個の黒い五角星を配した緑黄緑の横三分割旗。緑は農業、黄は太陽とおもな作物のカカオ、赤は独立闘争で流された血を表す。

1975年より使用。黄色いカカオの実の形をした盾型紋章。中央におもな作物のコプラ（コプラ油の原料）を表すヤシの木、上部に青と黄色の布のリース、アフリカの自由を表す黒い五角星、国名を記したリボン、右にオウム、左にハヤブサ、底部には「団結、統制、労働」と記したリボン。

◆サントメ・プリンシペ解放運動党旗　1960

1960年、サントメ・プリンシペ解放運動党が結成され、ポルトガルからの独立運動が本格化。この党旗が現国旗のモデルとなっている。黄の幅が現国旗よりせまい。

自然　アフリカ大陸の中西部、ギニア湾の東部にうかぶ火山島のサントメ島、プリンシペ島を中心とする島じまからなる。最高峰はサントメ島の標高2024mのピコデサントメ山。赤道直下にあり、高温多湿の熱帯気候で、雨季は10～5月。農業はカカオ豆の栽培がさかん。海底油田の開発もすすめられている。

歴史　15世紀後半にポルトガル人が上陸し、奴隷や象牙の貿易の中継地とした。また、アフリカ人をつかったサトウキビ農園の開発もすすめられた。第二次世界大戦後の1951年、ポルトガルの海外州となる。1960年にサントメ・プリンシペ解放運動党が結成され、独立運動が活発になり、1975年に独立。一党独裁体制がすすめられたが、1990年に複数政党制にうつり、民主化をすすめている。

教えて！苅安先生
スーダンと南スーダン

国旗コラム

南スーダンは2011年にスーダンから独立したばかりの若い国です。まず国旗をくらべてみると、スーダンは「汎アラブ色」をつかっているのに対し、南スーダンは配色をかえています。

国章を見ると、スーダンはリボンにアラビア語で記し、南スーダンは英語で記しています。もともとスーダンは北部にイスラム教徒が多く、南部にキリスト教徒が多かったことから南北で対立していました。1980年代には内戦にもなりました。それで、南部が南スーダンとして独立することになったのです。

◆スーダン共和国国旗・国章　　◆南スーダン共和国国旗・国章

ザンビア共和国

Republic of Zambia

首都：ルサカ　面積：75.3万km²（日本の2倍）　人口：1709万人　公用語：英語

国旗比率2：3。1964年にイギリスより独立して使用。右側に自由と困難にうちかつ力を表すサンショクウミワシと赤黒オレンジの縦縞を配した緑旗。緑は農業と森林、赤は独立闘争で流された血、黒は国民、オレンジは銅を表す。

1964年より使用。黒い盾型紋章。中央にビクトリア滝を表す6本の白い波線、上部にサンショクウミワシ、農業と鉱業をしめす鍬とツルハシ、台座は緑の丘に鉱山の立坑、シマウマ、トウモロコシ、底部は「一つのザンビア、一つの国家」と記したリボン、両側にアフリカ人家族を表す男女を配している。

◆北ローデシア域旗　1939～53／1964（1～10月）

イギリス領北ローデシア時代の1939年に制定された域旗。右側に北ローデシア域章を配したイギリス青色船舶旗。1964年に一時復活。

◆イギリス領中央アフリカ連邦　1953～63

イギリス領中央アフリカ連邦が結成されたときに制定された域旗。右側に、同時に制定された域章の盾部分を配したイギリス青色船舶旗。

◆統一民族独立党旗　1959

1959年に結成された統一民族独立党の党旗で、独立後の国旗のモデルとなった。右に赤黒黄の縦縞を配した緑旗。

自然　アフリカ大陸の中南部にある内陸国。国土のほとんどが標高1000～1400mの高原で、しのぎやすい。南のジンバブエとの国境に、ビクトリア滝がある。農業では、トウモロコシやタバコ。銅やコバルト、石炭などの鉱産資源にもめぐまれている。

歴史　17世紀、ロジ族やベンバ族の王国がたてられた。18世紀末にポルトガルが進出。19世紀半ば、イギリスの宣教師で探検家のリビングストンがザンベジ川中流域を探検した。1890年、イギリス南アフリカ会社のセシル・ローズがロジ王国から鉱山の採掘権を得て植民を開始。やがて北ローデシア（現在のザンビア）全域を支配下におく。1924年にイギリスの直轄植民地となり、1920年代に銅鉱が発見された。

第二次世界大戦後の1953年、南ローデシアやニヤサランドとともに中央アフリカ連邦を結成するが、アフリカ人の反対にあい1963年に解体。1964年、イギリス連邦内のザンビア共和国として独立。1973年、統一民族独立党による一党独裁体制がはじまるが、1991年、複数政党制にうつる。

Republic of Sierra Leone

シエラレオネ共和国

首都：フリータウン　面積：7.2万㎢（北海道の9割）　人口：756万人　公用語：英語

国旗比率2：3。1961年、イギリスより独立して制定。1971年に共和制にうつったあとも継続使用。緑は農業と山やま、白は正義と団結、青は良港のフリータウンを表す。

1960年より使用。白い盾型紋章。盾のなかは国名を表す黄色いライオンと3つの山形で仕切られ、上部に自由、知識を表す3本の赤いたいまつ、下部に海岸や海洋での交易を表す2本の青い波線。両側は緑の丘でヤシの木をもつライオン、底部に「団結、自由、正義」と記したリボン。

◆西アフリカ域旗　1821～89

イギリス領西アフリカに編入され制定された域旗。ゾウ、山などが描かれた円形の域章を右側に配したイギリス青色船舶旗。

◆シエラレオネ域旗　1889～1914

イギリス領西アフリカが解体され、イギリス領シエラレオネとなって制定された域旗。域章部分の国名が頭文字の「S.L.」になった。

◆シエラレオネ域旗　1914～61

1914年に域旗と域章を変更。域旗右側の域章には、海辺で大型帆船を見つめる黒人の戦士、ヤシの木、イギリス国旗が描かれている。

自然　アフリカ大陸の西にあり、大西洋に面した国。沿岸部はマングローブ林が広がり、内陸部は標高500m前後の丘陵がつづく。気候は熱帯モンスーン気候とサバナ気候。農業はコーヒー豆やカカオ豆の栽培がさかん。ダイヤモンドや鉄、ボーキサイト、金などの鉱産資源にもめぐまれている。

歴史　15世紀半ばにポルトガル人が上陸し、奴隷や象牙の貿易をおこなう。16世紀半ばにはイギリスが進出。1787年、西インド諸島などで解放された奴隷の入植地としてフリータウンを建設。1808年に沿岸部がイギリスの植民地になり、19世紀後半には内陸部もイギリスが支配、イギリス保護領となる。

第二次世界大戦後の1961年、イギリス連邦内の自治国として独立。1971年に共和制にうつった。1978年、全人民会議による一党独裁体制になるが、1991年、複数政党制がとりいれられた。しかし、反政府系の革命統一戦線が武装蜂起し、ダイヤモンド密輸を財源に内戦に突入。2002年に内戦はおわるが、約5万人の戦死者をだした。2014年のエボラ出血熱の大流行では、死者は約3900人にのぼった。

ジブチ共和国

首都：ジブチ　面積：2.3万km²（秋田県の2倍）　人口：96万人　公用語：フランス語・アラビア語

国旗比率2：3。1977年にフランスからジブチ共和国として独立して以後使用。赤い五角星を配した白青緑の横Y字旗。青はイッサ人、緑はアファル人、白は平和、赤は独立闘争、五角星は統合を表す。

1977年より使用。フランスから独立したときに国旗とともに制定された。中央に文化と伝統を表す短剣をもつアファル人とイッサ人をしめす2本の腕と盾、背後に主権の防衛を表す槍、上部に赤い五角星、まわりに平和を表す月桂樹のリースを配している。

◆タジュラ・スルタン国旗　1862〜96

1862年、フランスがタジュラ（現ジブチの港町）を支配下においていたスルタン国よりオボク地区を借りた。スルタン国の国旗は無地の赤旗。

◆総督旗　1896〜1977

フランス領ソマリ海岸、フランス海外領土、フランス領アファル・イッサ時代の総督旗。左上にフランス国旗を配した青い燕尾旗。

◆独立アフリカ人民連盟旗　1972

フランスからの独立運動をみちびいた独立アフリカ人民連盟の党旗。白い五角星を配した赤青緑の横Y字旗。現国旗のモデルとなった。

自然　アフリカ大陸の北東部、紅海の入口にあるアデン湾に面した国。国土のほとんどが砂漠か半砂漠で、年間をとおして高温がつづき、世界でもっとも暑い地域のひとつとされる。住民の半数以上が遊牧民で牧畜が中心。中継貿易による収入が大きい。

歴史　古くから紅海とインド洋をむすぶ交易の中継地としてさかえた。19世紀後半にスエズ運河の建設がはじまると、1862年にフランスはこの地に勢力を広げ、1896年にフランス領ソマリ海岸として植民地にする。20世紀初め、港町のジブチとエチオピアのアディスアベバとをむすぶ鉄道を建設。エチオピアの外港となる。

第二次世界大戦後の1967年、住民投票の結果でフランス領にとどまることが決まり、フランス領アファル・イッサと改名した。1977年、ジブチ共和国として独立。ソマリア系のイッサ人のブレドが大統領になった。1991年にエチオピア系のアファル人が武装蜂起し、内戦に突入。1992年、複数政党制をもりこんだ憲法をさだめて、1994年に和平協定に調印した。2000年代にはとなりの国エリトリアと国境紛争がおこっている。

Republic of Zimbabwe

ジンバブエ共和国

首都：ハラレ　面積：39.1万㎢（日本よりやや広い）　人口：1653万人　公用語：英語

国旗比率1：2。1980年、イギリスから正式に独立したときに制定された。希望を表す赤い五角星と、ジンバブエのシンボルで過去の栄光を表す大ジンバブエ鳥の彫刻からとられた紋章を配した、白い三角形をもつ緑黄赤黒の7縞旗。緑は農業、黄は鉱物資源、赤は武力闘争で流された血、黒は黒人、白は平和を表す。

1981年より使用。ゆたかな土地を表す緑の盾型紋章。盾内中央にジンバブエ遺跡、上部に水資源を表す青白の15本の波線、盾の背後に戦争から平和へうつることをしめす交差したライフル銃と鍬、盾の上には希望を表す五角星、大ジンバブエ鳥など、両側にはシカの一種クードゥー。

◆自治領南ローデシア域旗　1923～53

1923年にイギリス領南ローデシアが成立し、制定された域旗。右側に域章の盾の部分を配したイギリス青色船舶旗。

◆自治領南ローデシア域旗　1964～68

1964年に域旗を変更。1923年制定の域旗の地色を、うすい青にかえた。1965年にローデシア共和国として独立宣言後も1968年まで使用。

◆ローデシア共和国　1968～79

1968年にローデシア共和国の国旗を制定。旧南ローデシアの域章を配した緑白緑の三分割旗。緑と白は紋章の盾の色からとられた。

◆ジンバブエ・ローデシア　1979（6～12月）

1979年6月、白人優位体制をとるジンバブエ・ローデシアが発足し、国旗を制定。左上に描かれているのは黄色の大ジンバブエ鳥。

自然　アフリカ大陸の南部にある内陸国。国土のほとんどは標高500～1000mの高原にあり、雨は少なく気候はおだやか。北のザンビアとの国境にはザンベジ川が流れている。おもな産業は農業で、トウモロコシ、サトウキビ、タバコなどの栽培がさかん。白金、クロム、銅、ニッケルなどの鉱産資源も豊富。

歴史　11～15世紀、巨大石造建築にすぐれたショナ人のモノモタパ王国がさかえた。国名のジンバブエは、ショナ語で「石の家」を意味する。19世紀にはンデベレ人によるンデベレ王国が成立した。1889年、イギリスの植民地政治家セシル・ローズがイギリス南アフリカ会社を設立し、ローデシア（現在のジンバブエとザンビア）の支配がさだまった。1923年、イギリスの自治領南ローデシアとなった。

1965年、白人の入植者が独立を宣言すると、アフリカ人勢力による民族運動が高まり、ショナ人に基盤をおくジンバブエ・アフリカ民族同盟と、ンデベレ人に基盤をおくジンバブエ・アフリカ人民同盟がゲリラ戦をくりひろげた。1980年、両者の統合政権が発足し、ジンバブエ共和国が成立した。

The Republic of the Sudan

スーダン共和国

首都：ハルツーム　面積：184.7万km²（日本の5倍弱）　人口：4053万人　公用語：アラビア語・英語

国旗比率1：2。1970年より使用。クーデターにより成立した軍事政権が、スーダン民主共和国と改名し制定。左に緑の三角形を配した汎アラブ色の赤白黒の横三色旗。緑は繁栄と農業、赤は闘争と犠牲者、白は平和・光・愛、黒はスーダンを表す。1985年に国名がスーダン共和国にもどってからもつかわれている。（➡ 95ページの「国旗コラム」）

1985年より使用。翼を広げたヘビクイワシの紋章。上部にはアラビア語で「勝利を我らに」という標語を、底部には国名「スーダン共和国」を記した白いリボンが配されている。ヘビクイワシの紋章は19世紀のマフディーの反乱のころからスーダンでつかわれている。

◆マフディー国　1881～98

1881年、ムハンマド・アリー朝の支配に対するムハンマド・アフマドの反乱によって建設されたマフディー（救世主）国家の国旗。中央に白い槍と上向きの三日月を配した黒赤緑の横三色旗。

◆スーダン共和国　1956～69

1956年、イギリス・エジプト共同統治よりスーダン共和国として独立したときに制定された国旗。青黄緑の横三色旗。青はナイル川、黄は砂漠、緑はゆたかな土地を表す。

自然

北アフリカ大陸の北東部、エジプトの南にある国で、北東側が紅海に面している。国土のほとんどが平原で、中央にナイル川と支流の青ナイル川、白ナイル川が流れている。北部は乾燥した砂漠気候で、南部は雨が多いサバナ気候。産業は農業が中心で、モロコシ、ナツメヤシ、綿花などを栽培している。家畜も多く、牧畜や酪農がさかん。

歴史

紀元前10世紀ころ～350年ころにクシュ王国がさかえ、紀元前750年ころにはエジプトを支配したこともある。14世紀初め、エジプトのマムルーク朝に征服され、イスラムの影響をうける。1881年にムハンマド・アフマドがマフディーの乱をおこすが、1898年にイギリス・エジプト連合軍にやぶれ、イギリスとエジプトの共同統治下に入る。

第二次世界大戦後の1956年に独立。北部のアラブ系イスラム教徒と南部のアフリカ系住民が対立し、1983年から内戦に突入。2005年に和平協定がむすばれ、2011年、南部は南スーダンとして独立する。いっぽう2003年、西部のダルフール地方でアラブ系の民兵がアフリカ系住民を虐殺する事件がおこり内戦に発展するが、2013年に停戦協定がむすばれた。

メロエのピラミッド

ナイル川中流にあったメロエ王国（紀元前7世紀～紀元後4世紀）のピラミッド。高さ30m前後。

Kingdom of Swaziland (Kingdom of Eswatini)

スワジランド王国（新国名 エスワティニ王国）

首都：ムババーネ　面積：1.7万km²（四国よりやや狭い）　人口：137万人　公用語：スワティ語・英語

国旗比率2：3。1967年より使用。イギリスからの独立前年に制定された国旗。中央に黒白の盾、2本の槍、天人鳥の羽のついた国王の杖を配した、2本の黄色輪郭線が入った青赤青の横三分割旗。青は平和と安定、黄は天然資源、赤は過去の戦いで流した血を表す。

1968年より使用。青い盾型紋章。国の防衛を表す黒白のングニ族の戦闘用の盾、その背後には2本の槍と、天人鳥の羽のついた国王の杖。盾の上に描かれているのは収穫祭で身につける緑の羽のついた王冠。左には国王を表すライオン、右には女王の母を表すゾウが配されている。

◆ スワジ王国　1890〜94

19世紀初めにスワジ人が現在の地にうつり住み、スワジ王国を建設。1890年に国旗が制定された。中央にスワジ人の伝統的な白黒の戦闘用の盾、左上に交差する武器を配した青と水色の斜め二分割旗。

◆ トランスバール共和国保護領域旗　1894〜1907

1894年にトランスバール共和国の保護領となり、域旗が制定される。中央に白黒の戦闘用の盾を配した青と水色の11縦縞旗。1902年にイギリス保護領となったあとも1907年までは使用された。

エスワティニ王国
―独立50年で国名変更―

2018年4月19日、独立50周年記念式典で、国王のムスワティ3世は、自国の国名をエスワティニ王国 (Kingdom of Eswatini) に変更すると宣言した。エスワティニとは「スワジ人の土地」を意味するという。

自然　アフリカ大陸南部にある内陸国。西部は標高1000〜1700mの山地、東部は低地で草原が広がる。気候は温暖で土地が肥沃なため農業がさかん。トウモロコシやサトウキビ、ジャガイモなどを栽培している。アフリカのスイスとよばれ観光業ものびている。

歴史　古くはサン人（ブッシュマン）が居住。19世紀初め、ボーア人に追われたスワジ人がこの地に移住し、スワジ王国を建国。19世紀末にイギリスが進出し、1902年にイギリス高等弁務官領として間接統治する。

第二次世界大戦後の1968年、イギリス連邦内のスワジランド王国として独立。国王のソブーザ2世は1973年に憲法を停止して議会を解散、政党活動を禁じるなどの独裁政治をすすめる。1993年に20年ぶりに総選挙がおこなわれたが、政党活動は禁止されたままで、1995年から労働組合によるゼネストがおこなわれた。2007年に新憲法がだされたが、政党活動はみとめられず、民主化が課題となっている。また、15〜49歳のエイズウィルスの感染率が28％（2014年）と、世界でもっとも高いとされている。

赤道ギニア共和国

Republic of Equatorial Guinea

首都：マラボ　面積：2.8万km²（関西地方程度）　人口：127万人　公用語：スペイン語・フランス語・ポルトガル語

国旗比率2：3。1979年より使用。左に青い三角形をもち、中央に国章を配した緑白赤の横三色旗。1979年のクーデターののち、1968年にスペインから独立したときの国旗にもどった。

◆赤道ギニア共和国　1968～73

1968年、スペインより赤道ギニア共和国として独立し、国旗を制定。青は大陸部と島じまをむすぶ海、緑は農業、天然資源、ジャングル、白は平和、赤は独立闘争を表す。現在はこの国旗が復活。

◆赤道ギニア共和国　1973～79

1972年に労働国民統一党のマシアス・ンゲマが終身大統領になり、独裁政権が誕生。翌年に制定された新国旗。緑白赤の横三色旗のまま、中央の国章が党のシンボルであるニワトリなどをつかったデザインに変更された。

1968年に独立したときに制定された国章で、1973～79年の独裁政権下では変更されていたが、1979年に復活。グレーの盾型紋章で、中央にはパンヤの木が描かれている。6個の六角星は、国を構成するムビニ、ビオコ島、アンノボン島、コリスコ島、大エロベイ島、小エロベイ島を表す。

自然　アフリカ大陸の中西部、ギニア湾に面した大陸側のムビニとギニア湾にうかぶビオコ島などの島からなる。熱帯雨林気候で一年中高温・多湿。農業ではカカオ豆やコーヒー豆を栽培。原油や天然ガスの生産がのびている。

歴史　15世紀後半にポルトガル人がビオコ島に上陸し、以後、ポルトガルの支配下に。1778年にスペインにゆずりわたされ、奴隷貿易の中継基地となったほか、ビオコ島でのカカオ豆のプランテーションなど農業開発もすすめられた。1823年にイギリスの租借地となるが、20年後にスペイン領にもどる。

第二次世界大戦後の1968年、赤道ギニア共和国として独立した。マシアス・ンゲマ大統領が独裁政治をおこない反対派を弾圧したため、人口の約3分の1が国外にのがれた。1979年のクーデターでマシアスは処刑され、ンゲマ・ンバゾゴ中佐が大統領につき、軍政による再建がはじまる。1991年の国民投票で複数政党制がみとめられ、1996年の大統領選でンゲマが再選される。人権抑圧に対しクーデター未遂事件（2004年）や銃撃戦（2009年）などがおこり、政情は不安定になった。

Republic of Seychelles

セーシェル共和国

首都：ビクトリア　面積：457km²（種子島よりやや広い）　人口：10万人　公用語：クレオール語・英語・フランス語

国旗比率1:2。1996年より使用。5つの斜線で構成される。青は空と海、黄は光と生命をあたえる太陽、赤は国民と統一をめざしてともに働く決意、白は正義と調和、緑は国土と自然環境を表す。

1996年より使用。植民地時代の域章と同様に、ヤシの木とセーシェルオオガメを描いた盾型紋章。盾の上には銀色の兜、その上には青白3本の波の上を飛ぶ国鳥のシラオネッタイチョウ。左右の魚はメカジキ。独立したときに制定された国章とほぼ同じデザインだが、上部の布リースの色が変更されている。

◆セーシェル域旗　1903〜61

イギリス領モーリシャスから分離し、イギリスの直轄植民地となって制定された域旗。右に円形域章を配したイギリス青色船舶旗。

◆セーシェル共和国　1976〜77

1976年、イギリスよりセーシェル共和国として独立したときに制定された国旗。白い斜めの十字で青と赤を染めわけた対角四分割旗。青と赤は独立期の二大政党の色。また、歴史的に関係のふかいイギリスとフランスの国旗の色をとりこんだともいう。

◆セーシェル共和国　1977〜96

1977年のクーデターののち、白い波線で赤と緑に染めわけた新国旗に変更。ルネ大統領がひきいたセーシェル人民統一党旗が原型となっている。

自然　アフリカ大陸東部の沖合にありマダガスカル島の北東約1100kmのインド洋にうかぶ諸島からなる。小島が115あり、そのうちのマーエ島には人口の約80％が住んでいる。熱帯のモンスーン気候で一年中高温だが、6〜11月はしのぎやすい。「インド洋の真珠」とよばれ、おもにヨーロッパから多くの観光客がおとずれる。漁業もさかん。

歴史　7〜8世紀ころ、アラブ人が来航。16世紀にはポルトガル人もおとずれている。1742年にフランスから探検隊が派遣され、フランスの財務長官の名にちなんでセーシェルと名づけられた。1756年にフランスが領有を宣言するが、1794年にイギリス海軍が占領し、1814年からイギリスの植民地となる。

第二次世界大戦後の1976年、新憲法がさだめられ、イギリス連邦内の一国として独立。社会主義政権のセーシェル人民統一党（現セーシェル人民進歩党）のもと、一党独裁体制がしかれた。1993年に複数政党制をとりいれた総選挙がおこなわれ、同党が勝利をおさめ、政情は安定している。

セネガル共和国

首都：ダカール　面積：19.7万km²（日本の約半分）　人口：1585万人　公用語：フランス語

国旗比率2：3。マリ連邦としてフランスから独立したのち、そのマリ連邦から分かれた1960年8月より使用。希望と統一を表す緑の五角星を配した緑黄赤の縦三色旗。緑は発展への希望、黄は国の富、赤は独立闘争で流した血。

◆セネガル自治国国旗　1958〜59

セネガル社会党によるフランスからの独立運動が本格化し、1958年、フランス共同体の自治国となって制定された国旗。中央に黄色い五角星を配した緑旗。

◆マリ連邦　1959〜60

フランス領スーダン（現マリ）とマリ連邦を結成して国旗を制定。中央の人型はカナガという黒人像。1960年4月、マリ連邦はフランスから独立。

◆セネガンビア国家連合　1982〜89

1982年、ガンビアとセネガンビア国家連合を結成。連合旗は中央に白い五角星と2本の白い輪郭線をもつ緑青赤の縦三色旗。1989年に国家連合は解消する。

1965年より使用。赤地に力のシンボルである黄色いライオン、黄地にセネガル領土を表す緑のバオバブの木とセネガル川を表す緑の波線を描いた盾型紋章。盾の上に共和国のシンボルである緑の五角星、盾の下には星型の国民獅子勲章。リボンの文字は「一つの国民、一つの目標、一つの信念」。

自然　アフリカ大陸の西のはしにある。国土のほとんどが標高100m以下の低地で、北部は乾燥したステップ気候、南部はサバナ気候や熱帯雨林気候。産業は農業と漁業が中心。農業は落花生が有名、漁業はマグロやタコ、イカなどを輸出している。

歴史　1000年ころテクルール王国がおこり、イスラム教をうけいれた。15世紀半ば、ポルトガル人が渡来し、沿岸に交易地をきずいた。16世紀にオランダが南東沖のゴレ島を拠点に、奴隷貿易の積出港とした。17世紀にフランスとイギリスがあらそい、フランスの領有となる。内陸部ではイスラム教徒の小王国がフランスの侵攻に抵抗したが、1895年にフランスが全域を支配する。

マリとマリ連邦をくみ、第二次世界大戦後の1960年に独立するが、2カ月後に分離し、単独でセネガル共和国として独立をはたした。以後、サンゴール大統領の長期政権（〜1980年）のもとで国家の建設をすすめた。1982年にガンビアと合併してセネガンビア国家連合を発足させるが、1989年に解消。1980年代から南部のカザマンス地方で分離独立をめざす闘争がつづけられている。

Federal Republic of Somalia

ソマリア連邦共和国

首都：モガディシュ　面積：63.8万km²（日本の1.7倍）　人口：1474万人　公用語：ソマリ語・アラビア語

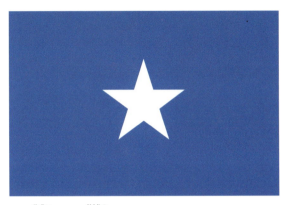

国旗比率2：3。独立する前の1954年より使用。中央に白い五角星を配した青旗。青と白は国連旗にちなみ平和を表す。ソマリア共和国からソマリア民主共和国、ソマリア連邦共和国と国名がかわっても継続して使用されている。

1956年より使用。国旗のデザインを入れた盾型紋章。五角星はソマリア人が住む5つの地域（旧イギリス領ソマリランド、旧イタリア領ソマリア、ジブチ、エチオピアのオガデン地方、北ケニア）を表す。左右には2頭のヒョウ、底部には白いリボンをつけ交差したヤシの葉と槍が描かれている。

◆イギリス領ソマリランド域旗　1903〜50

1903年にイギリス領ソマリランドの域旗が制定される。シカの一種クードゥーが描かれた域章を配したイギリス青色船舶旗。

◆イタリア領東アフリカ総督旗　1936〜41

1936年、イタリア領ソマリアはイタリア領東アフリカに編入される。王冠をつけた赤地に白十字のサボイ王家の紋章を配した総督旗を使用。

◆イギリス領ソマリランド域旗　1950〜60

1950年、イギリス領ソマリランドの域旗を変更。盾と槍、モスクの礼拝堂、ダウ船（木造帆船）と錨などを描いた新域章が配されている。

自然　アフリカ大陸の東のはしにある国。北部は砂漠や丘陵地帯で乾燥しているが、南部は平野が多く熱帯気候で高温多湿。おもな産業は牧畜と農業で、南部ではバナナ、サトウキビ、綿花などを栽培している。

歴史　10世紀ころにアラビア半島からソマリア人が移住し、イスラム王国が成立。沿岸部ではアラブ人が交易の基地をきずいた。19世紀後半、イギリス、イタリア、フランスなどが進出し、北部はイギリスの保護領になり、南部はイタリアの支配下におかれた。
　第二次世界大戦後の1960年、北部はソマリランドとして独立、南部も独立し、合体して国名をソマリア共和国とした。1969年にバーレ将軍がクーデターをおこして、社会主義路線を歩みはじめる。1988年に内戦がはじまり、1991年、ゲリラ組織の統一ソマリア会議が政府をたおしたが、内部の対立で無政府状態になる。1992年に国連が国連平和維持軍（PKO）を派遣するが、1995年に撤退。2000年に和平案が成立し暫定政権が発足。2012年、複数政党制をもりこんだ憲法を制定して、国名をソマリア連邦共和国にあらためた。

United Republic of Tanzania

タンザニア連合共和国

首都：ダルエスサラーム　面積：94.7万㎢（日本の2.5倍）　人口：5731万人　公用語：スワヒリ語・英語

国旗比率2：3。1964年より使用。2本の黄色い輪郭線をもつ緑黒青の斜めの三分割旗。タンガニーカとザンジバル両国の国旗の色をくみあわせた。緑は国土、黄は鉱物資源、黒は国民、青は海を表す。

1964年より使用。タンガニーカの国章を修正した盾型紋章。盾は4つに仕切られ、タンガニーカを表す黄地にオレンジ色のたいまつ、タンザニア国旗、赤地にザンジバルを表す交差した黄色い鍬と斧、青と白の6本の波線、中央に垂直に立つ黄色い槍が配されている。

◆ドイツ東アフリカ会社旗　1885～88

1884年にドイツはタンザニアの内陸部に進出し、翌年、保護領とし、ドイツ東アフリカ会社を設立。社旗は赤地にライオン、南十字星などを描いた白旗。

◆ドイツ東アフリカ総督旗　1891～1914

1890年に現タンザニア内陸部はドイツ領となり、翌年から総督旗を使用。プロイセンの黒ワシを中央に配した黒白赤の横三色旗。

◆イギリス領タンガニーカ域旗　1920～61

第一次世界大戦でドイツがやぶれ、現タンザニア内陸部はイギリス領タンガニーカになる。域旗はキリンの域章を配したイギリス赤色船舶旗。

◆タンガニーカ／タンガニーカ共和国　1961～62／1962～64

1961年、イギリスからタンガニーカとして独立し、制定。黄色い輪郭線を配した緑黒緑の横三分割旗。1962年に共和制になったのちも使用。

自然　大陸部のタンガニーカと、インド洋にうかぶザンジバル島とペンバ島からなる。内陸部は標高1000m以上の高原で、標高5895mのキリマンジャロ山がある。西部には、タンガニーカ湖やビクトリア湖が国境をなしている。沿岸部は高温多湿のサバナ気候で、高原は乾燥したステップ気候。農業が中心で、コーヒー豆や綿花などを栽培している。ダイヤモンドや金などの鉱産資源も豊富。

歴史　北部のオルドバイ渓谷では、175万年前の原人の骨が発見された。8世紀ころにアラブ人が来航して交易拠点をきずいた。19世紀になるとオマーンのスルタンが王国を建設し、象牙や奴隷の貿易をおこなった。やがてドイツやイギリスが進出。タンガニーカは1885年にドイツの保護領に、第一次大戦はイギリスの委任統治領となった。またザンジバルは1890年にイギリスの保護領になった。

第二次世界大戦後の1961年、タンガニーカが独立。1963年にザンジバルが独立し、翌年、統合されてタンザニア連合共和国が誕生した。1977年から社会主義路線をすすめたが、1986年、市場経済に移行。1992年に複数政党制をもりこんだ憲法を制定した。

◆ザンジバル・スルタン国　1856～96

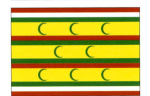

1856年、現タンザニア島嶼部にザンジバル・スルタン国が成立し、制定された国旗。8個の緑の三日月を配した赤白緑黄の横13縞旗。

◆ザンジバル人民共和国　1964.1.12～1.29

1964年、アラブ人に不満をもつアフリカ人がクーデターをおこし、ザンジバル人民共和国が成立。国旗は黒黄青の横三色旗。

◆ザンジバル・スルタン国　1963～64

1963年、イギリスからザンジバル・スルタン国として独立したときの国旗。中央に描かれているのは丁子（生薬・香料の原料となる植物）。

◆ザンジバル人民共和国　1964.1.29～6月

国旗を変更。左に白い縦縞を配した青黒緑の横三色旗。6月にはタンガニーカと統合され、タンザニア連合共和国が誕生。この国旗は短命におわった。

交易でさかえた島 ザンジバル

　大陸から少しはなれた海中にうかぶ島が、中継貿易の拠点としてさかえる例は、世界じゅうでよくみられる。大陸とは海でへだてられているので、大陸での争いがおよびにくく、またあらそっている勢力もその島を中立にたもつことで貿易の利益を得られるからである。

　ザンジバル島から300km南の同じタンザニアのキルワ島もそうした島で、南方のモノモタパ王国の金の積出港を支配して、インド洋貿易の中心地のひとつとなっていた。また、イランとアラビア半島をへだてるホルムズ海峡にうかぶケシュム島も、暑く乾燥した不毛の地であるにもかかわらず、中継貿易の基地としてさかえていた。

　ザンジバル島も、そうした島のひとつ。面積は大阪府より少し小さい1660㎢。インド洋交易でさかえ、アフリカ人、アラブ人、インド人などと、それらの混血の人びとが住んで、それらの文化がまじりあって独特のスワヒリ文化がつくられた。

　10世紀ころからイスラム商人らがアフリカ東海岸に進出し、モガディシュ（現ソマリア）、マリンディ（現ケニア）、モンバサ（同）、ザンジバル（現タンザニア）、キルワ（同）がさかえ、15世紀には中国の明の鄭和が大艦隊をひきいて、マリンディまで来航している。

　ザンジバルの町では、東南アジアの香辛料、アフリカの奴隷、インドの綿布などが取り引きされた。町並はいまだに古いアラブの伝統をのこし、石造建築物のつらなる旧市街は、世界遺産になっている。

ザンジバルの町　古いたたずまいがのこっている。

Republic of Chad

チャド共和国

首都：ンジャメナ　面積：128.4万km²（日本の3.4倍）　人口：1490万人　公用語：フランス語・アラビア語

国旗比率2：3。フランス共同体内の自治国に昇格した翌年の1959年に制定、1960年にチャド共和国として独立したのちも使用。青は空・希望・水、黄は太陽・砂漠、赤は進歩・統一・犠牲者を表す。ルーマニア国旗とよく似ているが、青が少し濃い。

1970年より使用。国旗カラーをつかった盾型紋章。8本の青黄の波線はチャド湖を表す。盾の上には新たなはじまりを表す赤い日の出、底部にはチャド共和国勲章、フランス語で「統一、労働、進歩」と記したリボン、左には北部地方を表すヤギ、右には南部地方を表すライオンを配している。

◆赤道アフリカ域旗　1910〜59

1910年、フランス領赤道アフリカに編入され、域旗が制定される。左上にフランス国旗、右に白い三日月と五角星を配した赤旗。1959年にチャド自治国の国旗が制定されるまで使用されていた。

チャド民族解放戦線

北部のイスラム教系勢力と南部のキリスト教系勢力が対立していたチャドでは、1965年、北部のイスラム勢力がチャド民族解放戦線を結成して、南部を優遇する政府に反抗した。15年におよぶ内戦のなかでは、民族解放戦線の分裂もみられたが、1966年に党旗をさだめている。

◆チャド民族解放戦線党旗

左に、緑のイスラム独特の三日月と五角星を配した、白赤青の横Y字の旗。

自然

アフリカ大陸中央部のやや北にある内陸国。北半分がサハラ砂漠で、南部は熱帯気候のサバナが広がる。農業では穀物や綿花の栽培。ヤギやヒツジ、ラクダなどの畜産もさかん。南部では石油開発がはじまった。

歴史

8世紀ころ、サハラ砂漠の交易路にあったチャド湖近くにカネム・ボルヌー王国がおこり、16世紀後半にさかえた。19世紀に入ると、南部を中心にフランスが進出し、1910年、全域をフランス領赤道アフリカの一部に編入した。

第二次世界大戦後の1960年に独立。主導権をにぎった南部のスーダン系非イスラム勢力と、北部のアラブ系イスラム勢力が対立。1965年に内戦に発展。1979年に和議がむすばれ、民族統一暫定政権が発足して、1982年、イスラム系の軍人が大統領についたが、リビアやフランスをまきこんで内戦はつづいた。1990年、北部の愛国救済運動のデビがクーデターで実権をにぎる。1996年に新憲法を制定し、複数政党制をとりいれた大統領選挙がおこなわれ、デビが大統領に就任。以後、長期政権がつづいているが、政情は不安定である。

Central African Republic

中央アフリカ共和国

首都：バンギ　面積：62.3万km²（日本の1.7倍）　人口：466万人　公用語：サンゴ語・フランス語

国旗比率2：3。1958年、フランス共同体内で中央アフリカ自治国に昇格して制定された国旗。1960年に中央アフリカ共和国として独立したのちも、帝制期（1976～1979年）も継続して使用された。赤は血、青は空、白は平和、緑は希望、黄は忍耐、星は未来を表す。

1963年より使用。中央アフリカ共和国として独立したのちに変更された国章。帝制期に廃止されたが、1979年に復活。盾型紋章で、中央に国の位置をしめす黒いアフリカ大陸と黄色い五角星を入れたアフリカの自由を表す赤い盾を配置。ほかに白ゾウの頭、バオバブの木、黒人の手などが描かれている。

◆赤道アフリカ域旗　1910～58

1910年、現在の中央アフリカ共和国にあたるフランス領ウバンギ・シャリがフランス領赤道アフリカに編入される。域旗は左上にフランス国旗、右に白い三日月と五角星を配した赤旗。

◆中央アフリカ帝国皇帝旗　1976～79

1976年、ボカサ大統領が帝制宣言をして皇帝についた。これにより、中央アフリカ帝国が成立。共和国時代の国旗が継続して使用されたが、新たに黄色い太陽と翼を広げたワシを配した皇帝旗が制定された。帝制は1979年に崩壊した。

自然　大陸のほぼ中央にある内陸国。ほとんどが標高600～1000mの高原。北部は熱帯の草原（サバナ）、南部は熱帯雨林が広がる。農業では綿花、コーヒー豆など。牧畜もさかん。ダイヤモンドや金も産出している。

歴史　19世紀半ばまで、部族の首長国がならびたっていた。19世紀後半にフランスが進出し、1894年に植民地とし、1910年にフランス領赤道アフリカの一部とした。

第二次世界大戦後の1960年、独立をはたし中央アフリカ共和国となる。1965年、ボカサ参謀総長がクーデターをおこし、実権をにぎり、1976年、国名を中央アフリカ帝国にかえ、みずから皇帝を名のり、独裁政治をおこなった。1979年、クーデターによりボカサは失脚。1981年、コリンバ参謀総長が実権をにぎり、一党体制をすすめる。1993年、中央アフリカ人民解放運動のパタセが大統領に。2003年のクーデターで、ボジゼ元国軍参謀長が大統領につく。2013年、反政府武装勢力のセレカが首都を制圧し、イスラム教徒のジョトディアが大統領になるが、その後も混乱はつづいている。

Republic of Tunisia

チュニジア共和国

首都：チュニス　面積：16.4万km²（日本の4割）　人口：1153万人　公用語：アラビア語

国旗比率2：3。1999年より使用。白い円内に赤い三日月と五角星を配した赤旗。長いあいだオスマン帝国に支配されていた。オスマン帝国の国旗がモチーフとなっており、19世紀から基本的なデザインはうけつがれている。

1989年より使用。盾型紋章。盾内のガレー船（人力でこぐ軍艦）、ライオン、天秤、上部の赤い三日月と五角星はチュニジア王国時代からうけつがれているが、体制の変化などで時代に応じてデザインが変更されてきた。中央のリボンにはアラビア語で「自由、秩序、正義」と記されている。

◆チュニス域旗　1574〜1793

1574年、オスマン帝国領チュニスとなる。域旗は青赤緑赤青の横5縞旗を使用。19世紀後半まではオスマン帝国の支配がつづく。

◆フサイン朝チュニス君侯国　1861〜1957

オスマン帝国から事実上独立したフサイン朝チュニス君侯国の首長旗。中央にズルフィカールという先端が二股の剣を配している。

◆チュニジア域旗　1881〜1956

1881年にフランスの保護領となる。域旗は左上にフランス国旗、中央に白い円に入った三日月と五角星を配した赤旗。

◆チュニジア王国／共和国　1956〜99

1956年にフランスよりチュニジア王国として独立し、制定された。1957年に共和制になっても使用。現国旗のデザインにちかいが三日月が少し短い。

自然　アフリカ大陸北部にあり、地中海に面している。北部は温暖な地中海性気候で、南部はサハラ砂漠につらなる。沿岸部はゆたかな土地が広がり、オリーブ、小麦、グレープフルーツなどを栽培。リン鉱石や原油などの鉱産資源も産出している。

歴史　紀元前9世紀ころから、フェニキア人の植民都市カルタゴがさかえた。紀元前146年、ローマ帝国とのポエニ戦争にやぶれ、以後はローマ、ビザンツ帝国などに支配される。7世紀にアラブ人が侵入し、以後、イスラム化がすすんだ。16世紀にはオスマン帝国の属領に。19世紀後半にフランスが進出し、1881年にフランスの保護領となる。
　第二次世界大戦後の1956年に独立し、翌年、共和制にうつる。初代大統領にブルギバがつくが、1987年、ベン・アリ首相がブルギバを解任し大統領になる。2011年、民主化をもとめるデモや暴動がおこり、ベン・アリは亡命（ジャスミン革命）。イスラム勢力と非イスラム勢力が対立すると、国内の主要な4つの団体が与党と野党の仲介をし、政治日程の計画（国民対話カルテット）を提示し、安定に向かった。

Republic of Togo

トーゴ共和国

首都：ロメ　面積：5.7万km²（九州＋四国）　人口：780万人　公用語：フランス語

国旗比率3：5。フランスから独立した1960年より使用。緑黄の横5縞旗。緑は希望・農業・森林、黄は国民の団結と鉱物資源、赤は独立闘争で流した血、白は平和・尊厳・知恵、五角星は自由と生命を表す。5つの縞は、国を構成する5地区を表す。

1962年より使用。楕円形紋章で、中心に国名の頭文字RTを記した黄色の盾、背後に交差した2本の国旗、上部にフランス語で「統一、平和、連帯」と記した白いリボン、両側には弓矢をもった2頭のライオン。弓矢は自由を愛するシンボル、ライオンは独立をまもる国民の警戒心を表す。

◆西アフリカ会社旗　1885〜1903

カメルーンとトーゴランドで活動したドイツ西アフリカ会社の社旗。赤い十字の中央の円内には黒ワシ。D、W、A、Gは社名の頭文字。

◆トーゴランド提案域旗　1914

1903年にドイツ領となり、1914年にドイツ領トーゴランドの域旗を提案。2匹のヘビとヤシの木のデザインは域章の盾部分よりとられた。

◆トーゴ自治国　1957〜58

第一次大戦後からフランスとイギリスによる支配がつづいたが、1957年にトーゴ自治国となり、国旗を制定。左上はフランス国旗。

◆トーゴ自治国　1958〜60

1958年に国旗を変更。2個の白い五角星を配した緑旗という基本のデザインはかわらないが、フランス国旗がとりのぞかれた。

自然　アフリカ大陸の西部、ギニア湾に面している国で、東西約100km、南北約500kmと細長い。南部は高温多湿の熱帯雨林気候、北部は乾燥したサバナ気候やステップ気候。農業が中心で綿花、カカオ豆、コーヒー豆などを栽培している。リン鉱石なども産出。

歴史　15世紀末にポルトガル人が来航し、以後、奴隷貿易の地となる。19世紀後半、ドイツが進出し、1884年にドイツ領トーゴランドとなる。第一次世界大戦後は、国際連盟の委任統治領となり、東部をフランスが、西部をイギリスが統治した。

　第二次世界大戦後の1957年、西部のイギリス領はガーナの一部として独立。東部のフランス領は1960年、トーゴ共和国として独立をはたした。1967年、北部出身のエヤデマ陸軍参謀長がクーデターをおこし大統領について軍政をしいた。1979年に民政になり、国会議員の選挙がおこなわれるが、トーゴ人民連合の一党支配がつづく。1991年、複数政党制がとりいれられたが、大統領選挙で当選したエヤデが、2005年に死去するまで大統領をつとめる。その後は、息子のニャシンベが大統領になった。

Federal Republic of Nigeria

ナイジェリア連邦共和国

首都：アブジャ　面積：92.4万km²（日本の2.5倍）　人口：1億9089万人　公用語：英語

国旗比率1：2。イギリス連邦の一員のナイジェリアとして独立した1960年より使用。緑白緑の縦三分割旗。緑は農業、森林、白は平和と統一を表す。1963年、国名を連邦共和国にあらためたのちも使用。

1978年より使用。黒い盾型紋章。盾内にニジェール川とベヌエ川の合流点を表すY字曲線、上部には力のシンボルである赤いワシ、台座には領土を表す国花アヤメ科コスタス・スペクタビリス、両側には国民の尊厳を表す白馬。底部のリボンには「統一と信頼、平和と進歩」と書かれている。

◆ベニン王国　1170～1893

1170年、南部ナイジェリアにベニン王国が成立。国旗は敵の首を刀で切る姿を描いた赤旗を使用。

◆ラゴス植民地域旗　1886～1906

1886年にイギリス領ラゴス植民地が成立。域旗はイギリス領西アフリカ植民地域旗の流れをくむデザインのイギリス青色船舶旗。

ビアフラの悲劇

200以上の部族がいるナイジェリアで、イボ人などがビアフラ共和国として独立をはかった。戦争がおわるまでに、100万人をこえる死傷者がでる悲劇となった。

◆ビアフラ共和国

中央にビアフラの11州を表す11の光線を放つ黄色の日の出の太陽を配した、赤黒緑の横三色旗。赤は同胞の血、黒は死者の悲しみ、緑は繁栄を表す。

自然　アフリカ大陸西部、ギニア湾に面している。ギニア湾岸は広大なデルタ地帯でマングローブ林が広がる。国土のほとんどが熱帯雨林気候。内陸は標高600～1000mの高原で、乾燥したサバナ気候やステップ気候。農業はヤムイモ、タロイモ、キャッサバ、落花生、カカオ豆などを栽培している。アフリカ最大の産油国で原油や天然ガスを産出。

歴史　12世紀ころにサハラ交易がさかんになり、北部にイスラム教が伝わる。南部ではベニン王国、東部ではヨルバ王国がさかえた。15世紀末にポルトガル人が来航し、以後、奴隷貿易をおこない、沿岸部は奴隷海岸とよばれた。19世紀後半はイギリスが進出し、1914年までに全域を保護領とする。第二次世界大戦後の1960年、イギリス連邦内の自治国として独立。1963年に共和制にうつった。1967年、イボ人を中心とする東部が分離独立を宣言し、内戦に突入（ビアフラ内戦）。1970年に内戦はおわったが、その後もクーデターがしばしばおこり政治は混乱。民族間の対立や、キリスト教徒とイスラム教徒の対立から暴動や武力衝突がおこっている。イスラム過激派によるテロ事件もあいついでいる。

Republic of Namibia

ナミビア共和国

首都：ウィントフック　面積：82.4万km²（日本の2.2倍）　人口：253万人　公用語：英語

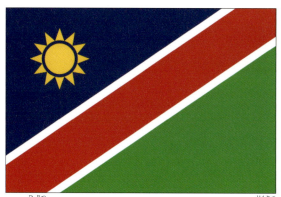

国旗比率2：3。南アフリカからナミビア共和国として独立した1990年より使用。左上に12本の黄色い光を放つ太陽を配し、白い輪郭線を入れた青赤緑の斜めの三分割旗。青は大西洋と水、白は平和と統一、赤は平等な社会をめざす国民の決意、緑は農業と天然資源を表す。

1990年より使用。国旗のデザインを配した盾型紋章。上部にはナミビアの未来を表すサンショクウミワシ、台座にはナミブ砂漠に分布するウェルウィッチア（この地固有の植物）、「統一、自由、正義」と記したリボン、両側には勇気と気品を表すオリックス（ウシ科の動物）を配している。

◆南西アフリカ提案域旗　1914

1884年にドイツ領南西アフリカが成立。1914年に域旗を提案。ダイヤモンドと角の生えた雄ウシの絵柄は域章の盾部分よりとられた。

◆南アフリカ連邦国旗　1914〜28

第一次世界大戦中に南アフリカ軍に占領される。白い円のなかに盾型国章を配したイギリス赤色船舶旗は当時の南アフリカ連邦の国旗。大戦後、南アフリカが統治する国際連盟委任統治領となっても使用。

◆南アフリカ連邦国旗　1928〜90

1928年に南アフリカ連邦が国旗を変更。南アフリカによる支配は戦後も長くつづき、1990年の独立までこの国旗がつかわれていた。

自然　大陸の南西部にあり、大西洋に面している。海岸にそってナミブ砂漠が、東部にはカラハリ砂漠があり、内陸部は高原である。ほとんどが乾燥したステップ気候や砂漠気候。ウシやヒツジの牧畜、エビやアジ、イワシなどの漁業がさかん。ダイヤモンド、ウラン、銅などの鉱産資源も多い。

歴史　15世紀末にポルトガル人が来航し、17世紀半ばにオランダ人が植民を開始。1884年にドイツの保護領となるが、1914年には南アフリカが占領し、1920年に南アフリカの国際連盟委任統治領となる。第二次世界大戦後も、南アフリカが自国の領土として統治をつづけた。

1966年、北部のオバンボ人を中心とする黒人解放勢力の南西アフリカ人民機構が、南アフリカの人種差別政策に反対し武力闘争をはじめると、国際連合はこの地を国連の管理下におくことを決定し、1968年にナミビアとよぶことをさだめた。南アフリカはこれをみとめず統治をつづけるが、南西アフリカ人民機構は闘争を強めて、1990年に独立を達成。ヌジョマ議長が大統領にえらばれた。

ニジェール共和国

Republic of Niger

首都：ニアメ　面積：126.7万km²（日本の3.4倍）　人口：2148万人　公用語：フランス語

国旗比率6：7。1959年より使用。1958年にフランス共同体内の自治国となり、翌年に制定され、1960年の独立後も継続して使用されている。中央に太陽を表すオレンジの円を配したオレンジ白緑の横三色旗。オレンジはサハラ砂漠、白は希望と純粋さ、緑はニジェール川に接する南西部の草地を表す。

1962年より使用。緑の盾型紋章。盾内は、中心に黄色い太陽、周囲にトゥアレグ人（サハラ砂漠西部で活動するベルベル人系の遊牧民）の交差した剣と垂直に立てた槍、トウモロコシ、スイギュウの頭。底部にはフランス語で国名を記した白いリボン、盾の背後には交差した4本の国旗が配されている。

◆西アフリカ総督旗　1922～58

1898年にフランス領となり、1922年にフランス領西アフリカに編入される。総督旗は左上にフランス国旗を配した青色燕尾旗。

砂漠を行くラクダの隊商

サハラ砂漠の南側の、ニジェール川流域から東のチャド湖付近にかけては、ソンガイ王国（15世紀半ば～16世紀）やカネム・ボルヌー王国（8世紀～19世紀半ば）がさかえ、イスラム商人が交易で活躍していた。

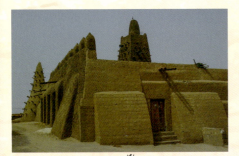

トンブクトゥのモスク　現マリ共和国のトンブクトゥは、岩塩と金の交易都市としてさかえた。

自然　アフリカ大陸の西部に広がる内陸国。サハラ砂漠の南部にあり、国土の約3分の2が砂漠。南部はサバナで、比較的雨が多い。ニジェール川流域は農業がさかんで落花生や米、トウモロコシ、綿花などを栽培している。ウシやヒツジ、ヤギ、ラクダの牧畜もさかん。ウランやスズを産出している。

歴史　ニジェール川流域では15～16世紀にソンガイ帝国がさかえ、17～19世紀にトゥアレグ・プール人が支配した。19世紀後半にフランスが進出して、1922年にフランス領西アフリカの一部となる。

第二次世界大戦後、独立運動が高まり、1960年に独立。1969～74年に大干ばつにみまわれて、政権への不満から、1974年にクーデターがおこり、軍政がしかれた。1989年、新憲法が成立し民政にうつる。翌年、複数政党制をとりいれるが、その後もクーデターがおこり、1999年に大統領が暗殺されるなど、政情は不安定になる。1990年ころから、北部のトゥアレグ人の武装集団による反政府ゲリラの活動がつづいている。

ブルキナファソ

Burkina Faso

首都：ワガドゥグー　面積：27.3万km²（日本の7割）　人口：1919万人　公用語：フランス語

国旗比率2：3。オートボルタ共和国で軍事クーデターがおき、国名がブルキナファソにあらためられた1984年より使用。中央に黄色い五角星を配した赤緑の横二色旗。赤は革命、緑は農業と天然資源、黄は国の富、五角星は国をみちびく光を表す。

◆西アフリカ総督旗　1904〜59

1898年にフランス領オートボルタ（ボルタ川上流域）となり、1904年にフランス領西アフリカに編入される。総督旗として左上にフランス国旗を配した青色燕尾旗が使用された。

◆オートボルタ自治国／共和国　1959〜84

1958年、フランス共同体内のオートボルタ自治国に昇格し、翌年に国旗を制定。黒白赤の三色は国内を流れる黒ボルタ川、白ボルタ川、赤ボルタ川を表す。1960年、オートボルタ共和国として独立後もこの国旗を継続して使用。

1997年より使用。白い盾型紋章。中央に国旗をデザインした盾、背後に国家の防衛を表す2本の交差した槍、盾の上に国名を記したリボン、盾の下に知識・教育を表すひらかれた本、左右に国民の気品を表す白馬、底部にはフランス語で「統一、進歩、正義」と記されたリボン、トウモロコシを配している。

自然

アフリカ大陸西部にある内陸国で、国土のほとんどが草原地帯。南部は熱帯のサバナ気候で、一年中高温がつづく。北部は半乾燥のステップ気候で雨は少ない。農業が中心で、トウモロコシ、米、アワ、落花生、綿花などを栽培している。ウシやヒツジの牧畜もさかん。金やマンガンを産出している。

歴史

古くはガーナ王国やマリ王国の一部であった。19世紀末にモシ人の王国がフランスの保護領とされ、1904年、フランス領西アフリカの一部となる。

第二次世界大戦後、独立運動がすすめられ、1960年、オートボルタ共和国として独立。1966年以降、しばしばクーデターがおこり、1983年に左派の民族革命評議会のサンカラが政権をにぎり、翌年、国名をブルキナファソ（「高潔な人びとの国」の意味）とあらためた。1987年のクーデターにより、コンパオレが実権をにぎり、1991年に大統領にえらばれる。1992年、複数政党制のもとで選挙がおこなわれ民政にもどる。以後、コンパオレは2014年に辞任するまで大統領をつづけるが、政情は不安定である。

Republic of Burundi

ブルンジ共和国

首都：ブジュンブラ　面積：2.8万km²（福島県の2倍）　人口：1086万人　公用語：キルンジ語・フランス語

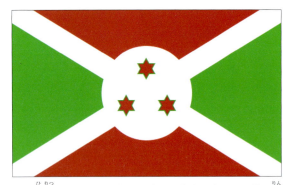

国旗比率3：5。1982年より使用。中央の白い円に緑の輪郭線をもつ3個の赤い六角星を配し、白いX字で仕切られた対角四分割旗。原型は1962年にベルギーより独立したときに制定された国旗。赤は独立へのたたかい、緑は希望、白は平和を表す。3個の星は主要民族であるフツ人、ツチ人、トゥワ人を表す。

1966年より使用。軍事クーデターによって王制が崩壊し、共和制に移行するのにともなって新たに制定された。赤い盾型紋章で、なかに黄色いライオンの頭、盾の背後に3本の槍、底部にフランス語で「統一、労働、進歩」と記された白いリボンを配している。

◆東アフリカ総督旗　1890～1914

1890年、ドイツ領東アフリカの一部となる。総督旗は中央に黒い翼を広げた王冠なしのプロイセンのワシを配した黒白赤の横三色旗。

◆ルアンダ・ウルンディ域旗　1959～62

1946年、ベルギー信託統治領ルアンダ・ウルンディとなり、1959年に域旗を制定。カリエンダという伝統的な赤白の太鼓と小麦を配した紫の旗。

◆ブルンジ王国　1962～66

1962年、ベルギーより独立してブルンジ王国となる。中央にカリエンダ太鼓とサトウモロコシ（砂糖がとれる植物）、白いX字を配した赤緑の対角四分割旗。

◆ブルンジ共和国　1966～67

共和制になり、ブルンジ共和国が成立したときの国旗。白い円内から太鼓がとりのぞかれた。

自然

アフリカ大陸中央部のやや南よりにある内陸国。国土のほとんどが標高1400～1800mの高原にあるため、赤道の近くにありながら、すずしくてしのぎやすい。農業が中心で、コーヒー豆、茶、キャッサバ、綿花などを栽培。金やスズも産出している。

歴史

15～16世紀に、牧畜民のツチ人が侵入して農耕民のフツ人を支配し、ブルンジ王国をたてる。1890年にドイツの保護領に、1922年にベルギーの委任統治領になる。

第二次世界大戦後の1962年、ブルンジ王国として独立。1966年、共和制に。1972年、少数派のツチ人の支配に対して、多数派のフツ人が反乱をおこし、約1万人のツチ人が殺された。その仕返しとして、約10万人のフツ人が殺された。その後もクーデターがおこり、政情は不安定に。1993年に複数政党制のもとでの大統領選挙でフツ人の大統領が誕生したが、3カ月後にツチ人の部隊に暗殺された。その後、内戦状態に。国際連合の平和維持軍の活動により、2005年に新憲法を制定し、2006年に停戦。内戦のあいだに約30万人が死亡した。

Republic of Benin

ベナン共和国

首都：ポルトノボ　面積：11.5万㎢（日本の３割）　人口：1118万人　公用語：フランス語

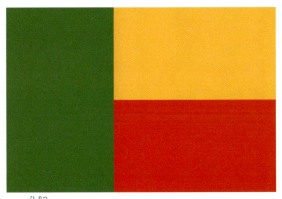

国旗比率２：３。1990年に、ベナン人民共和国の社会主義政権が崩壊し、複数政党制をとりいれて、ベナン共和国が成立。初めダホメ自治国国旗として1959年に制定され、1975年まで使用されていた緑黄赤の横Ｔ字旗が国旗にもどされた。

1990年より使用。この国章が最初に制定されたのはダホメ共和国時代の1964年で、1975～1990年のベナン人民共和国では廃止されていたが、ベナン共和国成立とともに復活した。白い盾型紋章で、盾内にはダホメ王国ソンバ城、ベナン黒星勲章、ヤシの木、黒い帆船が描かれている。

◆ゲゾ国王旗　1818～59

17世紀にダホメ王国が成立。1818年には王国のゲゾ国王旗が制定される。中央に王冠をかぶったゾウと赤いふちどりを配した白旗。

◆ダホメ自治国／共和国　1959～75

1958年、フランス共同体内のダホメ自治国となり、国旗を制定。緑は希望と再生、黄は国の富、赤は祖先の勇気を表す。1960年にダホメ共和国として独立しても使用。

◆ベナン人民共和国　1975～90

1975年、ベナン人民革命党により社会主義体制のベナン人民共和国が成立し、新たに国旗を制定。左上に赤い五角星を配した緑旗。緑は農業、赤は革命、五角星は団結を表す。

自然　大陸の西部、ギニア湾に面している。南北に細長く、沿岸部は低地で熱帯雨林気候、内陸部は丘陵で、サバナ気候や乾燥帯のステップ気候。収入の多くは、綿花関連とコトヌー港の港湾サービス業がしめている。農業はトウモロコシ、ヤムイモ、キャッサバ、綿花などを栽培し、パーム油の生産も多い。

歴史　15世紀ころ、ヨーロッパ人が渡来し、おもにフランス人が沿岸に奴隷貿易の基地をたてた。沿岸は奴隷海岸とよばれた。17世紀、フォン人が形成したアボメイ王国（のちのダホメ王国）が奴隷貿易でさかえた。1894年にダホメ王国はフランスの植民地になり、1904年にフランス領西アフリカの一部となる。

第二次世界大戦後の1960年、ダホメ共和国として独立するが、1963年から５度も軍事クーデターがおこり、政情は不安定に。1974年にケレク少佐が実権をにぎって社会主義国家の建設を宣言し、翌年、国名をベナン人民共和国とあらためる。1980年に民政になり、1990年、複数政党制をとりいれた新憲法を制定し、国名をベナン共和国にあらためた。

Republic of Botswana

ボツワナ共和国

首都：ハボローネ　面積：58.2万km²（日本の1.5倍）　人口：229万人　公用語：英語

国旗比率2：3。1966年にボツワナ共和国として独立したときより使用。2本の白い輪郭線を配した青黒青の横三分割旗。青は水と雨、黒と白は人種の融和を表す。

1966年より使用。カラハリ砂漠の砂を表す白い盾型紋章。盾内には工業を表す3個の歯車、川を表す3本の青い波線、牧畜を表すウシの頭、盾の左右には象牙とモロコシをかかえた2頭のシマウマ。底部のリボンにはツワナ語で「雨」と記されており、水の重要性をしめしている。

◆ゴセン共和国　1882～83

1882年にオランダ系ブール人が入植し、ゴセン共和国が成立。左側に緑の縦帯を配した黒白赤の横三色旗を国旗に制定。

◆ステラランド共和国　1882～83

1882年にステラランド共和国が成立し、国旗を制定。中央に白い五角星と国章を配した緑旗。国章にはハジロショウノガンの足をもつ腕、五角星、天秤、白い魚を刺した剣が描かれている。

◆ステラランド連合共和国　1883～84

1883年、ゴセン、ステラランド両国を併合してステラランド連合共和国が成立。国旗は中央に白い八角星を配した緑赤の縦二色旗。

自然　アフリカ大陸の南部にある内陸国。国土のほとんどを標高1000m前後のカラハリ砂漠がしめている。東部は草原地帯で、北部に湿地帯がみられ、野生動物の保護区チョベ国立公園がある。ウシやヒツジ、ヤギの牧畜がさかんで、牛肉を輸出。ダイヤモンドやニッケル、銅などの鉱産資源にめぐまれている。

歴史　狩猟採集のサン人（ブッシュマン）が住んでいたこの地に、17世紀ころ、ツワナ人が住みつき、18世紀、ツワナ首長国をたてた。1835年、南からオランダ系移民のブール人が侵入してくると、ツワナ王のカーマ3世はイギリスに保護をもとめ、1885年にイギリスの保護領ベチュアナランドとなる。1910年には南アフリカ駐在のイギリス高等弁務官の管轄のもとに入る。

第二次世界大戦後の1962年、カーマ3世の孫のセレツェ・カーマがベチュアナランド民主党（のちのボツワナ民主党）を結成して、独立運動をすすめ、1966年にイギリス連邦内のボツワナ共和国として独立。カーマが初代大統領につき、複数政党制のもとで政権をにぎる。多数派の黒人と少数派の白人との融和をすすめ、政情は安定している。

Republic of Madagascar

マダガスカル共和国

首都：アンタナナリボ　面積：58.7万km²（日本の1.6倍）　人口：2557万人　公用語：マダガスカル語・フランス語

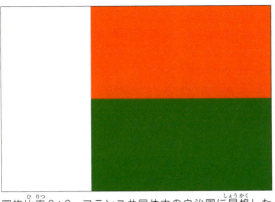

国旗比率2：3。フランス共同体内の自治国に昇格した1958年より使用。共和国として独立したのち、民主共和国、さらに共和国と国名をあらためてもつかわれた。左に白い縦帯を配した白赤緑の横T字旗。白は純粋さ、赤は主権、緑は希望を表す。

1998年より使用。黄色い円形紋章。中央の白い円に赤い地図、背後に7枚の緑のタビビトノキ（マダガスカル原産のバナナに似た植物）と8本の赤い太陽光線、下部に赤いコブウシ（家畜牛の一種）の頭と稲田、緑の稲穂のリース、「祖国、自由、進歩」と記したリボンを配している。

◆メリナ王国　1817〜85

16世紀、中央高地に成立していたメリナ王国が1817年に国旗を制定。白赤の横二色旗。白と赤はマダガスカル人にとって伝統的な色で、現国旗にも採用されている。

◆マダガスカル域旗　1885〜96

1885年、フランスがメリナ王国を保護国とする。フランス保護領マダガスカル域旗は赤い三日月を配した青白赤の横三色旗。メリナ王国は1896年に滅亡し、フランス領となった。

自然　アフリカ南東部の沖合のインド洋上にうかぶ島国で、世界で4番目に大きい島。西側はゆるやかな平野で乾燥したサバナやステップ気候、東側は熱帯雨林気候である。この国にしかいないキツネザルやカメレオンなどの固有種が多くみられる。農業が中心で、バニラ、コーヒー豆、米、サトウキビなどを栽培。漁業もさかんで、エビなどを輸出している。

歴史　1世紀ころ、東南アジアのボルネオ島からマレー系の民族が移住。9世紀ころからアラブ人が進出し、大陸のアフリカ人を奴隷として入植させた。1500年、ポルトガル人が来航。17世紀半ばにフランスが要塞をたてた。18世紀末にはメリナ王国が島の大半を支配した。1885年、メリナ王国はフランスの保護国となる。

　第二次世界大戦後の1960年、フランス共同体内の共和国として独立。1975年に最高革命評議会のラチラカが政権をにぎり、国名をマダガスカル民主共和国とあらためて社会主義路線をすすむ。1992年に自由主義路線に転換し、憲法を改正して、国名をマダガスカル共和国にあらためた。

Republic of Malawi

マラウイ共和国

首都：リロングウェ　面積：11.8万km²（日本の3割）　人口：1862万人　公用語：チェワ語・英語

国旗比率2：3。2012年より使用。1964年にイギリスよりマラウイとして独立したときに制定され、2010年までつかわれた。2010～2012年は変更されたが、2012年に復活。赤い半分の太陽はアフリカの自由と希望の夜明け、黒はアフリカ人、赤は犠牲者の血、緑は国土の自然を表す。

1964年より使用。1966年に自治国マラウイから共和制にうつったあとも継続して使用されている。盾型紋章で、盾内は上からマラウイ湖をしめす青白4本の波線、赤地に黄色いライオン、黒地にアフリカの自由の夜明けをしめす黄色ののぼる太陽。盾の上には兜かざり、魚をくわえたサンショクウミワシなどが描かれている。

◆ニヤサランド保護領域旗　1907～14

1907年、イギリスの中央アフリカ保護領がニヤサランド保護領にあらためられた。コーヒーの木を描いた円形バッジを配した域旗のイギリス青色船舶旗は、中央アフリカ保護領の時代（1893～1907年）にひきつづき、継続して使用された。

◆ニヤサランド保護領域旗　1914～53

1914年に域旗を変更。岩山に立つヒョウ、白い波からのぼる日の出がデザインされた域章が右側に配されたイギリス青色船舶旗。

◆マラウイ共和国　2010～12

2010年に国旗を変更。独立したときに制定した赤い半円の太陽から独立後の国の発展をしめす白い円の太陽に。色順も赤黒緑となった。赤は独立に命をささげた人びとの血、黒は国民、緑は自然を表す。

自然　アフリカ大陸の南東部にある内陸国。南北に細長く、国土のほとんどが標高500m以上の高原にある。北部は熱帯のサバナ気候で、南部は温帯気候。東側にアフリカで3番目に大きいマラウイ湖がある。農業が中心で、茶、タバコ、綿花、サトウキビ、コーヒー豆などを栽培している。

歴史　16世紀ころからマラビ王国がさかえ、その後、ポルトガル人やアラブ人が進出して奴隷貿易をおこなう。1859年、イギリスの宣教師で探検家のリビングストンがマラウイ湖を探検。以後、イギリスが進出し、1891年にイギリスの保護領となった。

第二次世界大戦後の1953年、南ローデシア（現在のジンバブエ）、北ローデシア（現在のザンビア）とともにローデシア・ニヤサランド連邦を形成するが1963年に脱退、翌年にイギリス連邦内の自治国マラウイとして独立。国名のマラウイは「ゆらめく炎」を意味する。1966年、共和国となり、バンダが政権をにぎりマラウイ会議党による独裁がつづく。1993年、国民投票により複数政党制をとりいれる。翌年、大統領選挙と総選挙がおこなわれた。

Republic of Mali

マリ共和国

首都：バマコ　面積：124万km²（日本の3.3倍）　人口：1854万人　公用語：フランス語

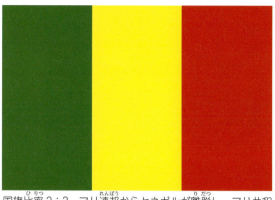

国旗比率2：3。マリ連邦からセネガルが離脱し、マリ共和国となった1960年の翌年より使用。汎アフリカ色をつかった緑黄赤の縦三色旗。緑は肥沃な土地、黄は鉱物資源、赤は独立闘争で流した血を表す。

◆サモリ帝国旗　1878～92

1878年、イスラム国家サモリ帝国の領土となる。帝国旗は左の赤い三角形内に赤い菱形をもつ白い七角星を配した青水色白の横三色旗。

◆スーダン自治国　1958～59

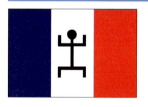

1958年、フランス共同体内のスーダン自治国に昇格する。中央に黒いカナガという人の像を配したフランス国旗をつかう。

◆マリ連邦　1959～60

1959年、となりの国セネガルとマリ連邦を結成し、中央にカナガを配した緑黄赤の縦三色旗を国旗に制定。フランスからは連邦として独立。

◆西アフリカ諸国連合旗　1961～63

1961年、ガーナ、ギニアの国家連合である西アフリカ諸国連合に参加。連合旗の中央に配された3個の五角星は参加3カ国を表す。1963年に解体。

1973年より使用。青い円形紋章で、黄色い日の出、2個の弓矢、15世紀のソンガイ王国の中心都市ジェンネのモスク、上部にグレーのハゲタカが描かれ、まわりをかこむ帯には上部にフランス語の国名、底部にフランス語の「一つの国民、一つの目標、一つの信念」という標語が記されている。

自然　アフリカ大陸の西部にある内陸国。ニジェール川の北部はサハラ砂漠の一部。ニジェール川にそった地域に農地が広がり、人口が集中している。南部は熱帯のサバナ気候、中部はやや乾燥したステップ気候、北部は砂漠気候。農業が中心で、綿花、米、サトウキビなどを栽培している。ヒツジやヤギ、ウシの牧畜もさかん。金や岩塩なども産出している。

歴史　7～13世紀にガーナ王国がさかえ、11世紀ころイスラム教が伝わる。13～15世紀にマリ王国が、15～16世紀にはソンガイ王国がさかえ、イスラム文化が開花した。16世紀末～19世紀にはモロッコが支配する。19世紀後半、フランスが進出し、1892年にフランスの植民地となる。

第二次世界大戦後の1959年、セネガルとともにマリ連邦を結成し独立したが、翌年、分離してマリ共和国となる。社会主義路線をすすめるが、1968年にトラオレが軍事クーデターをおこし、1979年に民政にうつる。1992年、複数政党制をとりいれた初の総選挙と大統領選挙がおこなわれた。2012年、トゥアレグ人の武装勢力が北部を支配するとフランス軍が介入して、2015年に和平協定がむすばれた。

南アフリカ共和国

Republic of South Africa

首都：プレトリア　面積：122.1万km²（日本の3.2倍）　人口：5672万人　公用語：英語・ズールー語など

国旗比率2：3。1994年より使用。マンデラ大統領による黒人政権の発足にともない制定。白と黄の輪郭線をもつ黒赤緑青の横Y字旗。Y字は多様な南アフリカ社会の統一など。

2000年より使用。ベージュの盾型紋章。太鼓の形をしており、盾のなかにコイサン岩絵にみられる手をとって向きあう人物、盾の上に国の防衛と権威を表す交差した槍と投げ棒、緑の国花プロテア、翼を広げたヘビクイワシ、知識、判断力、再生を表す日の出などを配している。

◆ バタビア共和国国旗　1803～06

1803年、イギリスが占領していたケープを、ナポレオン支配下のバタビア共和国（オランダ）が植民地とし、国旗を使用した。

◆ ナタール植民地域旗　1870～75

1843年、イギリスの侵攻によりブール人の国ナタール共和国が崩壊し、イギリス領ナタール植民地に併合される。1870年に域旗を制定。

◆ ケープ植民地域旗　1876～1910

1876年にイギリス領ケープ植民地の域旗が制定された。域章を配したイギリス青色船舶旗。

◆ ケープからカイロ旗　1890

アフリカ全土で展開された南北のラインで植民地を拡大するイギリスの縦断政策を表す旗。右側がケープ、左側がカイロをしめす。中央にはイギリス国旗。

自然　アフリカ大陸の南のはしにある国。内陸には標高1000m前後の高原が、北西にはカラハリ砂漠が広がる。農業がさかんで、トウモロコシ、小麦、サトウキビ、ブドウなどを栽培。ワインの産地としても有名。金やダイヤモンド、マンガン、ニッケルなどの鉱産資源も豊富で、アフリカ第一の工業国でもある。

歴史　1488年、ポルトガルの航海者バルトロメオ・ディアスが喜望峰に到達した。17世紀半ばにはオランダ人がケープ植民地をひらいた。1814年、イギリスがケープ植民地を入手すると、ブール人は北にのがれ、1852年にトランスバール共和国を、1854年にオレンジ自由国をたてた。ダイヤモンドや金が見つかると、イギリスは南アフリカ（ブール）戦争（第2次、1899～1902年）をおこして、この地域を支配。1910年、イギリス連邦内の自治領南アフリカ連邦が結成された。

　第二次世界大戦後、少数の白人が支配をつづけるため、有色人種を差別するアパルトヘイト政策がすすめられた。これに対しアフリカ民族会議の抵抗や国際社会の批判により、1991年、この政策は廃止された。1994年の選挙で黒人のマンデラが大統領にえらばれた。

◆トランスバール植民地域旗　1906〜10

1902年、南アフリカ戦争でイギリスが勝利し、トランスバール共和国は滅亡。1906年にライオンの図柄を配した植民地の域旗が制定される。

◆オレンジ・リバー植民地域旗　1907〜10

南アフリカ戦争でオレンジ自由国がほろび、イギリス領オレンジ・リバー植民地に。1907年にトピカモシカの図柄を配した域旗を制定。

◆南アフリカ連邦　1910〜12

1910年にイギリス連邦内の自治領として南アフリカ連邦が成立し、国旗が制定される。右側に国章の盾部分を配したイギリス赤色船舶旗。

◆南アフリカ連邦　1928〜61

1928年に国旗を変更。中央に国の歴史を表すイギリス、オレンジ自由国、トランスバール共和国の国旗をならべたオレンジ白青の横三色旗。

オランダ移民 ブール人の国ぐに

ブール人（ボーア人）とはオランダ語で「農民」の意味。17世紀半ば、オランダ人が南アフリカ南部にケープ植民地をひらいたが、19世紀前半にイギリスが占領し、ブール人は内陸部へ追われていった。

1838年、移民たちはヨハネスブーグの近くにポチェフストルームという都市を建設。また東海岸ぞいにナタール共和国を建設したが、1843年にイギリス領になる。

イギリスに追われたブール人は1852年にトランスバール共和国を、1854年にはオレンジ自由国を建設した。その後、両国でダイヤモンドや金が発見されると、イギリスが併合。1880年、ブール人は独立をもとめて戦い（第1次ブール戦争）、独立を回復した。さらに1886年、金鉱が発見されると、またもイギリスが介入、1899年、第2次ブール戦争（南アフリカ戦争）がはじまった。ブール人はゲリラ戦を展開したが、1902年、イギリス軍にやぶれ、両国とも占領された。1910年、南アフリカ全域がイギリス連邦の自治領となった。

◆ポチェフストルーム国　1837〜60

ヨハネスブーグ西南西の国。国旗は、白い輪郭線をつけた赤い対角線の帯を配した青旗。

◆ナタール共和国　1839〜43

1838年建国。インド洋に面する東部の国。国旗は、オランダ国旗の赤白青をつかった3つの三角形からなる。

◆オレンジ自由国　1854〜1902

オレンジ川上流の北部の内陸国。左上にオランダ国旗を配した白とオレンジの横7縞旗。オレンジの縞は、オレンジ川を表す。

◆トランスバール共和国　1857〜1902

1852年建国。プレトリアを中心とした北部の国。左にゆたかさを表す緑の縦帯を配した赤白青の横三色旗。赤は自由のために流された血、白は純潔、純粋な目的、青は青空。

The Republic of South Sudan

南スーダン共和国

首都：ジュバ　面積：65.9万km²（日本の1.7倍）　人口：1258万人　公用語：英語

国旗比率1：2。2011年より使用。黄色い五角星がなかにある青い三角形を左に配し、白い輪郭線を入れた黒赤緑の横三色旗。黒は国民、赤は自由のために流された血、白は独立でかちとった自由、緑は国土、青はナイル川、黄は国民と国家をみちびく星を表す。スーダン人民解放運動の党旗がもとになっている。（➡95ページの「国旗コラム」）

◆コンゴ自由国飛び地ラド域旗　1894～1910

1894年、現在の南スーダンの一部のコンゴ自由国飛び地ラドを、ベルギーのレオポルド2世がイギリスから借り、域旗を制定。黄と青の配色はコンゴ自由国と同じ。

◆スーダン共和国　1956～70

1956年に南部をふくむスーダンがイギリス、エジプトの支配から独立し、スーダン共和国となる。国旗は青黄緑の横三色旗。青はナイル川、黄は砂漠、緑はゆたかな地方を表す。

◆スーダン民主共和国　1970～2011

軍事クーデターを経て、1970年にスーダン民主共和国が成立。1985年にスーダン共和国と国名をあらためたのちも継続して使用。

この国旗は現在のスーダン共和国の国旗として使用されている。

2011年より使用。胸に茶色の盾と国家防衛と勤勉を表す交差した槍とスコップ、足元に英語国名を黒字で記した茶色いリボンと英語で「正義、繁栄、自由」と記した白いリボンをつけたサンショクウミワシ。南スーダンに生息するこの鳥は洞察力、力強さ、回復力、尊厳を表している。

自然　アフリカ大陸の中央部にある内陸国。白ナイル川が南北に流れ、その流域には広大な湿原が広がる。南部には標高3000m級の山地がそびえる。南部は熱帯雨林気候、中部はサバナ気候、北部は砂漠気候。北部の油田が国の経済をささえている。農業はトウモロコシ、モロコシ、落花生などを栽培。ウシやヒツジ、ヤギの牧畜もさかんである。

歴史　1877年にイギリスが南スーダンを占領し、1899年にイギリスとエジプトによる共同統治領になる。第二次世界大戦後の1947年、南北スーダンが合併するが、アラブ系のイスラム教徒が多い北部と、アフリカ系のキリスト教徒や伝統的宗教を信仰する者が多い南部は対立していた。1956年、共和国として独立するが、前年の1955年に南部で反乱がおこり、内戦に突入（第1次スーダン内戦）。1972年に内戦はおわるが、1983年にイスラム法がとりいれられると、南部でゲリラ活動がはげしくなり、ふたたび内戦に（第2次スーダン内戦）。2005年に南北の和平が成立し、2011年に南部は南スーダン共和国として独立。スーダンとの国境紛争などがやまず、また国内の諸勢力も対立し、政情は不安定である。

Republic of Mozambique

モザンビーク共和国

首都：マプト　面積：79.9万km²（日本の2.1倍）　人口：2967万人　公用語：ポルトガル語

国旗比率2：3。1983年より使用。2本の白い輪郭線を入れた緑黒黄の横三色旗。左の赤い三角形のなかに黄色い五角星、ひらかれた本、ライフル銃と鍬を配している。人民共和国時代に制定され、1990年にモザンビーク共和国と国名をあらためても使用。

1990年より使用。円形紋章。黄色い歯車のなかに茶色のモザンビークの地図と海、ひらかれた本、交差したライフル銃と鍬、背景に日の出、上部に赤い五角星を配している。外側をかこむのはサトウキビとトウモロコシ。1985年に制定された国章から下部の国名がモザンビーク共和国に変更されたもの。

◆モザンビーク会社旗　1891～1941

1891年、イギリス資本の勅許会社モザンビーク会社にポルトガルが自治権をあたえ、左上にポルトガルの国旗を配した社旗が制定された。

◆モザンビーク提案旗　1967

1967年、ポルトガル領モザンビークの提案旗を制定。ポルトガルの国旗の右下部分にモザンビークの域章を配したもの。

◆モザンビーク人民共和国　1974～75

1960年代に独立運動が活発になり、独立前年の1974年に国旗を制定。独立をみちびいたモザンビーク解放戦線の党旗と同じデザイン。

◆モザンビーク人民共和国　1975～83

1975年に独立をはたし、あらためて国旗を制定。デザインや配色は現国旗と共通するが、横三色旗ではなく斜帯旗となっている。

自然　アフリカ大陸南東部にあり、モザンビーク海峡に面している。中央をザンベジ川が横切り、北部は高原で、南部は平野が広がる。ほとんどが熱帯のサバナ気候で一年中高温である。内陸部は乾燥したステップ気候。農業が中心で、トウモロコシ、サトウキビ、綿花、タバコなどを栽培している。天然ガスや石炭なども産出。工業はアルミニウムの精錬がさかん。

歴史　15世紀ころ、ショナ人のモノモタパ王国が海岸地方を支配していた。1498年にポルトガルの航海者バスコ・ダ・ガマが来航。ポルトガルが進出し、1629年に支配権を得て、奴隷貿易がおこなわれる。

第二次世界大戦後の1952年に、独立をもとめるモザンビーク解放戦線が結成されて、1964年から武装闘争をはじめ、1975年にモザンビーク人民共和国として独立した。一党制による社会主義路線をすすめるが、反政府勢力とのあいだで内戦に。1990年、複数政党制をとりいれた新憲法が成立、国名をモザンビーク共和国とした。1992年、和平が成立。

Republic of Mauritius

モーリシャス共和国

首都：ポートルイス　面積：0.2万km²（大阪府よりやや広い）　人口：127万人　公用語：英語

国旗比率2：3。1968年より使用。赤青黄緑の横四色旗。赤は独立闘争、青はインド洋、黄は独立による新しい光、緑は農業を表す。イギリス連邦の一員モーリシャスとして独立したときに制定。1992年に共和制にうつったのちも継続して使用。

1906年より使用。イギリス領時代の域章がそのまま国章となり、独立後も継続して使用。盾のなかにはガレー船（人力で櫂をこぐ軍艦）、ヤシの木、赤い鍵、白い五角星と三角形が描かれている。左はドードーという鳥、右はスイロク（大型のシカ）で、ともにサトウキビをかかえている。

◆モーリシャス域旗　1869～1906

イギリスに占領され、1814年イギリス領モーリシャスとなる。1869年に域旗を制定。右側に域章を配したイギリス青色船舶旗。

◆モーリシャス域旗　1906～23

1906年に域旗が変更される。新たに制定された域章を配したイギリス青色船舶旗。この域章は現在も国章として使用されている。

◆モーリシャス域旗　1923～68

1923年、ふたたび域旗を変更。域章部分をかこんでいた白い円がとりのぞかれた。1968年の独立までこの域旗がつかわれた。

自然　マダガスカル島の東方のインド洋上にうかぶモーリシャス島やロドリゲス島などいくつかの島からなる。モーリシャス島は3つの火山があり、サンゴ礁にかこまれている。熱帯雨林気候で、9～11月の雨季は大量の雨がふる。サトウキビや茶を栽培し砂糖を生産している。繊維産業も発展。リゾート地で観光業ものびている。

歴史　10世紀にアラブ人が、15世紀にはマレー人が来航。さらに1507年にはポルトガル人が上陸。本格的な入植はオランダ人が最初で、1598年にインド洋航路の中継地として占領し、のち、総督のマウリッツにちなんでモーリシャスと名づけた。1715年、オランダにかわりフランスが占領。1815年にイギリス領となり、インド人を入植させ、サトウキビのプランテーションがひらかれた。

　第二次世界大戦後の1968年、イギリス連邦内の王国として独立。議会はインド系、クレオール系（ヨーロッパ系とアジア系・アフリカ系の混血）、イスラム系などことなる民族を基盤とする政党からなる。1992年に新憲法がさだめられ、王制から共和制にかわった。

Islamic Republic of Mauritania

モーリタニア・イスラム共和国

首都：ヌアクショット　面積：103.1万㎢（日本の2.7倍）　人口：442万人　公用語：アラビア語

国旗比率2：3。2017年より使用。中央に黄色い五角星と上向きの三日月、フランスからの独立闘争で流した血を表す赤い横帯を上下に配した緑旗。自治国に昇格した翌年の1959年に制定された国旗が原型。

1960年より使用。円形印章型紋章。なかに黄色い五角星と上向きの三日月、白いナツメヤシの木とキビの穂が描かれている。周囲のグレーの帯には緑の文字でアラビア語とフランス語の国名が記されている。

◆西アフリカ総督旗　1920～58

20世紀初頭にフランス人の入植がはじまり、1904年にフランスの植民地に。1920年にはフランス領西アフリカに編入された。左上にフランス国旗を配した青い燕尾旗のフランス領西アフリカ総督旗が1958年に自治国に昇格するまで使用された。

◆モーリタニア・イスラム共和国　1960～2017

1958年にフランス共同体内の自治国に昇格し、翌年、現国旗の原型となる国旗を制定。1960年にモーリタニア・イスラム共和国として独立したのちもこの国旗が継続して使用されていたが、2017年に国民投票によって現国旗に変更されることになった。

自然　アフリカ大陸の西のはしにあり、大西洋に面している。国土のほとんどがサハラ砂漠で、セネガル川流域と西海岸に平野がひらけている。南部の一部と海岸ぞいをのぞき、雨はほとんどふらない。おもな産業はヒツジやヤギ、ウシの牧畜。農業はバナナ、トウモロコシ、米などの栽培。タコやイカなど漁業もさかん。鉄鉱石や金などを産出している。

歴史　8世紀ころからガーナ王国の一部をしめ、11世紀ころ、北アフリカのベルベル人がムラービト朝をおこした。北アフリカと南アフリカの交易をおこなう隊商のための都市が各地にひらかれる。17～18世紀にはアラブ人の首長国がおこり、アラブ人とベルベル人の混血によるモール人ができあがる。19世紀にフランス人が入植し、1904年にフランスの保護領となる。

第二次世界大戦後の1958年、フランス共同体内の自治共和国となり、1960年に独立。1978年のクーデターで軍事政権に。1991年、複数政党制をもりこんだ新憲法が制定され、大統領選挙がおこなわれるが、その後もクーデターがおこり、民政と軍政をくりかえしている。

モロッコ王国

首都：ラバト　面積：44.7万km²（日本の1.2倍）　人口：3574万人　公用語：アラビア語・ベルベル語

国旗比率2：3。1956年より使用。中央に古代に由来する幸福のシンボルである緑の五線星形のソロモンの印章を配した赤旗。1915年に制定された国旗をフランス、スペインから独立したときに復活させた。

1957年より使用。黄色いふちかざりのついた赤い盾型紋章。なかに領土を表すアトラス山脈を背景に青空からのぼる王国を表す黄色い太陽、緑の五線星形。上部に五線星形をつけた王冠、底部に「神を助ければ、神も汝を助ける」と書かれたリボン、左右に国王の権威を表すライオンが配されている。

◆サード朝モロッコ王国　1549〜1660

サード朝の国旗は中央にルブ・エル・ヒズプという2つの正方形を重ねたイスラムのシンボルと、黄色のふちどりを配した赤旗。

◆アラウィー朝モロッコ王国　1666〜1912

1666年にアラウィー朝が国家を統一。無地の赤旗を国旗として使用した。

◆フランス領モロッコ域旗　1919〜56

1912年からフランスとスペインの分割統治となる。フランス領モロッコ域旗は王国国旗の左上にフランス国旗を配したもの。

◆スペイン領モロッコ域旗　1937〜56

1937年にスペイン領モロッコの域旗が制定される。左上の白い輪郭線入りの緑地に白いソロモンの印章を配した赤旗。

自然　アフリカ大陸の北西のはしにある国。東西にアトラス山脈がはしる。山脈の南側はサハラ砂漠につながる乾燥気候で、北部の海岸ぞいは地中海性気候。海岸部では農業がさかんで、小麦、ブドウ、トウモロコシ、オリーブなどを栽培している。タコ、イカなどの漁業もさかん。リン鉱石、銅、亜鉛などを産出し、衣料品や食料品、自動車などの工業も発展している。

歴史　古代にはフェニキアやローマが植民市を建設していた。7世紀にアラブ人のウマイヤ朝が攻めいり、イスラム教を広める。8世紀後半以降はイスラム諸王朝が興亡をくりかえし、1660年、現在の王朝につながるアラウィー朝が成立。19世紀になるとスペインやフランスが進出し、ドイツとの抗争のすえ、1912年に大部分がフランス領に、一部がスペイン領となる。

第二次世界大戦後の1956年、フランス、スペインからモロッコ王国として独立。1962年、立憲王国になる。治安はおだやかだったが、2011年に民主化をもとめるデモが活発になり、国王の権限を縮小する憲法改正がなされた。

リビア

Libya

首都：トリポリ　面積：167.6万km²（日本の4.4倍）　人口：638万人　公用語：アラビア語

国旗比率1：2。2011年より使用。中央に白い三日月と五角星を配した赤黒緑の横三色旗。カダフィ政権が崩壊したのち、国名をリビアにもどし、国旗もリビア連合王国として独立したときのものにもどした。赤はフェザン、黒はキレナイカ、緑はトリポリタニア地方、三日月と星はイスラムを表す。

2015年より使用されているパスポート用の仮国章。金色の三日月と五角星を配したもの。正式な国章は2018年時点ではまだ決められていない。

◆トリポリ域旗　1842～76

18世紀初め、いったんオスマン帝国の支配からはなれるが、1835年にふたたびオスマン帝国の支配下におかれる。1842年にオスマン領トリポリの域旗が制定される。赤緑白の横7縞旗。

◆リビア連合王国　1951～69

1951年にイタリアからリビア連合王国として独立したときに制定。1963年にリビア王国に改称したのちも継続して使用。これが現在の国旗として復活している。

◆リビア・アラブ共和国　1969～72

1969年、カダフィのクーデターにより王制が廃止され、国名はリビア・アラブ共和国に。国旗は汎アラブ色を使った赤白黒の横三色旗。

◆社会主義リビア・アラブ国　1977～2011

1977年、人民主権確立宣言がなされ国名を変更。国旗も新たに制定。緑一色はカダフィが理想とする「緑の革命」を表す。2004年に大リビア・アラブ社会主義人民ジャマーヒリーヤ国と改称したのちも使用。

自然　アフリカ大陸の北部にあり、地中海に面している。国土のほとんどがリビア砂漠で乾燥している。海岸地域は地中海性気候で、人口が集中している。1950年代に油田が開発され、輸出のほとんどを原油がしめている。小麦やナツメヤシなどを栽培。

歴史　古代からフェニキア人、ギリシャ人、ローマ人が入植し、市がさかえていた。7世紀、アラブ人が進出しイスラム教を広める。以後はイスラム王朝が興亡をくりかえし、16世紀にオスマン帝国の支配下に入る。1911年にイタリアがリビアに侵攻し、翌年、イタリアの植民地となる。

第二次世界大戦後の1951年、ムハンマド・イドリースを国王とするリビア連合王国として独立。1969年にカダフィ大佐らによるクーデターがおこり、イスラム教にもとづく社会主義国家の建設をめざし、欧米諸国の石油施設を国有化した。

2000年代に穏健路線にきりかえ、アメリカとも国交を正常化する。2011年、民主化をもとめる反政府デモがおこり、内戦に発展、アメリカ軍などの空爆がおこなわれ、カダフィ政権は崩壊した。

Republic of Liberia

リベリア共和国

首都：モンロビア　面積：11.1万km²（日本の3割）　人口：473万人　公用語：英語

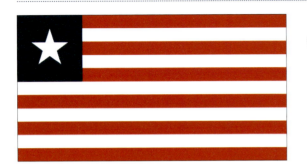

国旗比率 10：19。1847年より使用。アフリカ最初の黒人共和国であるリベリア共和国が成立したときに制定された国旗。左上の青地に白い五角星を配した赤白の横11縞旗。アメリカ合衆国の国旗がモデルであることは明らか。

1963年より使用。解放された奴隷をアメリカから乗せてきた白い帆船、アメリカ植民協会からの放棄宣言書をくわえた平和の白いハト、国家の誕生を表す日の出、繁栄を表すヤシの木、鋤とシャベルが描かれている。上部のリボンには「自由への熱愛が我らをここにみちびいた」と記されている。

◆**リベリア連邦国旗　1839～47**

1822年、アメリカ植民協会が解放した奴隷のための入植地を建設し、1839年にリベリア連邦が成立。連邦では、1827年よりつかわれていたアメリカ植民協会旗（左上の青地に白十字を配した赤白の横13縞旗）を継続して使用。

自然　アフリカ大陸の西のはしにあり、大西洋に面している。国土の3分の2は熱帯雨林気候。内陸部はサバナ気候で草原が広がる。天然ゴム、米、コーヒー豆、カカオ豆などを栽培。鉄鉱石などを産出している。

歴史　15世紀ころ、ポルトガル人が来航し、コショウの交易がおこなわれたことから、「胡椒海岸」とよばれた。1822年にアメリカから解放された奴隷が送られてきて、植民を開始。1847年、解放奴隷の子孫たち（アメリコ・ライベリアン）がおさめるリベリア共和国として独立。1980年に先住民のドゥ曹長らによるクーデターがおこり、アメリコ・ライベリアンによる長期支配はおわる。1989年、アフリカ人同士の対立から内戦になり、2003年に和平が成立。この内戦で約27万人が死亡した。

奴隷貿易

奴隷貿易は、ポルトガル人がブラジルや西インド諸島の砂糖農場ではたらかせるため、アフリカ人を奴隷としておくったのが初めである。ついでヨーロッパ各国も参入。火器や装飾品・酒などをアフリカに運び、黒人の王を相手にこれらの品と奴隷を交換し、南北アメリカに向かった。

奴隷貿易は19世紀末までつづいたが、この間に奴隷としておくられたアフリカ人は、1500万人とも4000万人ともいわれる。

首かせをつけられた奴隷を描いたガーナの壁画。

Republic of Rwanda

ルワンダ共和国

首都：キガリ　面積：2.6万km²（長野県の約2倍）　人口：1221万人　公用語：キニヤルワンダ語・英語・フランス語

国旗比率2：3。2001年より使用。右上に24の光線をもつ太陽を配した青黄緑の横三色旗。青は幸福と平和、黄は労働による経済成長、緑は繁栄への希望、太陽は統一、透明性などを表す。

2001年より使用。円形紋章。中央に籠と青い歯車、おもな産物のサトウモロコシ（砂糖がとれる植物）とコーヒー、両側に2個の部族の盾、上部に黄色い太陽と国名が記されたリボン、外側には産業の発展をしめす緑の輪。底部のリボンには「統一、労働、祖国、国家」と記されている。

◆ コンゴ域旗　1916～24

第一次世界大戦でドイツがやぶれ、ベルギー領コンゴの属領となる。1924年までコンゴ属領域旗を使用。中央に黄色い五角星を配した青旗。

◆ ルワンダ共和国　1961～62

1959年にルワンダ王国が自治権を獲得。1961年には王制が廃止されルワンダ共和国が成立し、緑黄赤の縦三色旗を国旗に制定。

◆ ルワンダ共和国　1962～2001

1962年にベルギーから正式に独立。新国旗の中央に配された国名の頭文字Rは、同時に革命、国民投票、共和国をも意味する。赤は自由をもとめる闘いで流された血、黄は平和、緑は希望と信頼を表す。

自然　アフリカ大陸の東部にある内陸国。国土のほとんどが高原なので、赤道の近くにあるにもかかわらず、気候は温和でしのぎやすい。農業が中心で、コーヒー豆、茶、小麦、サトウキビなどを栽培。スズやタングステンなどを産出している。

歴史　14世紀ころ、北から牧畜民のツチ人が移住し、多数の農耕民のフツ人を支配してルワンダ王国をつくった。1889年にドイツの保護領となり、第一次世界大戦後の1924年にベルギーの委任統治領となる。

第二次世界大戦後の1961年、総選挙がおこなわれフツ人の政党が圧勝し、翌年、王制を廃してルワンダ共和国として独立した。1990年、ウガンダに亡命していたツチ人によるルワンダ愛国戦線が北部に侵攻し、内戦に突入。1994年にルワンダの大統領とブルンジの大統領（ともにフツ人）が乗った飛行機が撃墜されると、フツ人の強硬派兵士がツチ人やフツ人の穏健派を虐殺。犠牲者の数は80万人以上といわれる。これに対し、ルワンダ愛国戦線が反撃して全土を制圧。新政権を発足させて民族間の和解をすすめている。

Kingdom of Lesotho

レソト王国

首都：マセル　面積：3万km²（岩手県の約2倍）　人口：223万人　公用語：英語・ソト語

国旗比率2：3。2006年より使用。中央に黒いバソト帽（国のシンボルの伝統的な帽子）を配した青白緑の横三色旗。青は雨、白は平和、緑は繁栄、黒はアフリカ大陸を表す。

2006年より使用。濃い茶色の盾型紋章。盾のなかに王家を表す青いワニ、背後に交差した槍と棍棒、ダチョウの羽根かざり、両側には2頭のポニーを配している。台座は緑のターバブトソア山。底部の茶色いリボンにはソト語で「平和、雨、繁栄」と記されている。

◆バストランド域旗　1951〜66

1868年、バソト王国はブール人の侵入に対抗するため、イギリスに保護をもとめ保護領に。1951年にイギリス領バストランドの域旗が制定される。ワニ、2束の小麦、ヒツジが描かれた域章の盾部分が白い円内に配されたイギリス青色船舶旗。

◆レソト王国　1966〜87

1959年に自治権を獲得し、1966年、イギリスからレソト王国として独立。白いバソト帽、左に緑赤の縦縞を配した青旗。

◆レソト王国　1987〜2006

1986年、クーデターで軍事政権が成立し、翌年、国旗を変更。左上に茶色い伝統的な盾、交差した槍と棍棒を配した白青緑の斜めの三分割旗。

自然　アフリカ大陸南部の内陸国で、四方を南アフリカ共和国にかこまれている。国土は標高1400m以上のドラケンスバーグ山脈のなかにある。気候は温暖な温帯気候。美しい風景にめぐまれ、「天空の王国」とよばれる。大麦・小麦の栽培のほか、牧畜もさかん。南アフリカに電力を輸出している。

歴史　サン人が住んでいたこの地域に、16世紀ころソト人が移住し、19世紀前半に王国をつくった。オランダ系入植者のブール人が進出してきたため、国王はイギリスに保護をもとめ、1868年にイギリス領バストランドとなる。

第二次世界大戦後の1950年代末ころから、独立運動が高まり、1966年にイギリス連邦内のレソト王国として独立したが、国王と首相が対立し、国王はオランダに亡命した。1986年に軍部がクーデターをおこし、帰国した国王を国家元首とする軍事政権をうちたてるが、国王は政府と対立し、1991年にふたたびイギリスに亡命。王位をついだ長男のレツィエ3世が1994年にクーデターをおこして議会の停止などを宣言すると、抗議デモがおこるなど、政情は不安定になる。

ヨーロッパ

Europa

Republic of Iceland

アイスランド共和国

首都：レイキャビク　面積：10.3万km²（本州の半分）　人口：34万人　公用語：アイスランド語

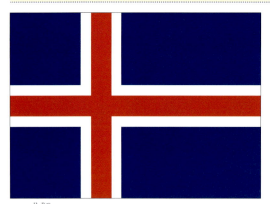

国旗比率18：25。1944年より使用。国民投票によりデンマークからアイスランド共和国として完全に独立したときに制定された。白い輪郭線を入れた赤いスカンディナビア十字を配した青旗。1918年に制定された国旗と似ているが、青が濃くなっている。

1944年より使用。国旗のデザインを配した盾型紋章。白いパホイホイ溶岩（縄模様になっている溶岩）の台の上に立つのは、赤い杖をもった南東部の守護神である巨人、南西部の守護神の雄ウシ、盾の上には北東部の守護神ドラゴン、北西部の守護神の大鳥。王国時代の国章には盾の上に王冠が配されていたが、この変更によりとりのぞかれた。

◆ノルウェー領アイスランド域旗　1262～1380

1262年、ノルウェーによる統治がはじまり、域旗が制定される。銀色の斧を手に立ち上がる王冠をかぶった黄色いライオンを配した赤旗。

◆デンマーク領アイスランド域旗　1809～74

1380年からデンマークの統治下におかれる。1809年に域旗を制定。左上に3匹の干しタラを逆三角形にならべた青旗。アイスランドを代表する最初の旗。

◆デンマーク領アイスランド域旗　1874～97

1874年に域旗を変更。中央に白いハヤブサを配した青旗。

◆アイスランド王国　1918～44

1918年、デンマークとの同君連合の枠内でアイスランド王国として独立。国旗を制定。現在のアイスランド共和国国旗にちかいが青がやや薄い。

自然　北大西洋の北緯65度前後の高緯度にある島国。南部は北大西洋海流の影響で、高緯度のわりにあたたかいが、北部は寒帯のツンドラ気候である。国土は海洋プレートが生まれる大西洋中央海嶺の上にあり、火山や温泉が多い。ギャオというプレートの裂け目がみえるところもある。産業はタラやニシンの漁業や水産加工業がさかん。電力は水力発電が約70％、地熱発電が約30％と、再生可能エネルギーの利用がすすんでいる。

歴史　9世紀にノルマン人やケルト人がわたってきて植民をはじめる。アルシンギという世界最古の民主議会がひらかれた。13世紀、ノルウェー領となり、14世紀にはデンマークのカルマル連合の支配下に入る。

1918年、デンマーク国王を元首とする連合国をつくる。第二次世界大戦中はイギリス軍とアメリカ軍が進駐する。1944年、アイスランド共和国として独立。1980年、直接選挙で世界初の女性大統領にフィンボガドティルがえらばれた。2009年の世界金融危機で経済が破綻するが、回復に向かっている。生活レベルが高く社会福祉が充実している。

Ireland

アイルランド

首都：ダブリン　面積：7.0万km²（北海道の9割）　人口：476万人　公用語：アイルランド語・英語

国旗比率1:2。1922年より使用。緑白オレンジの縦三色旗。緑はケルトの伝統、カトリック教徒、オレンジはオレンジ公ウィリアムの支持者、プロテスタント、白は両者の融合、平和を表す。自治領アイルランド自由国時代から継続してつかわれている。

1945年より使用。1937年にイギリス連邦の自治領であったアイルランド自由国をエール共和国にあらため、エール共和国時代の1945年に国章が制定された。青い盾型紋章で、なかに金色の竪琴が配されている。1949年に完全独立してアイルランド共和国になるが、この国章が現在も継続してつかわれている。

◆アイルランド民族旗　1641

1641年、アイルランドで反乱がおきたときにつかわれた民族旗。中央に黄色い天使のかざりのついた竪琴（オニール・ハープ）を配した緑旗。

◆イングランド共和国領アイルランド域旗　1649～51

クロムウェルがアイルランドに攻めいってイングランド共和国領アイルランドとなり、域旗を制定。左にイングランド旗、右にオニール・ハープを配した青旗。

◆イングランド共和国領アイルランド域旗　1653～58

1653年に域旗を変更。四分割旗で、左上・右下にイングランド旗、右上にスコットランド旗、左下にオニール・ハープの青旗、中央はクロムウェルの紋章。

◆グレートブリテン連合王国領　1801～1919

1801年、イギリスがアイルランドを併合。左上にイギリス国旗、右にオニール・ハープを配した緑旗をつかった。

 イギリスのグレートブリテン島の西にあるアイルランド島の6分の5をしめる国。国土の約70％が平地で湖が多い。北大西洋海流の影響で、冬でも比較的あたたかい。農業は小麦や大麦、ジャガイモなどを栽培し、ウシやヒツジの牧畜もさかんである。

紀元前5世紀ころにケルト人が移住し、5世紀ころにキリスト教をうけいれた。12世紀にノルマン人に征服され、イングランドの支配下に入る。17世紀には土地の3分の2がイングランドの地主のものとなり、1801年にイギリス（グレートブリテン王国）に併合される。1840年代後半、大ききんがおこり、100万人以上のアイルランド人が移民としてアメリカにわたった。

1922年に南部の26州がアイルランド自由国として独立するが、北部の6州はイギリス領にとどまる。1949年、自由国はイギリス連邦から脱退し、アイルランド共和国となる。1973年、ヨーロッパ共同体（EC、現在のEU）に加盟。1970年代にキリスト教のプロテスタントが多数をしめる北部6州で、カトリック住民とプロテスタント住民が対立し、テロや紛争がおこるが、1998年に和平をむすぶ。

Republic of Albania

アルバニア共和国

首都：ティラナ　面積：2.9万km²（四国地方の1.5倍）　人口：293万人　公用語：アルバニア語

国旗比率5：7。1992年より使用。1991年、社会主義体制から共和制にうつり、翌年に国旗を制定。中央に翼を広げた黒い双頭のワシを配した赤旗。1946年に制定された国旗にあった社会主義を表す黄色い輪郭線が入った赤い五角星がとりのぞかれた。

2002年より使用。黄色いふちどりをした赤い盾型紋章。中央に描かれているのは国旗にもつかわれている黒い双頭のワシ。その頭上には、金色のスカンデルベグのヤギの角をつけた戦闘用のヘルメットが配されている。スカンデルベグは、15世紀にオスマン帝国軍をやぶったアルバニアの英雄である。

◆アルバニア国　1912～14

第1次バルカン戦争の結果、1912年にアルバニア国としてオスマン帝国から独立。白い六角星と黒い翼を広げた双頭のワシを配した暗赤旗の国旗を制定。

◆アルバニア公国　1914～20

1914年、ドイツからビルヘルム・ピート公をむかえて、アルバニア公国が成立。中央に白い五角星と雷電をつかむ黒い双頭のワシを配した暗赤旗。

◆アルバニア公国　1920～25

1920年、アルバニア公国の国旗が変更された。白い五角星と黄色い雷電がとりのぞかれ、黒い双頭のワシの大きさやデザインも修正されている。

◆アルバニア共和国　1925～28

1925年、アフメト・ベイ・ゾグが共和制を宣言し、アルバニア共和国が成立。新たに制定された国旗は中央に黒い双頭のワシを配した暗赤旗。

自然　バルカン半島の西部にあり、アドリア海に面している。沿岸部は地中海性気候で、冬は温暖で雨が降り、夏は高温で乾燥している。山岳部は冬に雪が降る。農業が中心で、小麦やトウモロコシ、ブドウ、オリーブなどを栽培している。クロム、銅、ニッケルなどの鉱産資源も産出。電力はほとんどを水力発電でまかなっている。

歴史　紀元前4世紀ころにイリュリア人が建国。紀元前2世紀、ローマにほろぼされ、その支配下に入る。4世紀末、ビザンツ帝国の一部となる。15世紀にオスマン帝国に支配され、その支配は400年以上にわたった。

1912年にオスマン帝国からの独立がみとめられ、1914年にアルバニア公国となる。その後、1925年に共和国に、1928年に王国になる。1939年にイタリアに併合され、のちドイツ軍に占領される。1944年になると、共産党が政権をにぎり、1946年にアルバニア人民共和国が成立し、一党独裁制がしかれる。1990年に複数政党制をとりいれ、翌年、国名をアルバニア共和国にあらためた。

◆アルバニア王国　1928～39

1928年、ゾグ大統領がみずから国王になり、アルバニア王国にあらためた。国旗はスカンデルベグのヘルメットをかぶった黒い双頭のワシを配した赤旗。

◆イタリアの占領下　1939～43

1939年、ファシスト政権のイタリアがアルバニア全土に進駐。アルバニアとの同君連合のかたちをとり、イタリア国王が国王についた。国旗も変更。

◆ドイツの占領下　1943～44

第二次世界大戦中、イタリアが降伏すると、ドイツがアルバニアに進駐。スカンデルベグのヘルメットをかぶった黒い双頭のワシを配した赤旗に変更。

◆社会主義臨時政府　1944～46

1944年、パルチザンとソ連の赤軍がドイツ軍をやぶり、社会主義臨時政府が成立。国旗は左上に黄色い鎌とハンマー、中央に黒い双頭のワシを配した赤旗。

◆アルバニア人民共和国　1946～91

1946年、王制を廃止して社会主義体制となり、アルバニア人民共和国に。中央に黄色い輪郭線の赤い五角星と黒い双頭のワシを配した赤旗。1976年に国名を社会主義人民共和国にあらためたのちにもつかわれた。

国旗コラム

教えて！ 苅安先生

北ヨーロッパ諸国に多い「スカンディナビア十字」旗

「スカンディナビア十字」とは、十字を左側にちかいところに入れた旗で、十字はキリスト教を表しています。13世紀にデンマーク王国でこの十字旗がつかわれはじめ、同じヨーロッパのノルウェーやスウェーデン、フィンランドの国旗にも、このデザインがとりいれられていきました。

デンマーク領から独立したアイスランドもこのスカンディナビア十字を国旗に採用していますが、同じデンマーク領で現在は自治領のグリーンランド域旗（下段右）だけはデザインがちがいます。1980年に域旗を決めるとき、本国のようなスカンディナビア十字旗か、現行の域旗かで議論になりました。そして十字にすると本国の旗に似すぎてしまうので、本国国旗の2色をとりいれた今の旗に決まりました。グリーンランドの人たちは親しみをこめて「われらの旗」とよんでいます。

◆アイスランド共和国

◆デンマーク王国

◆フィンランド共和国

◆スウェーデン王国

◆ノルウェー王国

◆グリーンランド域旗

アンドラ公国

Principality of Andorra

首都：アンドラ・ラ・ベリャ　面積：470km²（金沢市程度）　人口：8万人　公用語：カタルーニャ語

国旗比率7：10。1996年より使用。中央に国章を配した青黄赤の縦三色旗。青はフランス、赤はスペイン、黄はローマ・カトリックを表す。長いあいだフランスとスペインのウルヘル司教の共同統治下にあったが、1993年に独立国家となっている。

1996年より使用。盾型紋章で、左上には共同元首であるウルヘル司教を表す赤地に白と黄の司教の冠と黄色い司教の杖、右上には共同元首であったフランスのフォワ伯爵家の紋章から黄地に3本の赤い縦縞、左下にはスペイン・カタルーニャ州の紋章である黄地に4本の赤い縦縞、右下にはフランスのベアルン子爵家の紋章で、黄地に2頭の赤ウシ。

◆アンドラ公国　1806～66

17世紀初めに、フランスのアンリ4世の命令によりアンドラ公国が成立。1806年に変則的な共和制がとりいれられ、黄赤の縦二分割の国旗が制定された。

◆アンドラ公国　1866～1931

1866年にアンドラ公国の国旗を変更。青黄赤の縦三色旗となった。中央に国章が配されていないことをのぞけば、現国旗と同じデザイン。

◆アンドラ公国　1931～34

1931年に国旗が変更された。青黄赤の横三色旗になった。

◆アンドラ公国　1934～39

1934年に国旗を変更。中央に王冠を配した青黄赤の横三色旗となった。

自然　フランスとスペインの国境をはしるピレネー山脈の谷間にある内陸国。国土のほとんどが山地で、最高峰は標高2946m。気候は温帯の地中海性気候だが、冬は雪が多く降る。関税がかからないので外国から多くの買物客がおとずれる。収入の多くは観光業、ほかにサービス業や金融業。耕地はわずかで、ウシやヒツジの牧畜がおこなわれている。

歴史　9世紀の初め、フランク国王ルイ1世が、スペインの小都市ウルヘルの司教に主権をゆずり、ウルヘル伯領が成立した。10世紀、ウルヘル司教とフランスのフォア伯爵が統治をめぐってあらそい、1278年に両者による共同統治となる。フォア伯爵の権限は、のちにフランス国王にひきつがれる。

1970年、普通選挙をとりいれる。1982年、首相をえらび、司法と立法を分ける。1993年、国民が主権をもつとする新憲法が制定され、国家として独立し、フランス大統領とウルヘル司教が象徴的な共同元首となる。

700年前のくらしがのこる南部のマデリウ・ペラフィタ・クラーロル渓谷は世界遺産に登録されている。

United Kingdom of Great Britain and Northern Ireland

イギリス （グレートブリテン及び北アイルランド連合王国）

首都：ロンドン　面積：24.2万㎢（日本の3分の2）　人口：6618万人　公用語：英語

国旗比率1:2。1801年より使用。イングランドの聖ジョージ旗、スコットランドの聖アンドリュース旗、アイルランドの聖パトリック旗をくみあわせた旗。グレートブリテン及びアイルランド連合王国が成立したときに制定されたもの。

1952年より使用。四分割の盾型紋章。盾内の左上と右下はイングランドを表す赤地に3頭の黄色いライオン、右上はスコットランドを表す黄地に立ち上がる赤いライオン、左下はアイルランドを表す青地に黄色い竪琴。盾の左にはイングランドを表す王冠をかぶった黄色いライオン、右にはスコットランドを表す鎖につながれた白いユニコーン。

◆イングランド王国　1277～1606

1277年、イングランド王国が国旗として聖ジョージ旗を採用。中央に赤十字を配した白旗。この国旗が1606年まで継続してつかわれた。

◆イングランド・スコットランド同君連合　1606～49

1603年にイングランドとスコットランドの同君連合が成立し、1606年に国旗を制定。聖ジョージ旗と聖アンドリュース旗をくみあわせたユニオン・フラッグ旗。

◆イングランド共和国　1649～51

1649年、クロムウェルがアイルランドを攻めおとし、イングランド共和国が成立。国旗を制定。左にイングランド旗、右にアイルランド旗をくみあわせる。

◆イングランド共和国　1651～53

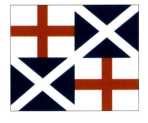

1651年、イングランド共和国の国旗を変更。左上と右下にイングランド旗、右上と左下にスコットランド旗を配した四分割旗。

自然　ヨーロッパ大陸北西部の大西洋上にあるグレートブリテン島と、アイルランド島北東部および周辺の島じまからなる。国土のほとんどが標高の低い丘陵地にある。気候は全体が温帯の西岸海洋性気候で、緯度が高いわりにはあたたかい。農業は小麦や大麦、ジャガイモなどを栽培し、酪農や牧畜もさかん。羊毛の生産も多い。北海油田からは原油や天然ガスを産出。工業はエレクトロニクスや先端技術の分野で発展。金融やサービス業ものびている。

歴史　紀元前6世紀ころにヨーロッパ大陸からケルト人が移住。紀元前1世紀に攻めてきたローマ人に支配される。5世紀には、ヨーロッパ大陸からゲルマン民族のアングロ・サクソン人が侵入し、七王国が形成される。

1066年にノルマン人が征服してノルマン王朝をたてる。その後、いくつかの王朝がおこってはほろび、16世紀前半にテューダー朝のヘンリ8世が、ローマ教会から独立したイギリス国教会をうちたて、16世紀後半のエリザベス1世のもとで絶対王政の絶頂期をむかえる。17世紀にピューリタン革命と名誉革命がお

こり、立憲政治が確立する。1707年にスコットランドを、1801年にはアイルランドを併合し、グレートブリテン・アイルランド連合王国が成立。18世紀後半にはじまった産業革命により、「世界の工場」とよばれる工業の先進国となる。世界各地に植民地をひらき、ビクトリア女王（在位1837〜1901年）の時代に大英帝国の最盛期をむかえた。

20世紀、2度の世界大戦で戦勝国となるが、アフリカやアジアの植民地が次つぎに独立し、国のいきおいは低下した。1973年、ヨーロッパ共同体（EC）に加盟。1979年にサッチャーがイギリス初の女性首相に就任し、競争原理をとりいれた新自由主義の政策のもと経済の回復を実現した。2016年に国民投票により、ヨー

◆イングランド共和国　1653〜58

1653年、国旗を変更。左上と右下にイングランド旗、右上にスコットランド旗、左下にアイルランド青旗、中央にクロムウェル家の紋章を配したもの。

◆イングランド共和国　1658〜60

1658年、国旗を変更。1606年に制定したユニオン・フラッグ旗の中央に黄色い天使つき竪琴を配したもの。

ロッパ連合（EU）からの離脱を決めたものの、EUとの交渉はすすまず、むずかしい舵取りをせまられている。

国旗コラム　教えて！苅安先生

4つの「国」からできているイギリス

サッカーのワールドカップでは、イギリスは、イングランド、ウェールズ、スコットランド、北アイルランドという4つの地域から、それぞれ代表チームが登録しています。イギリスは、それら4つの「国」でつくられる連合王国なのです。歴史的に国旗をみると、イングランドがスコットランドとの同君連合（同じ君主のもとでの連合国家）になったときや、アイルランドを併合したときに、それぞれの「国」の旗が重ねられてきたことがわかります。

ウェールズのデザインが入っていないのは、併合されたのが13世紀とかなり早い時期だったためだともいわれています。ウェールズの「白と緑」をイギリス国旗に重ねたらどんな国旗になるでしょう？

◆イングランド王国（聖ジョージ旗）

◆スコットランド（聖アンドリュース旗）

◆イングランド・スコットランド同君連合〜グレートブリテン王国

◆アイルランド（聖パトリック旗）

◆グレートブリテン及びアイルランド連合王国

◆ウェールズ域旗

Italian Republic

イタリア共和国

首都：ローマ　面積：30.2万㎢（日本の8割）　人口：5936万人　公用語：イタリア語

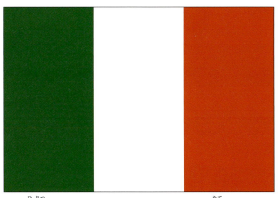

国旗比率2：3。1946年より使用。緑白赤の縦三色旗。緑は美しい国土、白は雪、赤は熱血を表す。国民投票により王制が廃止され、共和制が決定されたときに制定された。イタリア王国の国旗から中央のサボイ家の紋章をとりのぞいたもの。

1948年より使用。中央に国家を表す赤いふちどりのついた白い五角星、労働を表すグレーの歯車、周囲に力と平和を表す樫の葉とオリーブの枝のリース、底部に白字でイタリア語の国名を記した赤いリボンを配したもの。共和制になってから2年後に制定された。

◆ローマ軍団旗　紀元前753～紀元後476

紀元前753年はローマ建国の伝説年。ローマ軍団旗は、槍先に横棒をつけ、赤い正方形の布をたらし、上に金属製のワシなどを配したもの。西洋ではこれが旗の起源と考えられている。SPQRの文字は「元老院とローマ人民」のラテン語の頭文字。

◆チスパダーナ共和国　1796～97

1796年、ナポレオンが北イタリアに攻めいり、オーストリア支配下の4州が親フランスのチスパダーナ共和国をたてた。国旗は中央に4州を表す4本の矢を入れた矢筒などを配した赤白緑の横三色旗。

◆トランスパダーナ共和国　1796～97

1796年、ナポレオンはミラノ公国を廃し、トランスパダーナ共和国をたてた。フランス国旗をモデルとした緑白赤の縦三色旗を国旗に制定。

自然　ヨーロッパ大陸南部の地中海に、長ぐつの形に飛びだした半島と、シチリア島、サルディーニャ島など多くの島じまからなる。北部はアルプス山脈につらなり、半島にはアペニン山脈がはしり、北部には平野が広がる。火山の噴火や地震が多い。地中海性気候で、冬は雨が多く、夏は高温で乾燥している。農業は小麦、オリーブ、ブドウなどを栽培し、酪農や畜産もさかん。ワインをはじめ、ハムやチーズの生産国としても有名。工業は機械、自動車、鉄鋼など、とくに繊維は世界的なブランドも多い。世界遺産には53件が登録され（2017年）、観光客の数も多い。

歴史　紀元前8世紀ころ、ラテン人が都市国家を建設。はじめ王制だったが、紀元前6世紀に共和制となり、紀元前2世紀には地中海全域を支配した。紀元前27年、帝政が成立、ローマ帝国となる。1～2世紀に、北はヨーロッパ、東はトルコのアナトリア半島、南は北アフリカ、北西のイギリスまでを支配する大帝国となる。395年、東西に分裂し、476年に西ローマ帝国がほろびる。11世紀ころからベネツィアやミラノ、フィレンツェなどの都

市国家がおこり、14〜16世紀、ルネサンス文化が開花した。

　西ローマ帝国の滅亡後は、国内に小国が乱立する状態がつづいた。スペインやオーストリアの支配もおよんだが、19世紀に統一をすすめる運動がおこり、1861年にイタリア王国が成立した。

　第一次世界大戦後の1922年、ムッソリーニひきいるファシスト政権が成立。第二次世界大戦では日本・ドイツとともに連合国側と戦うが、1943年にムッソリーニは失脚する。1946年、共和制となる。1958年、フランスやドイツとともにヨーロッパ経済共同体（EEC、現在のEU）を結成し、ヨーロッパ統合の中心国のひとつとなっている。

◆チザルピーナ共和国　1797〜1802

1797年、チスパダーナとトランスパダーナを統合し、首都をミラノとするチザルピーナ共和国が成立。国旗は緑白赤の正方形旗。統合前の両共和国の国旗と同じく、フランス国旗をモデルとしている。

◆イタリア共和国　1802〜05

1802年、チザルピーナ共和国はナポレオンを大統領としたイタリア共和国にあらため、国旗を制定。チザルピーナ共和国の国旗と配色は同じだが、デザインを大きく変更。白い正方形のなかに緑の正方形を配した赤旗。

◆イタリア王国　1805〜14

1805年、ナポレオンを国王とするイタリア王国にかわり、国旗を制定。共和国の旗の緑の正方形のなかにナポレオンのシンボルであるワシと雷電を配した。

◆サルディーニャ王国　1816〜48

1814年にイタリア王国が消滅し、サルディーニャ王国が強大化。1816年に変更した国旗は、左上に白い輪郭線をもった赤十字を二重に配した青旗。

◆サルディーニャ王国　1848〜61

1848年に国旗を変更。中央にサボイ家の紋章である白十字を配して、青いふちどりをした赤い盾を入れた緑白赤の縦三色旗。1861年に統一されたときのイタリア王国（1861〜1943）でもつかわれた。

◆ルッカ公国　1847

イタリア統一（1861年）前の諸国はそれぞれに国旗をもっていた。ルッカを首都とするルッカ公国は1847年に国旗を制定。黄赤の横二色旗。

◆ベネチア共和国　1849

1849年、ベネチアを首都とするベネチア共和国の国旗を制定。剣をもった聖マルコのライオンを国旗カラーでふちどり、左上に配した緑白赤の縦三色旗。

◆モデナ公国　1859

1859年、モデナを首都とするモデナ公国の国旗を制定。中央に青白青の縦ストライプを配した赤白赤の横三分割旗。

◆パルマ公国　1859

1859年、パルマを首都とするパルマ公国が国旗を制定。赤いふちどりをつけた黄青の放射八分割旗。

◆トスカーナ大公国　1860

1860年、フィレンツェを首都とするトスカーナ大公国の国旗を制定。王冠をかぶった黄色い盾型紋章と4本の旗を配した緑白赤の縦三色旗。

◆両シチリア王国　1860～61

1860年、ナポリを首都とする両シチリア王国の国旗を制定。中央に王冠をつけた国章を配した緑白赤の縦三色旗。

◆両シチリア王国　1861

1861年に両シチリア王国の国旗を変更。同国を支配していたブルボン朝スペイン王国の領土を表すシンボルをつけた複雑な国章を配した白旗。

◆イタリア社会共和国　1943～45

1943年、イタリア王国が連合国に降伏。ナチス・ドイツに救出されたムッソリーニが第二のファシズム政権としてイタリア社会共和国（サロ共和国）をたてた。中央に翼を広げたワシを描いた緑白赤の縦三色旗。

◆イタリア王国　1945～46

パルチザンによりムッソリーニが処刑されてイタリア社会共和国が消滅。イタリア王国が復活し、1861年に王国が成立したときの国旗が復活した。

世界遺産がもっとも多い国　イタリア

紀元前後のローマ帝国、その後のキリスト教の中心地だったイタリアは遺跡の宝庫で、世界遺産は53件（文化遺産は48件、自然遺産は5件）もあり、2017年現在、世界最多である。しかも、ローマやフィレンツェなど歴史地区として指定されている遺産には、多くの建造物がふくまれている。

中心都市のローマには、元老院や神殿が集まった公共広場フォロ・ロマーノや、コロッセオ、凱旋門など2000年も前の遺跡が現在の街のなかに混在している。また、ポンペイには79年に大噴火をおこしたベスビオ火山の火山灰におおわれた都市がそのままのこっている。中世の遺跡も、ベネツィアをはじめ、斜塔で有名なピサ、ルネサンスをリードしたフィレンツェなどがあげられる。

フォロ・ロマーノ　フォロとは広場のこと。ここは、ローマ帝国の政治や商業の中心地で、市民が交流する場所でもあった。

ウクライナ

首都：キエフ　面積：60.4万km²（日本の1.6倍）　人口：4422万人　公用語：ウクライナ語

国旗比率2:3。1992年より使用。青黄の横二色旗。青は空、黄は小麦を表す。1918年、ナチス・ドイツの軍事力を背景に成立した、反社会主義のウクライナ国、その後に成立した西ウクライナ人民共和国の国旗を復活させたもの。

1992年より使用。黄色いふちどりのある青い盾型紋章で、なかに黄色い三叉鉾（剣の部分が三叉に分かれた長い柄をもつ武器）を配したもの。三叉鉾はギリシャ神話に登場する海神ポセイドンの武器で、権力のシンボルとして歴代のウクライナ王朝でつかわれてきた。1917年に成立したウクライナ人民共和国の国章にもつかわれている。

◆ガーリチ・ボルイニ公国　1199～1349

1199年、西ウクライナにガーリチ・ボルイニ公国が成立。国旗は中央に立ち上がった黄色いライオンを配した、右上部に三角形がついた青旗。

◆ウクライナ人民共和国　1917～21

1917年、ロシア革命ののち、旧ロシア帝国領ウクライナにウクライナ人民共和国が成立。ボリシェビキ派と戦い独立をめざす。国旗は黄青の横二色旗。

◆ウクライナ社会主義ソビエト共和国　1919～29

1919年、ウクライナ地方をうばいかえしたロシア赤軍の支援をうけ、ソビエト共和国が成立。Y.C.C.P.はウクライナ語の国名の略号。

◆ウクライナ・ソビエト社会主義共和国 1949～91

1937年にウクライナ・ソビエト社会主義共和国に国名をあらためた。1949年に変更された国旗は、左上に五角星と鎌とハンマー、底部に水色の横帯を配した赤旗。

自然　ヨーロッパ大陸東部にある国で、黒海に面している。中部をドニエプル川が流れ、その流域にはゆたかな黒土地帯が広がる。南部は乾燥したステップ気候、北部は冷帯気候で冬は寒さがきびしい。農業は小麦、トウモロコシ、ジャガイモなどを栽培。ウシやヒツジ、ブタの牧畜もさかん。石炭、石油、天然ガス、鉄などを産出し、鉄鋼、機械などの工業もさかんである。

歴史　4世紀ころから東スラブ人が移住。9世紀、ノルマン人が南下しキエフ公国を建国した。989年、ギリシャ正教を国教とする。13世紀にモンゴル人が侵入。16世紀にはポーランド領となる。18世紀後半にロシアに併合され、1922年にソビエト連邦を構成する共和国のひとつとなる。1986年、チェルノブイリ原子力発電所で事故がおこり、周辺の地域や国に大きな被害をもたらした。
　1991年、ソ連の解体にともない独立を宣言。国名をウクライナとあらためる。2014年、クリミア半島のロシア編入や、東部で親ロシア派の武装勢力の蜂起など、親欧米派と親ロシア派の対立がつづいている。

Republic of Estonia

エストニア共和国

首都：タリン　面積：4.5万km²（九州地方程度）　人口：131万人　公用語：エストニア語

国旗比率7：11。1990年より使用。青黒白の横三色旗。エストニアのほかラトビア、リトアニアのバルト3国がソビエト連邦からの主権回復を宣言したとき、制定。1918年のロシア革命後にエストニア共和国として独立したときの国旗が復活した。青は空、黒は国土、白は自由への願望。

1990年より使用。国旗と同じく主権回復を宣言したときに、1918年制定の国章を復活させた。中央に3頭の青いライオンを描いた金色の盾で、まわりを樫の葉のリースでかこんだもの。この紋章は、デンマーク王ワルデマール2世がエストニアのタリンを統治していた12世紀につくられ、デンマーク国章にも同じ3頭のライオンが配されている。

◆エストニア共和国　1918～40

1918年、ロシア革命によりロシア帝国がたおれたのち、第一次世界大戦中にドイツ軍の援助でソビエト勢力を排除して独立したときに制定された国旗。

◆ソビエト連邦国旗　1940～41

1940年、親ドイツ・反共の立場をとる政府に、ソビエト連邦が軍隊を送り、議会決議を経てソビエト連邦に併合。占領下の旗はソビエト連邦の赤旗。

◆エストニア・ソビエト社会主義共和国 1940～41/44～53

1940年8月にエストニア・ソビエト社会主義共和国が成立。国旗は、左上に黄色の鎌とハンマー、エストニア語の国名略号を配した赤旗。

◆エストニア・ソビエト社会主義共和国 1953～90

1953年、国旗を変更。左上に社会主義を表す黄色い鎌とハンマー、黄色い輪郭線の五角星、下部に白青白青の波線を配した赤旗。

自然　ヨーロッパ大陸の北東部のバルト海に面したバルト3国のいちばん北の国。国土のほとんどは丘陵や平原で、森林や湖が多い。冷帯気候で冬は寒いが、冬の期間は比較的短い。農業が中心で、小麦やジャガイモを栽培。ウシやブタの牧畜もさかん。オイルシェールを産出し、それを利用した発電で、機械や電気工業がおこなわれている。海外からIT産業をむかえて、IT技術も進展している。

歴史　紀元前からエストニア人が定住していた。13世紀にデンマーク人が進出し、タリンを建設。14世紀、ドイツ騎士団が領有。タリンはハンザ同盟に加盟し、さかえた。17世紀初め、スウェーデン領となるが、1721年、スウェーデンはロシアとの北方戦争にやぶれ、エストニアはロシア領となる。

　1917年にロシア革命がおこると、独立を宣言。1934年に親ドイツ政権が成立したが、1940年にソ連軍が送りこまれ、ソ連邦に加入する。1991年に独立を宣言、翌年、新憲法をさだめる。2004年、ヨーロッパ連合（EU）に加盟。国民の約25％をしめるロシア系住民の地位などをめぐり、対立がつづいている。

Republic of Austria

オーストリア共和国

首都：ウィーン　面積：8.4万km²（北海道地方程度）　人口：874万人　公用語：ドイツ語

国旗比率 2：3。1945年より使用。赤白赤の横三分割旗。オーストリア公国時代の国旗が復活したもの。デザインは、第3次十字軍（1189〜1192年）ドイツ人部隊をひきいたオーストリア公国のレオポルト5世が、ベルト部分だけ白くのこして返り血で真っ赤だったという故事にもとづく。

1984年より使用。黄色い城塞冠（城壁のような形をした冠）をかぶり、胸に国旗をデザインした盾を抱き、断ち切られた鎖のついた足で黄色い鎌とハンマーをつかみ、翼を広げた黒いワシを配したもの。1945年制定の国章から羽の形が修正された。城塞冠は自治都市、鎌とハンマーは工業労働者と農民を表す。断ち切られた鎖はナチス・ドイツからの解放を表す。

◆神聖ローマ帝国旗　962〜1156

962年に神聖ローマ帝国が成立。オーストリアは東の辺境とされた。神聖ローマ帝国の国旗は、中央に翼を広げた黒い双頭のワシを配した黄旗。

◆オーストリア公国　1156〜1804

1156年、ハインリヒ2世が神聖ローマ皇帝からオーストリアの地をあたえられ、オーストリア公国が成立。国旗を制定。1457年にオーストリア大公国が成立したのちも継続して使用。

◆オーストリア帝国　1804〜67

神聖ローマ帝国の皇帝フランツ2世がオーストリア皇帝フランツ1世を名乗り、オーストリア帝国が成立。黒黄の横二色旗を国旗に制定。

◆オーストリア＝ハンガリー帝国　1867〜1918

1867年、オーストリア＝ハンガリー帝国が成立。国旗は紋章つきのオーストリア国旗とハンガリー国旗をくみあわせたもの。

自然　ヨーロッパの中央にある内陸国。国土の約3分の2がアルプス山系で、北東部のドナウ川流域にウィーン盆地がひらけている。気候は温帯に属するが、山地は高山気候で冬の寒さがきびしい。農業は小麦、大麦、ジャガイモなどを栽培し、山地では酪農や林業がさかん。自動車、電子機器、金属加工、鉄鋼などの工業も発展している。観光業もさかん。

歴史　1世紀ころにローマ帝国に支配される。8世紀末、フランク王国のカール大帝が征服し、キリスト教が広まる。10世紀にオーストリア辺境伯の領とされ、12世紀にオーストリア大公の領、13世紀末にハプスブルク家の領となる。

　15世紀、ハプスブルク家が神聖ローマ皇帝になって以来、帝位を子孫がほぼうけつぎ、16世紀にはスペイン、オランダ、イタリアに領土を広げた。19世紀後半にプロイセンとの普墺戦争にやぶれたのち、1867年にオーストリア＝ハンガリー帝国を形成した。

　第一次世界大戦にやぶれたあとの1918年、帝国は解体し共和制に。1938年、ナチス・ドイツに併合されたが、第二次世界大戦後は米英

仏ソの4国に分割占領された。1955年に独立して永世中立を宣言。1995年、ヨーロッパ連合（EU）に加盟する。

◆オーストリア共和国　1919～34

1919年、オーストリア共和国に国名をあらためた。中央に翼を広げた単頭の黒ワシが描かれた国章を配した赤白赤の横三分割旗。

◆ドイツ＝オーストリア共和国　1918～19

第一次世界大戦後、同じ敗戦国であるドイツとの合邦をめざし、ドイツ＝オーストリア共和国が成立。国旗はオーストリア公国と同じ赤白赤の三分割旗。

◆オーストリア連邦国　1934～38

1934年、オーストリア連邦国にあらためた。国旗は中央に国章を配した赤白赤の三分割旗。1938年、ナチス・ドイツに併合されるまでこの国旗がつかわれた。

ヨーロッパ最大の王族 ハプスブルク家

　ヨーロッパでもっとも有力な王家としてさかえたハプスブルク家は、1273年、ルドルフ1世が神聖ローマ帝国（現在のドイツを中心とした国）の皇帝につき、オーストリアを領土に加えたことから発展した。そして15世紀前半のアルブレヒト5世の即位以来、その帝位をほぼひきついでいった。

　15世紀後半には婚姻政策でネーデルラント（現在のオランダ、ベルギー地方）を獲得、さらに16世紀前半、カール5世のときスペイン王もかねて、領土は最大となった。17世紀末、ウィーンに建てられたシェーンブルン宮殿は、ハプスブルク家繁栄の象徴であった。18世紀なかばにハプスブルク家を相続したマリア・テレジアは、夫のフランツ1世を神聖ローマ皇帝につけ、みずからはオーストリアの大公として君臨。16人の子宝にめぐまれ、フランスのルイ16世にとついだマリー・アントワネットはその一人である。

　ナポレオン戦争のさなかの1806年、神聖ローマ帝国は消滅したが、フランツ2世はオーストリア皇帝の座にとどまった。1867年にオーストリア＝ハンガリー二重帝国を形成したが、第一次世界大戦での敗戦により帝位をうしなった。

シェーンブルン宮殿　神聖ローマ皇帝レオポルト1世がウィーン郊外に建てた宮殿。外壁の黄金にちかい黄色はマリア・テレジアの好みでぬりかえられた。

Kingdom of the Netherlands

オランダ王国

首都：アムステルダム　面積：4.2万km²（九州地方よりやや狭い）　人口：1704万人　公用語：オランダ語

国旗比率2:3。1945年より使用。赤白青の横三色旗。ネーデルラント共和国時代の1630年に制定され、ナチス・ドイツによる占領前にもつかわれていた国旗が復活。国民がもつ勇気は赤、信仰心は白、忠誠心は青で表される。

1945年より使用。最初に制定されたのは1907年。その後、ナチス・ドイツによる占領を経て、オランダ解放とともに復活した。原型は1815年、ネーデルラント連合王国が成立したときに制定された国章で、1907年に変更されたときに、盾の両側の2頭のライオンが正面向きから互いに顔を見合わせる形に、天幕の色が赤から海老茶色にかえられた。

◆ 17州連合旗　1556〜79

スペインのフェリペ2世がネーデルラントを統治。ネーデルラント17州連合が結成される。連合旗のライオンがつかんでいる17本の矢は17州を表す。

◆ 7州連合旗　1579〜81

北部の7州がスペインに対する軍事同盟、ユトレヒト同盟を結成。7州連合旗は、左手に7州を表す7本の矢をつかんだ黄色いライオンを描いた赤旗。

◆ ネーデルラント連邦共和国　1581〜1630

7州連合にドレンデ準州などが加わり、ネーデルラント連邦共和国として独立を宣言。オレンジ白青の横三色旗で三色旗の元祖。

◆ バタビア共和国　1795〜1806

フランス革命軍がネーデルラントを占領し、フランスの衛星国であるバタビア共和国をたてた。国旗は左上に国章を配した赤白青の横三色旗。

自然　北海に面し、国土の約4分の1は海面より低く、堤防でかこまれた干拓地が広がる。北大西洋海流の影響で、比較的あたたかい。農業はチューリップなどの園芸、チーズや肉などの酪農・畜産がさかん。北海から天然ガスを産出。工業も発達している。

歴史　紀元前1世紀にローマに支配され、8世紀にフランク王国に編入される。11世紀ころから毛織物業と貿易で都市が発展した。15世紀にハプスブルク家の支配下に入り、1568年、ハプスブルク家の国王がおさめるスペインと戦い（オランダ独立戦争）、1648年、ウェストファリア条約で独立を達成した。

1602年にオランダ東インド会社を設立し、インドや東南アジアなどに進出して香辛料の貿易などをおこない繁栄した。19世紀初めにフランスに併合されるが、1815年に南部諸州のベルギーをあわせて、オランダ王国として独立する（1830年、ベルギーは独立）。第一次世界大戦では中立をたもったが、第二次世界大戦ではドイツ軍に占領された。戦後の1957年、ヨーロッパ経済共同体（EEC、現在のEU）の設立に参加した。

Hellenic Republic

ギリシャ共和国

首都：アテネ　面積：13.2万km²（日本の3分の1）　人口：1116万人　公用語：現代ギリシャ語

国旗比率2：3。1978年より使用。左上に白十字を配した青白横9縞旗。青は海と空、白は自由と独立をもとめて戦う国民の純粋さを表す。9本の縞は独立戦争のときにあげられた「自由か死か」という勝どきの9音節にもとづく。1970年制定の国旗より少し明るい青になっている。

◆イオニア七島連邦国国旗　1800～07

イオニア諸島の7島によってイオニア七島連邦国が成立。国旗は右手に聖書と7本の矢などをもった聖マルコの翼のあるライオンを配した青旗。

◆ギリシャ国　1822～32

オスマン帝国からの独立戦争を経て、1822年、ギリシャ国が独立を宣言。国旗は中央に白十字を配した青旗。

◆ギリシャ王国　1832～62

ドイツのバイエルン王国のオットーをオソン1世として国王にむかえ、ギリシャ王国が成立。国旗にはバイエルン王国の王冠をつけた盾型紋章が配されている。

◆ギリシャ王国　1970～75

1970年、国旗を変更。左上に白十字を配した青白横9縞旗。現国旗の原型となったデザイン。王制廃止（1973年）後も継続。

1975年より使用。1973年に王制が廃止され、ギリシャ共和国が成立すると、新たに再生を表すフェニックスをデザインした国章が制定されたが、1975年には現在の国章に変更された。青い盾型紋章で、なかに白いギリシャ十字、周囲に勝利を表す月桂樹の枝のリースを配したもの。

自然　ヨーロッパの南東部、バルカン半島の先にある本土とペロポネソス半島、クレタ島など3000もの島じまからなる。国土の約80％は山地や丘陵で、標高2917mのオリンポス山がある。気候は地中海性気候で、冬は雨が多くあたたかく、夏は高温で乾燥している。

農業はオリーブ、小麦、ブドウなどを栽培し、ヒツジの放牧もさかん。ボーキサイト、鉄鉱石などを産出している。工業は製鉄、造船、石油化学のほか、オリーブ油やワインなどの食品加工も発展。海運業や観光業もさかんである。

歴史　紀元前2000年ころからギリシャ人が南下してミケーネ文化を形成。紀元前8世紀、アテネやスパルタなどの都市国家（ポリス）が成立した。統一した国家はつくられなかったが、前5世紀、東方から侵入してきたペルシャ軍をしりぞけた。アテネではパルテノン神殿がたてられ、市民全員が直接政治に参加する民主政治が発展した。また、学問や文学、芸術などの古典文化が開花した。

紀元前4世紀にアレクサンドロス大王がひきいるマケドニアに編入され、前2世紀にはロー

マに、4世紀にはビザンツ帝国に支配された。15世紀、オスマン帝国に征服される。1821年、ギリシャ独立戦争がはじまり、1830年、オスマン帝国からの独立がみとめられた。

第二次世界大戦中はドイツ軍に占領された。戦後は民族解放戦線と王政派との対立から内戦になり、1949年におわる。1967年にクーデターがおこり軍事政権が成立するが、のち民政に復帰し、王制から共和制に移行。1981年、ヨーロッパ共同体（EC、現在のEU）に加盟。2010年に財政危機におちいり、EUなどから金融支援をうける。財政のひきしめなど多くの課題をかかえている。

◆ギリシャ共和国　1975〜78

1973年にギリシャ共和国への移行を宣言。1975年に国旗を変更。中央に白十字を配した青旗。19世紀前半のギリシャ国の国旗を復活させたもの。

ギリシャ文明の中心地 アテネのアクロポリス

ギリシャでは、紀元前8世紀ころからアテネやスパルタをはじめ多くのポリス（都市国家）が成立し、やがて黒海沿岸や地中海沿岸に植民市を建設。交易が活発になった。そうした各地のポリスの中心にあった丘が、アクロポリスであった。

アテネのアクロポリスは、周囲より60mあまり高い丘にあった。頂上の台地には防壁がきずかれ、中心には紀元前5世紀に建てられたパルテノン神殿がそびえていた。神殿の柱はわずかにふくらみ、その上部はみごとな彫刻でかざられている。

丘の北側のふもとにはアゴラとよばれる公共の広場があり、そこでは市民が直接政治に参加する民会がひらかれ、また市場もあって、市民生活の中心となっていた。

アテネのアクロポリス　台地への通路は西側にしかなく、ポリスが攻められたときに住民が避難するためのものでもあった。パルテノン神殿は、今は白くかがやいているが、かつては青・赤・黄色などの色がつけられていた。

Republic of Croatia

クロアチア共和国

首都：ザグレブ　面積：5.7万km²（九州＋四国）　人口：419万人　公用語：クロアチア語

国旗比率1：2。1990年より使用。中央に国章を配した赤白青の横三色旗。赤白青のデザインは19世紀のクロアチア王国時代からつかわれている。赤白の市松模様はクロアチアを表す。この国旗を制定したのちの1991年、クロアチア共和国はユーゴスラビア社会主義連邦共和国からはなれ独立した。

◆ラグーザ共和国　1358～1667

1358年、クロアチア南部ドゥブロブニクにラグーザ共和国が成立。国旗は中央に守護聖人である聖ブラシウスと、その頭文字SBを配した白旗。

◆クロアチア王国　1848～52

1848年、クロアチア王国が成立。国旗を制定。赤白青の横三色旗の中央に、クロアチア、ダルマチア、スラボニアを表すデザインをくみあわせた紋章を配している。

◆クロアチア王国　1852～68

1852年、クロアチア王国の国旗が赤白の横二色旗に変更される。

◆クロアチア・スラボニア王国　1868～1918

1868年、クロアチア・スラボニア王国が成立。中央に国章を配した赤白青の横三色旗。

1990年より使用。伝統的な赤白の市松模様の、赤は海岸部、白は内陸部を表す。上部の5個の小さい盾には、左から中央クロアチアを表す六角黄星と白い三日月、ラグーザを表す2本の赤い横縞、ダルマチアを表す3頭の黄色いライオンの頭、イストリアを表す黄色いヤギ、スラボニアを表す六角黄星と黒いテンが描かれている。

自然　ヨーロッパの南東部、バルカン半島の北西部あるアドリア海に面した国。国土のほとんどは山地で、東部のドナウ川支流の流域に、平野がひらけている。沿岸は温暖な地中海性気候だが、内陸部は夏と冬の寒暖差が大きい。農業は小麦やオリーブ、ブドウなどを栽培。石油化学、造船、食品加工などの工業も発展。中世の海洋都市ドゥブロブニクなど世界遺産も多く、観光業ものびている。

歴史　6～7世紀ころに南スラブ民族のクロアチア人が移住し、キリスト教のカトリックが広まる。9世紀半ば、クロアチア王国が成立。12世紀にハンガリーの支配下に、16世紀にはオーストリアのハプスブルク家の支配下に入った。

1918年にセルビア人・クロアチア人・スロベニア人王国を形成。1929年、国名をユーゴスラビア王国とあらためる。第二次世界大戦ではドイツ軍に占領されるが、戦後はバルカン半島の6つの共和国からなるユーゴスラビア社会主義連邦共和国を設立した。1991年に連邦からの独立を宣言すると、連邦軍が介入し戦闘状態になる。1995年、和平が成立した。2013年、ヨーロッパ連合（EU）に加盟する。

◆セルビア人・クロアチア人・スロベニア人王国　1918〜39

1918年、セルビア人・クロアチア人・スロベニア人王国が成立。国旗は青白赤の横三色旗。1929年にユーゴスラビア王国とあらためられたのちも継続して使用された。

◆クロアチア人民共和国　1945〜90

ユーゴスラビア連邦人民共和国にクロアチア人民共和国として加盟。国旗は赤い五角星を配した赤白青の横三色旗。1963年に社会主義共和国と国名をあらためたのちも継続して使用。

◆クロアチア独立国　1941〜45

第二次世界大戦中の1941年、ドイツの意のままにうごく国家クロアチア独立国が成立。国旗は赤白青の横三色旗で、左上と中央に分割された国章が配されている。

◆クロアチア共和国　1990（6月〜12月）

1990年、新憲法を制定し、国名を変更。6月にクロアチア共和国の国旗を制定。中央に赤白の市松模様の国章を配した赤白青の横三色旗。使用は半年間。

ユーゴスラビア連邦の解体と内戦

ヨーロッパとアジアの境にあるバルカン半島は、多くの民族・宗教がいりみだれ、紛争がたえなかった。第二次世界大戦後、大戦中にドイツ軍とたたかった指導者ティトーのもとに、ユーゴスラビア連邦人民共和国が成立した。この連邦は、「6つの共和国、5つの民族、4つの言語、3つの宗教」といわれるほど、複雑な国であった。

1980年のティトーの死、1980年代末からの東ヨーロッパ諸国の共産党政権の崩壊をきっかけに、1991年にクロアチアとスロベニアがユーゴスラビア連邦からの分離を宣言すると、セルビアとのあいだで内戦となった。内戦は各地に広がり、1999年には北大西洋条約機構（NATO）軍がセルビアを空爆するまでになった。

ユーゴスラビア連邦はそのあいだに6国に解体し、さらに2008年にコソボがセルビアから独立して7国に分離した。

1982年発行のソ連の切手。ティトーの肖像が描かれている。

旧ユーゴスラビアから独立した諸国

Republic of Kosovo

コソボ共和国

首都：プリシュティナ　面積：1.1万k㎡（岐阜県程度）　人口：188万人　公用語：アルバニア語・セルビア語

国旗比率２：３。2008年より使用。セルビア共和国から独立したときに制定された。中央に黄色いコソボの地図、その上に６個の白い五角星をアーチの形に配した青旗。青はヨーロッパ連合と同じ色で、ヨーロッパとの協調を表す。

2008年より使用。黄色いふちどりのある青い盾型紋章で、なかのデザインは国旗と同じ。アーチ状の６個の白い五角星は国内のアルバニア系、セルビア系、ボシュニャク系、トルコ系、ロマ系、マケドニア・ゴラニ系の６つの民族を表す。

◆セルビア王国　1913～18

1913年、第２次バルカン戦争でオスマン帝国に勝利したセルビア王国がコソボをうばいかえした。左はセルビア王国の国旗。

◆セルビア人・クロアチア人・スロベニア人王国　1918～41

1918年にセルビア人・クロアチア人・スロベニア人王国の一部となる。左は同国の国旗。1929年からはユーゴスラビア王国の一部に。国旗は継続して使用。

◆セルビア人民共和国／社会主義共和国　1945～46／63～92

第二次世界大戦後、ユーゴスラビア連邦人民共和国の一員セルビア人民共和国（左の国旗）コソボ・メトヒヤ自治区となる。1963年にセルビア社会主義共和国に国名変更。

◆セルビア共和国　2006～08

2006年、セルビア・モンテネグロからモンテネグロが独立。コソボはセルビア共和国コソボ州となる。

自然　バルカン半島の中部にある内陸国。東部のコソボ地方は山地で、西部のメトヒヤ地方は盆地。西部は地中海性気候で温暖だが、東部は冬に雪が多い。農業は小麦や大麦、トウモロコシ、果樹などを栽培し、牧畜もおこなわれている。褐炭や銀、鉄なども産出している。

歴史　12世紀、スラブ民族のセルビア人が王国を建設。1389年にオスマン帝国軍にやぶれ、その支配下に入る。18世紀、イスラム教に改宗したアルバニア人が多数、移住する。

　1913年、第一次バルカン戦争でセルビアがオスマン軍をやぶり、コソボをうばいかえした。1945年以降、コソボはセルビア共和国内の自治区となる。1989年、アルバニア系住民の権利拡大や分離をもとめる運動がたかまり、1998年にセルビア軍とアルバニア系武装組織の武力衝突がはげしくなった（コソボ紛争）。1999年、北大西洋条約機構（NATO）軍が介入し、セルビア軍はしりぞく。2008年、コソボは独立を宣言するが、スペインやロシアなどはみとめていない。

Republic of San Marino

サンマリノ共和国

首都：サンマリノ　面積：61km²（千葉県松戸市程度）　人口：3.3万人　公用語：イタリア語

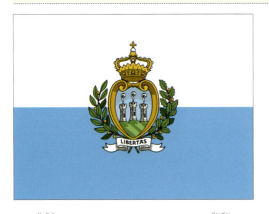

国旗比率3：4。2011年より使用。同時に制定された新しい国章を中央に配した白青の横二色旗。白はティタノ山にかかる雲、青は空を表す。白青の横二色旗のデザインは17世紀から採用されている伝統的なもの。

2011年より使用。青い盾型紋章で、なかに緑のティタノ山頂に立つ白いダチョウの羽をつけた3つの白い塔、黄色の盾かざりの上に十字のついた冠、左に月桂樹の枝、右に樫の葉のリース、底部にラテン語で「自由」と記した白いリボンを配している。標語の「自由」はサンマリノが自由をもとめて逃げこんでくる難民をうけいれてきた歴史を表す。

◆サンマリノ共和国　1465～1503

1465年、サンマリノ共和国の国旗を制定。ティタノ山頂に立つダチョウの羽をつけた3つの塔、「自由」という標語を配したオレンジ白紫の横三色旗。

◆サンマリノ共和国　1631～1862

ローマ教皇領時代を経て、1631年に独立をみとめられる。国旗は白青の横二色旗。

◆サンマリノ共和国　1862～1944/1945～2011

1862年、イタリアと友好善隣条約をむすび、近代国家として主権の独立を確立。国旗を制定。中央に国章を配した白青の横二色旗。

自然　イタリア半島の中東部にある内陸国で、周囲はイタリアにかこまれている。標高749mのティタノ山の斜面（500～700m）にあり、アドリア海まで約20km。地中海性気候で、冬は温暖、夏は高温で乾燥している。ブドウやオリーブを栽培し、ウシやブタの牧畜もおこなっている。石材やワインを輸出。郵便切手やコインも重要な財源となっている。観光業や金融業などもさかん。

歴史　4世紀初め、聖マリヌス（サン・マリノ）とキリスト教徒たちが、ローマ皇帝ディオクレティアヌス帝の迫害からのがれて、ティタノ山にこもって宗教共同体をつくったのがはじまりとされる。13世紀に共和制を樹立。現存する最古の共和国である。1631年にローマ教皇から独立をみとめられ、1815年にウィーン会議でヨーロッパ諸国から承認された。イタリア統一戦争のときは義勇軍をおくり、1862年、イタリア王国と友好条約をむすんだ。これにより、国防や外交はイタリアに依存することになった。1992年、国連に加盟した。

Swiss Confederation

スイス連邦

首都：ベルン　面積：4.1万km²（九州よりやや広い）　人口：848万人　公用語：ドイツ語・フランス語・イタリア語・ロマンシュ語

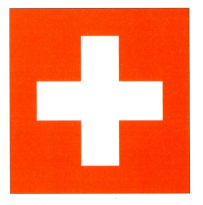

国旗比率1：1。1848年より使用。連邦憲法を制定したときに変更された国旗。中央に白い短い十字を配した赤い正方形旗。赤は主権、白はキリスト教精神を表す。十字を構成する4本のアーム（腕）は長方形で長辺は6分の1だけ長い。

1889年より使用。赤地に短い白十字の国旗と同じデザインを採用した盾型紋章。スイスは国章にかぎらず、州章もすべて盾の上部に王冠や上かざり、盾の両側にリースや動物などがないシンプルなデザインが特徴。

◆神聖ローマ帝国旗　1032〜1291

1032年、神聖ローマ帝国領となる。左の神聖ローマ帝国旗は15世紀からつかわれたもの。双頭の黒ワシを配した黄旗。

◆スイス誓約同盟旗　1291〜1339

1291年、ウーリ、シュビーツ、ウンターバルデンの3地域が永久同盟をむすび、のちにスイス誓約同盟となった。同盟旗は左上に白十字を配した赤旗。

◆ヘルベティア共和国　1798〜1803

フランス革命ののち、フランス軍がスイスに攻めいり、フランスよりのヘルベティア共和国が成立。国旗は中央にフランス語の国名を記した緑赤黄の横三色旗。

自然　ヨーロッパ中央部にある内陸国。約70％が山地で、南部はアルプス山脈の4000m級の山がつらなっている。標高500〜1000mの中央部は農地や都市が集中。気候は全体に温和だが、地形や高度によってさまざま。小麦やジャガイモを栽培し、山地では酪農がさかん。時計などの精密機械や薬品の製造のほか、金融業や観光業も発展している。

歴史　6世紀初め、フランク王国の統治下におかれ、キリスト教が広まった。11世紀、神聖ローマ帝国の支配下に入る。13世紀末、3つの州が地域の自由と自治をまもるために助けあおうという誓約同盟をむすび、スイス連邦のはじまりとなった。14世紀には8州に広がり、1499年、独立を宣言した（正式には1648年にみとめられる）。1815年、ウィーン会議で永世中立を宣言。1874年、連邦憲法を制定し、直接民主制をとりいれた。

第一次世界大戦と第二次世界大戦では、ともに中立をたもち、亡命者の保護などにあたった。2002年、国連に加盟した。国連の機関をはじめ、国際オリンピック委員会（IOC）など、多くの国際機関がおかれている。

スウェーデン王国

Kingdom of Sweden

首都：ストックホルム　面積：43.9万k㎡（日本の1.2倍）　人口：991万人　公用語：スウェーデン語

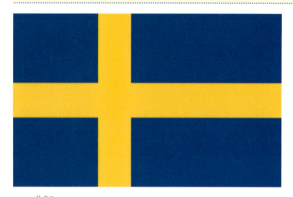

国旗比率 5:8。1906年より使用。中央に黄色いスカンジナビア十字を配した青旗。青はすみきった空、黄色は国教のキリスト教、自由、独立を表す。黄色いスカンジナビア十字は、12世紀、国王エリク9世がフィンランドを征服したとき、青空に金十字をみたという故事にもとづく。

1908年より使用。黄十字で仕切られた四分割盾型紋章。盾のなかの左上と右下には現在のスウェーデンを代表する青地に3個の黄王冠、右上と左下にはフォルクンガー王家を表す青白波帯に王冠をかぶった黄ライオンを配している。中央の小盾に描かれているのは、左がバーサ王家、右がベルナドッテ王家を表す紋章。背後は王冠を配した位階服。

◆スウェーデン王国　1157～1397

1157年、スウェーデン国王エリク9世がフィンランドを征服。国旗を制定。現国旗の原型となる黄色いスカンディナビア十字を配した青旗。

◆スウェーデン王国　1523～1663

1523年、カルマル同盟よりスウェーデン王国として独立し、国旗を制定。黄色スカンディナビア十字を配した青い燕尾旗。

◆スウェーデン・ノルウェー同君連合　1818～44

1814年、デンマークからノルウェーを得て、同君連合が成立。1818年に国旗を変更。左上には赤地に白い斜め十字。

◆スウェーデン・ノルウェー同君連合　1844～1906

1844年に国旗を変更。左上に配されているのは、ユニオン・マークとよばれるスウェーデン国旗とノルウェー国旗をくみあわせたデザイン。

自然

ヨーロッパの北部にあるスカンディナビア半島の東側にある国で、バルト海に面している。ほとんど冷帯だが、南部は北大西洋海流の影響で冬でも比較的あたたかい。北部は寒帯の北極圏にあり、冬は長く、寒さはきびしい。農業は小麦、大麦、ジャガイモなどを栽培し、林業もさかん。自動車や鉄鋼、化学などの工業も発展している。

歴史

8世紀から、ゲルマン系のバイキングがすぐれた造船・航海技術をもって活躍。12世紀ころに東方のフィンランドや東スラブに進出し、フィンランドを併合。1397年、デンマーク、ノルウェーと同君連合（カルマル同盟）をむすび、デンマーク王がスウェーデン王として即位する。1523年、カルマル同盟からはなれ独立した。

17世紀、グスタフ2世のもと、ドイツの三十年戦争に介入するなどして、バルト海沿岸地域を支配。18世紀初め、北方戦争でロシアにやぶれ、多くの領土をうしなった。第一次世界大戦と第二次世界大戦では中立をまもり、社会福祉国家の建設をすすめる。1995年、ヨーロッパ連合（EU）に加盟する。

スペイン王国

Kingdom of Spain

首都：マドリード　面積：50.6万km²（日本の1.3倍）　人口：4635万人　公用語：スペイン語

国旗比率2：3。1981年より使用。左に国章を配した赤黄赤の横三分割旗。赤が祖先の勇気、黄は新大陸で発見した富を表す。1978年に新憲法が制定され、議会制君主国となり、1981年にこの新しい国旗がつくられた。

1981年より使用。四分割盾型紋章。左上はカスティリャを表す赤地に黄の城、右上はレオンを表す白地に赤ライオン、左下はアラゴンを表す黄地に4本の赤の縦縞、右下はナバラを表す赤地に黄の鎖、底部にグラナダを表す白地にザクロ。盾の上には王冠、中央にブルボンを表す青地に黄ユリ、両脇には冠をのせ、ラテン語で「より彼方の世界へ」と記したリボンをつけたヘラクレスの柱と青い波を配置。

◆カスティリャ王国　1230〜1516

1230年、カスティリャ王国がレオン王国を併合し、国旗を制定。左上・右下がカスティリャ、右上・左下がレオンの国を表す四分割の楕円形旗。

◆スペイン王国　1516〜80

1516年、カルロス1世が即位し、ハプスブルク朝スペイン王国が成立。国旗を制定。中央に赤いブルゴーニュ十字を配した白旗。

◆スペイン王国　1580〜1700

1580年、ハプスブルク朝スペイン王国が国旗を変更。中央左よりに国章を配した白旗。

◆スペイン王国　1700〜85

1700年、フェリペ5世が即位し、ブルボン朝スペイン王国が成立。国旗を制定。中央左よりに国章を配した白旗。

自然　ヨーロッパ南西部のイベリア半島にある国で、国土のほとんどは高原。南部は地中海性気候、北西部は西岸海洋性気候、内陸は乾燥している。農業がさかんで、小麦、大麦、オリーブ、ブドウなどを栽培。オリーブ油やワインなどの食品加工、自動車、化学などの工業が発展し、観光業もさかん。

歴史　紀元前3世紀末、ローマに支配される。6世紀、ゲルマン人が西ゴート王国を建設。8世紀、イスラム教徒が攻めいり、後ウマイヤ朝のもとで、イスラム文化が開花する。15世紀、キリスト教徒による国土回復運動がおこり、1492年、イベリア半島からイスラム勢力をおいだした。コロンブスの新大陸への到達などがあり、アメリカ大陸の広大な地を植民地にして黄金時代をむかえる。1588年、無敵艦隊がイギリスにやぶれ、19世紀に植民地があいついで独立するなど、国のいきおいがおとろえた。1936年にスペイン内乱がおこり、フランコ将軍による独裁がはじまる。第二次世界大戦後の1975年のフランコ死後、王制が復活。以後、民主化がすすめられ、1986年、ヨーロッパ連合（EU）に加盟した。

◆スペイン王国　1785～1873／1874～1931

1785年、ブルボン朝が国旗を変更。国章を配した赤黄赤の横三分割旗。1808年からのボナパルト朝、1874年に復活したブルボン朝でもつかわれる。

◆スペイン共和国　1873～74

1873年、第一共和制がはじまり、スペイン共和国に改称。国旗を制定。中央左よりに王冠のない国章を配した赤黄赤の横三分割旗。

◆スペイン共和国　1931～39

1931年に第二共和制がはじまる。新国旗は中央に国章を配した赤黄紫の横三色旗。1820年代の反乱旗の紫色がとりいれられた旗。

◆スペイン国　1939～45

1939年、フランコ政権が成立。国旗を制定。14世紀の王家トラスタマラ家のヨハネの黒ワシが盾をだいている国章を左に配した赤黄赤の横三分割旗。

◆スペイン国　1945～77

1945年、スペイン国の国旗を変更。国章のデザインが一部修正されるとともに、以前より大きく描かれている。

◆スペイン　1977～81

1975年に王制にもどり、ブルボン朝のファン・カルロス1世が即位。1977年、国名をスペインにかえ、国旗を制定。国章を配した赤黄赤の横三分割旗。

コロンブス 新大陸へ第一歩

　8世紀以来、イスラム教徒が支配していたイベリア半島では、11世紀ころから、キリスト教徒の小王国により国土回復運動（レコンキスタ）がはじまった。そして1492年、スペインが半島からイスラム政権を追いだしたその年の8月、スペインの援助のもとにコロンブスが大西洋横断の第1回航海をおこなった。そして10月12日、西インド諸島のサンサルバドル島（現バハマ）に到着した。

　同じころ、ポルトガルやスペインを中心に、ヨーロッパ人の知らない世界への航海がはじまっていた。ポルトガルの航海者バスコ・ダ・ガマはアフリカの南端を経て、イスラム教徒の水先案内人の助けをかりてインドのカリカットに到着した。さらにスペインのカルロス1世の援助を得たマゼラン一行は、1522年、世界一周をなしとげた。

　ポルトガルとスペインはこうして発見した新大陸を征服し、先住民を労働力としてつかい、鉱山やサトウキビ農場などではたらかせた。

コロンブスと乗船したサンタマリア号（復元）　コロンブスは、西まわりでインドにいくことができると信じて航海し、新大陸に到着した。

Slovak Republic

スロバキア共和国

首都：ブラチスラバ　面積：4.9万km²（中国地方＋四国地方程度）　人口：545万人　公用語：スロバキア語

国旗比率2：3。1992年より使用。左側に国章を配した白青赤の横三色旗。ハンガリーに長いあいだ支配され、上部ハンガリーとよばれたスロバキアの国旗は、デザインが変更されても、白青赤の汎スラブ3色がつかわれている。

1990年より使用。1939年に制定された赤い盾型紋章を復活させたもの。伝統的なハンガリーのデザインである緑の3つの丘に立つ白い二重十字を青い3つの丘にかえたもので、19世紀に考案された。3つの丘は国のシンボルであるタトラ山、マトラ山、ファトラ山を表す。

◆チェコスロバキア共和国　1918～20

第一次世界大戦でオーストリア＝ハンガリー帝国がやぶれ、二重帝国が解体。チェコと合体し、チェコスロバキア共和国が成立。国旗は白赤の横二色旗。

◆チェコスロバキア共和国　1920～39

1920年、チェコスロバキア共和国の国旗を変更。青白赤の横Y字旗。白赤の二色旗にスロバキアとモラビアを表す青い三角形を加えたもの。第二次世界大戦後のチェコスロバキア共和国（1945～60）、チェコスロバキア社会主義共和国（1960～90）でも使用された。

◆スロバキア共和国　1939～44

1939年、親ナチス・ドイツ勢力により、スロバキア共和国の独立が宣言された。国旗を制定。白青赤の横三色旗。1969年にチェコスロバキア社会主義共和国が、チェコとスロバキアの連邦とされたときのスロバキア社会主義共和国（1969～90）でも使用された。

自然　ヨーロッパ中央部の内陸国。国土のほとんどが山地で、南部のドナウ川流域には平野が広がる。西部と中部は温帯、東部は冷帯で寒暖差が大きい。農業は小麦、大麦、トウモロコシなどを栽培し、山地では牧畜や林業がさかん。マグネシウム、鉄、銅を産出。自動車や電子機器の産業も発展している。

歴史　5～6世紀ころ、西スラブ系のスロバキア人が定住をはじめる。9世紀、大モラビア王国がさかえたが、10世紀初め、マジャール人が侵入し、11世紀、ハンガリー王国に編入される。1526年、ハンガリーがオスマン帝国にやぶれると、中部と南部はオスマン帝国に、北部と西部はハプスブルク家の支配下に入る。

　第一次世界大戦後の1918年、チェコと合体しチェコスロバキア共和国として独立。1939年、ナチス・ドイツの圧力で保護国となるが、第二次世界大戦後の1948年、チェコといっしょに社会主義国となる。1989年、ビロード革命がおこり、1993年、チェコと分離しスロバキア共和国として独立。2004年、ヨーロッパ連合（EU）に加盟する。

Republic of Slovenia

スロベニア共和国

首都：リュブリャナ　面積：2.0万km²（四国地方程度）　人口：208万人　公用語：スロベニア語

国旗比率1：2。1991年より使用。左上に国章を配した白青赤の横三色旗。これらの3色（汎スラブ色）はスロベニアの伝統的な紋章につかわれている。ユーゴスラビア連邦人民共和国を構成する共和国のうちで最初に独立をはたしたときに制定された国旗である。

1991年より使用。赤いふちどりのある青い盾型紋章。3個の黄色い六角星はチュルエ伯爵の紋章に由来する。スロベニア海岸を表す2本の青い波線をつけた白い山は、この国のシンボルである南アルプス連峰のトリグラフ山をしめす。

◆セルビア人・クロアチア人・スロベニア人王国　1918～43

1918年、セルビア人・クロアチア人・スロベニア人王国が成立。国旗は青白赤の横三色旗。1929年、国名をユーゴスラビア王国にあらためたのちも、継続して使用された。

◆スロベニア人民共和国　1945～90

1945年、ユーゴスラビア連邦人民共和国の一構成国としてスロベニア人民共和国が成立。国旗は赤い五角星を配した白青赤の横三色旗。1963年にスロベニア社会主義共和国に国名をあらためたのちも、継続して使用された。

自然

ヨーロッパ南東部、バルカン半島の北西部にある国。北部はアルプス山脈につらなり、ドナウ川支流のサバ川とドラバ川流域に平野がひらける。南西部は石灰岩のカルスト台地が広がり、鍾乳洞がみられる。ほとんどが温帯の西岸海洋性気候だが、南部の沿岸は地中海性気候。小麦、トウモロコシ、ホップ（ビールの原料）、ブドウなどを栽培。自動車、電気機器、医薬品などの産業が発展、ワインの製造もさかんである。

歴史

6世紀、南スラブ系のスロベニア人が住みはじめる。8世紀にフランク王国の支配下となり、キリスト教のカトリックが広まる。10世紀、神聖ローマ帝国に支配され、13世紀にオーストリアのハプスブルク家の所領となる。

第一次世界大戦後の1918年、セルビア人・クロアチア人・スロベニア人王国として独立する。第二次世界大戦後の1945年、6つの共和国とユーゴスラビア連邦人民共和国を結成。1991年、連邦からの分離独立を宣言すると、連邦軍が攻めいり、内戦状態になるが、ヨーロッパ連合（EU）の仲介で停戦が成立した。2004年、EUに加盟する。

Republic of Serbia

セルビア共和国

首都：ベオグラード　面積：7.7万km²（日本の2割）　人口：714万人　公用語：セルビア語

国旗比率2：3。2010年より使用。左に国章の盾と王冠の部分を配した赤青白の横三色旗。2006年にセルビア共和国が成立したときに制定された国旗のデザインをふまえて、2010年に国旗を変更したときに中央の青色を修正し、濃い青にかえた。

2006年より使用。赤い盾型紋章。盾のなかは、白い双頭のワシが、白いセルビア十字を描いた盾を胸にだき、足元に12世紀のネマニッチ朝セルビア王国時代からつかわれている2個の黄色のユリの花を置いている。盾の上部に冠、背後に冠をのせ黄色い樫の葉と東ローマ帝国の双頭のワシの紋章を入れた赤い位階服を配している。

◆セルビア王国　1878～82

1878年、オスマン帝国からセルビア王国として独立。国旗は赤青白の横三色旗。

◆セルビア王国　1882～1918

1882年、セルビア王国の国旗を変更。中央に国章を配した赤青白の横三色旗。

◆セルビア人・クロアチア人・スロベニア人王国　1918～41

1918年、セルビア人・クロアチア人・スロベニア人王国が成立。国旗は青白赤の横三色旗。1929年にユーゴスラビア王国にあらためられたのちも使用。

◆セルビア人民共和国　1945～90

ユーゴスラビア連邦人民共和国の連邦を構成する国としてセルビア人民共和国が成立。国旗は赤い五角星を配した赤青白の横三色旗。

1963年に国名をセルビア社会主義共和国に変更後も使用。

自然　バルカン半島の中央にある内陸国。北部のドナウ川流域にゆたかな平野がひらけている。南部は山地が多い。農業は小麦、トウモロコシ、果実、ジャガイモなどを栽培。酪農もさかん。銅、アンチモン、鉛、ボーキサイト、石油など鉱産資源にめぐまれている。鉄鋼、機械、自動車などの産業が発展。

歴史　6～7世紀ころ、スラブ系のセルビア人が住みはじめる。12世紀、セルビア王国が成立。バルカン半島最大の王国に発展するが、14世紀末、コソボの戦いでオスマン帝国にやぶれ、その支配下に入る。1878年、王国として独立をみとめられる。

1918年、セルビア人・クロアチア人・スロベニア人王国の中心となる。第二次大戦後の1945年、6共和国からなるユーゴスラビア連邦人民共和国を結成し、チトー大統領のもと独自の社会主義路線を歩んだ。1991年、連邦が解体すると、翌年、モンテネグロとユーゴスラビア連邦共和国を形成。1998年、コソボ紛争に介入し、翌年、北大西洋条約機構（NATO）軍から空爆された。2006年にモンテネグロが、2008年にコソボが独立した。

◆セルビア共和国　1990～2006

1990年、ユーゴスラビア連邦共和国解体への動きがはじまる。セルビア共和国にあらためる。新国旗は中央の赤い五角星をとりのぞいた赤青白の横三色旗。

◆セルビア共和国　2006～10

2006年、モンテネグロが独立し、単体のセルビア共和国となる。国旗を制定。現国旗にちかいデザインだが、国章の大きさや色の濃さが少しちがっている。

◆ユーゴスラビア連邦共和国／セルビア・モンテネグロ　1992～2006

1992年、連邦の4共和国が分かれて独立し、モンテネグロとセルビアはユーゴスラビア連邦共和国を結成。国旗は青白赤の横三色旗。2003年にセルビア・モンテネグロに国名をかえたのちも継続して使用。

国旗コラム　教えて！苅安先生

「白青赤」3色が象徴する「スラブ民族」

　スラブ民族とはスラブ系の言語をつかう人びとのことで、ロシアや東ヨーロッパに多く、世界では3億人ほどいるといわれています。その内訳は、東方正教系(ロシア人、ウクライナ人、ベラルーシ人、セルビア人、モンテネグロ人、マケドニア人、ブルガリア人)と、カトリック系（ポーランド人、ソルブ人、チェコ人、スロバキア人、スロベニア人、クロアチア人)に分けられます。

　19世紀になって、民族的に共通の祖先をもつとされるスラブ人の連合をめざす「汎スラブ主義」運動がおこりました。そのときに「白青赤」3色の「汎スラブ色」とよばれる旗を運動のシンボルにしました。この色は、ロシア帝国の国旗をもとにしたといわれています。だから、スラブ人が多く住む国の国旗には、この「汎スラブ色」がつかわれているのです。

◆ロシア連邦

◆スロバキア共和国

◆セルビア共和国

◆クロアチア共和国

◆スロベニア共和国

◆チェコ共和国

Czech Republic

チェコ共和国

首都：プラハ　面積：7.9万km²（日本の2割）　人口：1062万人　公用語：チェコ語

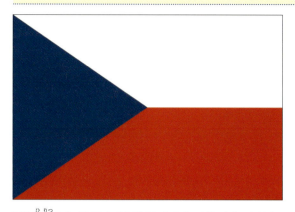

国旗比率2:3。1993年より使用。青白赤の横Y字旗。青は空、白は純粋さ、赤は闘争で流された血を表す。初めは1920年にチェコスロバキア共和国の国旗として制定されたもの。

1992年より使用。スロバキアと分かれる1年前に制定されたチェコ共和国の国章。四分割盾型紋章で、左上と右下にはボヘミアを表す冠をかぶった白いライオン、右上にはモラビアを表す赤白の市松模様のワシ、左下にはシレジアを表す黄地に黒ワシを配したもの。

◆チェコスロバキア共和国　1918〜20

第一次世界大戦でオーストリア＝ハンガリー帝国がやぶれた結果、チェコとスロバキアが合体してチェコスロバキア共和国が成立。国旗は白赤の横二色旗。

◆チェコスロバキア共和国　1920〜39

1920年、国旗を変更。ボヘミア紋章にもとづく白赤の二色旗に、スロバキアとモラビアを表す青い三角形を加えた旗。以後、1945年の共和国復活、社会主義体制、連邦制を経てつかわれて、1993年にチェコスロバキア連邦共和国が解体すると、チェコ共和国の国旗となった。

◆ボヘミア・モラビア保護国　1939〜45

1939年、ナチス・ドイツの影響のもとでチェコスロバキアが解体。スロバキアは分離独立し、チェコはボヘミア・モラビアがドイツの保護国となる。国旗は白赤青の横三色旗。

自然　ヨーロッパの中央部にある内陸国。西部にボヘミア盆地、東部にモラビア高地が広がり、まわりは山地にかこまれている。ほとんどが温帯の西岸海洋性気候。農業は各種の麦、ジャガイモ、ホップなどを栽培。工業国で、機械、鉄鋼、化学、自動車のほか、ビール醸造も発展。観光業ものびている。

歴史　5〜6世紀ころ、スラブ系の諸族が住みはじめた。9世紀、チェコ人とスロバキア人を統合した大モラビア王国がおこるが、10世紀初めにマジャール人が攻めいり、スロバキアはハンガリーの支配下に入り、チェコにはボヘミア王国がおこった。1526年、ハプスブルク家のフェルディナントがボヘミア王につき、以後はハプスブルク家が支配する。

第一次世界大戦後の1918年、スロバキアと合体し独立。1939年にドイツに併合されたが、第二次世界大戦後の1948年、共産党政権が成立。1968年に民主化がはじまると（プラハの春）、ソ連の武力介入により民主化運動はおさえられた。1989年、ふたたび民主化運動が高まり、共産党の独裁体制がたおされた（ビロード革命）。1993年、スロバキアと分かれる。2004年、ヨーロッパ連合（EU）に加盟する。

デンマーク王国

Kingdom of Denmark

首都：コペンハーゲン　面積：4.3万km²（九州地方程度）　人口：573万人　公用語：デンマーク語

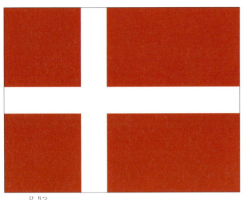

国旗比率 28：37。1219年より使用。白いスカンディナビア十字を配した赤旗。赤は神聖ローマ帝国軍の旗の色で、白い十字はキリスト教を表す。スカンディナビア十字旗のモデルとなった旗。

1972年より使用。黄色い盾型紋章。11〜14世紀のデンマーク王家の紋章にもとづく3頭の王冠をかぶった青ライオンと9個の赤いハート、盾の上に王冠。1219年にデンマーク王が戦いでやぶったエストニアの現在の国章にも、また首都タリンの市章にも3頭の青ライオンがつかわれている。

◆デンマーク王国　1219〜1397／1523〜1940

1219年、デンマーク王のワルデマール2世がエストニアを征服。国旗は現国旗と同じデザイン。16世紀にカルマル同盟から独立したときもこの国旗が復活した。

北欧3国でカルマル同盟

1397年、北ヨーロッパの3国の王家は、密接な親戚関係にあったが、デンマークとノルウェーで実権をもっていたマルグレーテ女王がスウェーデン王をやめさせ、3国の同君連合（カルマル同盟）を結成した。王には姉の孫をすえ、みずから3国の支配権をにぎった。この連合は、1523年にスウェーデンが分かれるまでつづいた。

◆カルマル同盟旗　1397〜1523

同盟の3国とも、国旗は横十字のスカンディナビア十字で色ちがい。同盟旗は赤の十字の黄旗。

自然　ヨーロッパ北部の、北海とバルト海につきだしたユーラン半島と、480もの島からなる。ほかに自治領としてグリーンランドや北大西洋のフェロー諸島がある。国土のほとんどは平らな低地で、最高地点は海抜約170m。北大西洋海流の影響をうけ比較的温和である。農業や酪農がさかんで、大麦、小麦、テンサイ、ジャガイモなどを栽培し、乳製品や肉類を輸出している。北海で原油や天然ガスを産出し、機械や医薬品などの工業も発展。風力発電は総電力の40％をこえている。

歴史　8〜9世紀ころ、ノルマン人（バイキング）が建国。11世紀にクヌートがイングランドやノルウェーを征服した。14世紀末にスウェーデン、ノルウェーと同君連合（カルマル同盟）をむすび、支配下においた。その後、17世紀の三十年戦争に参加してやぶれ、19世紀初めのナポレオン戦争にやぶれるなど、国力が弱まった。

第一次世界大戦では中立をたもったが、第二次世界大戦ではドイツ軍に占領された。1944年、アイスランドが分離して独立。1973年、ヨーロッパ共同体（EC、現在のEU）に加盟する。社会保障がととのい、女性の社会参加率も高い。

Federal Republic of Germany

ドイツ連邦共和国

首都：ベルリン　面積：35.7万㎢（日本よりやや狭い）　人口：8211万人　公用語：ドイツ語

国旗比率3：5。1949年より使用。黒赤黄の横三色旗。ドイツ連邦共和国（西ドイツ）だけでなく、ドイツ民主共和国（東ドイツ）も1949〜59年はこの国旗を使用していた。もともとは1919年にワイマール共和国が成立したときに制定された国旗である。黒は勤勉、赤は熱血、黄は名誉を表す。

1950年より使用。黄色い盾型紋章で、翼を広げた黒ワシを配したもの。ドイツでは神聖ローマ帝国以来、黒ワシがシンボルとしてもちいられつづけてきた。神聖ローマ帝国の国旗、ドイツ連邦の国旗・国章には双頭の黒ワシがつかわれていたが、プロイセン王国、ドイツ帝国、ワイマール共和国などの国章は単頭の黒ワシとなっている。

◆神聖ローマ帝国　1401〜1806

962年に神聖ローマ帝国が成立。15世紀からつかわれた国旗は翼を広げた双頭の黒ワシを描いた黄旗。

◆プロイセン王国　1701〜1871

1701年、北ドイツのプロイセン公国が王国に昇格。国旗を制定。王冠をかぶり、翼を広げる単頭の黒ワシ、上下に黒い横縞を配した白旗。

◆ライン同盟　1806〜13

1806年、ナポレオン戦争中に神聖ローマ帝国が滅亡し、西南ドイツにライン同盟（連邦）が成立。国旗は緑白青の横三色旗。同盟は1813年に解体した。

◆ドイツ連邦　1815〜66

1815年、オーストリア帝国や、プロイセン王国など35の君主国と4つの自由都市によるドイツ連邦が成立。国旗は左上に国章を配した黒赤黄の横三色旗。

自然　ヨーロッパ中央部にあり、バルト海と北海に面している。北部は北ドイツ平原、中部は丘陵地帯、南部は標高1000m以上のアルプス山脈につらなる高原。西部にはライン川、東部にはエルベ川、南部にはドナウ川が流れている。気候は北大西洋海流の影響で、ほとんどが温帯気候。農業や酪農がさかんで、小麦、大麦、ライ麦、ジャガイモ、ホップなどを栽培している。ビールやワインの生産も多い。工業の先進国で、鉄鋼、機械、自動車、電子工学、医薬品などのほか、環境技術も水準が高い。

歴史　紀元前5世紀ころからゲルマン人が住みはじめた。8世紀、フランク王国のカール大帝が西ヨーロッパの大半を支配した。843年に東フランク王国が成立。962年、オットー1世がローマ教皇から皇帝の冠をうけ、神聖ローマ帝国が成立した（〜1806年）。13世紀以降は封建諸侯が各地に出現するなか、北ドイツのリューベックを中心にハンザ同盟が結成され、商業を支配し、諸都市がさかえた。16世紀に宗教改革がはじまると、農民戦争や三十年戦争などがおこり、神聖ローマ帝国は

分裂状態になった。いっぽう、1701年に東方にプロイセン王国が成立した。1871年にはフランスに勝利し、プロイセンを中心にドイツ帝国が誕生。ビスマルク宰相のもと、強大国となる。1914年、イギリス・フランス・ロシアなどを相手に第一次世界大戦に突入するがやぶれる。大戦後の1919年、帝政は崩壊し、ワイマール共和国が成立する。

大戦後のベルサイユ条約はドイツにきびしい内容であったため、1933年、国民の不満を背景にヒトラーのナチスが政権をにぎる。1939年、ポーランドに攻めいったのをきっかけに第二次世界大戦に突入。1945年に降伏し、アメリカ、イギリス、フランス、ソ連の4カ国の占領下におかれた。

1949年、米英仏が占領した西側にドイツ連邦共和国（西ドイツ）が、ソ連が占領した東側にはドイツ民主共和国（東ドイツ）が成立。1961年には東ドイツの首都ベルリンに、東西を分ける壁がきずかれた。民主化運動が高まって、1989年にベルリンの壁がこわされ、翌年、東西ドイツは統一された。以後、フランスとともにヨーロッパ連合の中心的な国として、ヨーロッパの統合をすすめている。

◆ドイツ帝国　1871〜1918

プロイセン王国を中心に統一国家ドイツ帝国が成立。国旗は黒白赤の横三色旗で、ビスマルク宰相の指示で考案された北ドイツ連邦の国旗を継続して使用。

◆ワイマール共和国　1919〜33

1919年にワイマール共和国（ナチス政権までのドイツ共和国）が成立。国旗を制定。現国旗と同じ黒赤黄の横三色旗。黒は勤勉、赤は熱血、黄は無上の名誉を表している。

◆ドイツ国　1935〜45

1933年、ヒトラーが首相となり、国名をドイツ国に変更。1935年にドイツ国の国旗を変更した。中央の白い円にハーケンクロイツ（カギ十字）を配した赤旗。

◆ドイツ民主共和国　1959〜90

1959年、ドイツ民主共和国（東ドイツ）が国旗を変更。ハンマーとコンパスをデザインした国章を中央に配した黒赤黄の横三色旗。

ベルリンの壁がこわされ、ドイツの統一へ

東ドイツの領域のなかにあるベルリンは、米英仏3国の管理区域とソ連の管理区域に分かれていた。この境界にきずかれた壁は、東西の対立をしめすものだった。

1989年、東ドイツでは民主化を要求するデモがおこり、西側諸国へ脱出する者があいついだため、東ドイツ政府はベルリンの壁を開放。翌1990年、2つに分かれていたドイツは統一された。

ベルリンの壁は一部がのこされ、現在は観光スポットやギャラリーのようになっている。

Kingdom of Norway

ノルウェー王国

首都：オスロ　面積：32.4万k㎡（日本の9割）　人口：530万人　公用語：ノルウェー語

国旗比率8：11。1945年より使用。白い輪郭線をもつ青いスカンディナビア十字を配した赤旗。赤は国民の熱情、青は海と国土、白は雪を表す。ノルウェー・スウェーデン同君連合時代からつかわれており、第二次世界大戦後に復活。

1992年より使用。赤い盾型紋章。王冠をかぶり斧をもって立ちあがる黄ライオン、盾の周囲に聖オラフ勲章（19世紀半ばに守護聖人オラフの名をとってつくられた勲章）、背後に王冠をつけた赤い位階服を配したもの。この黄ライオンは1280年に制定されたノルウェー国旗にもつかわれており、同国の伝統的なシンボルとなっている。

◆ノルウェー王国　1280～1397

1280年、ノルウェー王国の国旗を制定。中央に、現在の国章にもつかわれている王冠をかぶり斧をもち立ちあがる黄ライオンを配した赤旗。

◆デンマーク・ノルウェー連合王国　1523～1814

1523年、カルマル同盟を解消して、デンマーク・ノルウェー連合王国が成立。ノルウェーは事実上デンマークに支配され、デンマークの国旗をつかう。

◆ノルウェー・スウェーデン同君連合　1814～21

ナポレオン戦争の結果、デンマークがノルウェーをスウェーデンにゆずり、ノルウェー・スウェーデン同君連合が成立。国旗の左上には黄ライオン。

◆ノルウェー・スウェーデン同君連合　1844～99

1844年に国旗を変更。左上に配されているのは、ユニオン・マークとよばれるスウェーデン国旗とノルウェー国旗のくみあわせ。

自然　ヨーロッパ北部のスカンディナビア半島の北西側にある国。山岳氷河が発達し、海岸線は複雑にいりくんだフィヨルドを形成。高緯度にあるため、夏は夜でも太陽がしずまない白夜が、冬は太陽がでない極夜がある。気候は北大西洋海流の影響で比較的あたたかいが、北部や内陸部は冬の寒さがきびしい。漁業や海運業がさかんで、水産物を輸出している。北海油田から原油や天然ガスを産出。電力はほとんど水力発電で、アルミの精錬や製紙業がさかん。

歴史　10世紀初め、ノルマン人の王国が成立。バイキングとしてアイスランドやスコットランドなどに進出した。1397年、デンマーク、スウェーデンとカルマル同盟をむすび、スウェーデンがぬけるとデンマークの支配下に入る。19世紀初め、スウェーデンの支配下に入るが、1905年、立憲王国として独立。第二次世界大戦では、ドイツ軍に占領される。1949年、北大西洋条約機構（NATO）成立時のメンバー。社会福祉制度がととのい、男女平等がすすんでいる。

バチカン市国

State of the City of Vatican

首都：バチカン　面積：0.44km²（東京ドーム面積の10倍）　人口：792人　公用語：ラテン語。外交用はフランス語、業務用はイタリア語

国旗比率1：1。1929年より使用。右側に金銀の鍵と教皇の冠を配した黄白の縦二色正方形旗。黄白の二色は十字軍遠征時代のイェルサレム王国の銀色の盾と金色の十字の紋章にもとづく。

1929年より使用。赤い盾型紋章。赤い房のついた交差した金銀の鍵と教皇の冠を配したもの。金銀のペテロの鍵は使徒のひとりペテロがキリストからさずかったキリスト代理人の印で、聖俗両面にわたる教皇の力を表す。3段になった教皇の冠は立法、司法、行政の3つの権力を表す。

◆ローマ教皇領　1316～1670

1316年、ローマ教皇領の旗を制定。中央に白十字、四隅に4個の白い鍵を配した赤い燕尾旗。

◆ローマ教皇領　1670～1770

1670年、教皇領の旗を変更。十字架に磔になったイエスと聖ペテロ、聖パウロを描いた赤い正方形旗。

◆ローマ教皇領　1770～97

1770年、教皇領の旗を変更。赤黄の縦二色旗になった。

◆ローマ教皇領　1800～08

チザルピーナ共和国、ローマ共和国の支配を経て、1800年にローマ教皇領が復活。国旗は中央に交差した金銀の鍵と教皇の冠を配した白旗。

自然　イタリアの首都ローマ市内の丘の上にある世界最小の国。キリスト教カトリックの教皇庁がおかれ、総本山のサン・ピエトロ大聖堂、バチカン宮殿、システィナ礼拝堂などがあり、国全体が世界遺産。住民は教皇をはじめ、教皇庁につとめる聖職者、やとわれたスイス兵士。

歴史　64年ころ、キリスト十二使徒のひとりペテロがバチカンの丘にほうむられ、326年、初代ローマ教皇ペテロの墓の上にサン・ピエトロ大聖堂が建てられた。756年、フランク王国のピピン3世が土地を寄付して教皇領が生まれる。16世紀、サン・ピエトロ大聖堂が再建される。

1870年にイタリア王国に併合されるが、1929年、イタリア政府とラテラノ条約をむすんで、バチカン市国が成立。現在、約180の国や地域と外交関係をむすんでいる。

◆ローマ教皇領　1825～70

1825年、ローマ教皇領の旗を変更。右側に交差した金銀の鍵と教皇の冠を配した黄白の縦二色長方形旗。現在のバチカン市国の国旗の原型で、市国の旗は正方形。

Hungary

ハンガリー

首都：ブダペスト　面積：9.3万km²（日本の4分の1）　人口：972万人　公用語：ハンガリー語

国旗比率1：2。1989年より使用。赤白緑の横三色旗。赤は強さ、白は忠誠心、緑は希望を表す。ハンガリー人民共和国時代の1957年に制定された国旗の縦横の比率を1：2にかえた旗。2012年、ハンガリー共和国からハンガリーへと国名を変更したのちも、継続して使用されている。

1989年より使用。オーストリア帝国の支配下だった1804年に制定された国章を復活させた盾型紋章で、盾の底部の形が修正されている。13世紀アルパード王家のシンボルの赤白8本の横縞、12世紀からハンガリーでつかわれている緑の3つの丘に立つ王冠と白い二重十字、盾の上に曲がった十字をつけた12世紀の聖ステファン王冠を配したもの。

◆ハンガリー王国　1541〜1804

1541年、オスマン帝国がハンガリーの中央部を支配下におく。ハンガリー王国の国旗は赤白8本の横縞旗。13世紀アルパード王家の紋章に由来。

◆オーストリア＝ハンガリー帝国　1867〜1918

1867年、オーストリア＝ハンガリー帝国が成立。オーストリア皇帝が皇帝をかねる。国旗は、両国の政府旗をくみあわせた横三分割旗。

◆ハンガリー王国　1867〜1918

オーストリア＝ハンガリー帝国時代のハンガリー王国の国旗。中央に国章、その両側に天使を配した赤白緑の横三色旗。

◆ハンガリー民主共和国　1918〜19

1918年、第一次世界大戦にやぶれ、ハンガリー民主共和国が成立。新たに国旗を制定。国旗は中央に国章を配した赤白緑の横三色旗。

自然　ヨーロッパ中央部にある内陸国。国土の大部分が海抜200m以下の平原や丘陵地で、中央をドナウ川が流れる。気候は温帯気候だが、冬は寒さがきびしい。農業は小麦、トウモロコシ、ジャガイモ、ブドウなどを栽培し、牧畜もさかん。機械、自動車、化学、製薬などの工業も発展している。

歴史　9世紀末に遊牧民のマジャール人（ハンガリー人）が移住。1000年、イシュトバーン1世のもとでハンガリー王国が成立。13世紀半ばにモンゴル軍に攻められたが、14〜15世紀には東ヨーロッパの強国となる。1526年にオスマン帝国軍と戦ってやぶれ、中部と南部はオスマン帝国の、北部と西部はオーストリアの支配下に入る。

1867年、オーストリア＝ハンガリー帝国が成立。第一次世界大戦ではドイツ側についてやぶれ、領土の3分の2をうしなう。第二次世界大戦中、ドイツ軍に占領されるが、ソ連により解放される。戦後の1949年、社会主義のハンガリー人民共和国となる。1989年に共産党の一党支配がたおされ、ハンガリー共和国が成立。2004年、ヨーロッパ連合(EU)に加盟する。

◆ハンガリー・ソビエト共和国　1919〜20

1919年、ハンガリー・ソビエト共和国が成立。国旗は無地の赤旗。しかし、ルーマニアの介入で翌年にたおされてしまう。

◆ハンガリー王国　1920〜45

1920年、反共産主義のホルティが摂政となり、国王が空位のままハンガリー王国が成立。国旗は1867年制定の盾型国章を配した赤白緑の横三色旗。1944年にハンガリー国となっても継続して使用。

◆ハンガリー共和国　1946〜49

1946年に王制を廃止し、ハンガリー共和国となる。国旗は中央に国章を配した赤白緑の横三色旗。盾の形がかわった。

◆ハンガリー人民共和国　1949〜56

1949年、共産化がすすみ、ハンガリー人民共和国にあらためる。国旗は赤い五角星、ハンマー、小麦の穂が描かれた国章を中央に配した赤白緑の横三色旗。

国旗コラム　教えて！苅安先生

わかるかな？ 世界の独立運動と旗

　世界では、民族や宗教などのちがいを理由に、ある地域が属する国家から独立しようとする動きがあります。そんなとき、独立しようとする側は自分たちをしめす旗を掲げることが多くあります。

　イギリスを構成する地域のひとつ、スコットランドでは、2014年に本国からの独立を問う住民投票がおこなわれました。そのとき、人びとは下左の「聖アンドリュース旗」とよばれる旗を手に投票所に向かいました。このデザインは現在のイギリス国旗にもとりいれられています。スコットランドがもし独立したら、この旗を自分たちの国旗にする予定だったのです。

　また、中国の自治区となっているチベットでは、2008年に独立運動がおこりました。中国の清朝が滅亡した1912年にチベットは事実上の独立をはたし、このときに国旗として制定されたのが下右の旗です。雪山の前で宝石をささえる雪獅子と太陽光線を描いたものですが、チベットは1951年に中国に併合され、最高指導者のダライ・ラマ14世はインドにのがれました。その後も中国の支配に反対するチベットの人びとの運動はつづいていて、この旗がシンボルとしてつかわれているのです。

◆スコットランド（聖アンドリュース旗）

◆チベット国旗（1912〜51）

Republic of Finland

フィンランド共和国

首都：ヘルシンキ　面積：33.8万km²（日本の9割）　人口：552万人　公用語：フィンランド語・スウェーデン語

国旗比率 11：18。1978年より使用。青いスカンディナビア十字を配した白旗。19世紀の詩人ザクリス・トペリウスがかんがえ、1918年に採用された国旗とほぼ同じデザインだが、青が濃くなっている。白は雪、青は湖を表す。

1978年より使用。赤い盾型紋章。冠をかぶり鎧をつけた腕でまっすぐな剣をふりあげ、となりの国ロシアの曲がった剣をふみつける黄色いライオンと、9つの地方を表す9個の白バラを配したもの。黄色いライオンは、1917年に制定された国旗に採用されており、数回、デザイン変更されながら現国章にいたるまでつかわれつづけている。

◆フィンランド王国　1917〜18

ロシア革命のさい、ロシア帝国よりフィンランド王国として独立。国旗を制定。国旗は現在の国章にもつかわれている黄色いライオンを描いた赤旗。

◆フィンランド共和国　1918〜44

1918年、翌年の共和制への移行、フィンランド共和国へと国名をあらためることに先立ち、新たな国旗を制定。中央に青いスカンディナビア十字を配した白旗。

自然　スカンディナビア半島のつけ根にある国。ほとんどが海抜50m以下の丘陵地。国土の約70％が森林で、湖が多い。冷帯気候だが、南部は北大西洋海流の影響で比較的あたたかい。北極圏にある北部は、冬の寒さがきびしい。製材や製紙業、鉄鋼、金属などの工業が発達したが、近年ではエレクトロニクスなどの先端技術産業がのびている。

歴史　紀元前500年ころ、ウラル山脈の近くからフィン人が移住してきた。13世紀にスウェーデン領となり、キリスト教が広まる。19世紀初め、スウェーデンとロシアの戦争の結果、ロシアの支配下に入り、フィンランド大公国が成立する。

　1906年に国民議会が創設され、ヨーロッパではじめて女性に選挙権があたえられた。1917年、ロシア革命でロシア帝国がたおれると、独立を宣言し共和国となる。第二次世界大戦中はソ連軍と戦ってやぶれ、カレリア地方の一部をうしなった。1995年、ヨーロッパ連合（EU）に加盟する。社会保障制度がととのっていて、国連の2018年の世界幸福度ランキングでは1位にえらばれた。

French Republic

フランス共和国

首都：パリ　面積：64.1万km²（日本の1.7倍）　人口：6723万人　公用語：フランス語

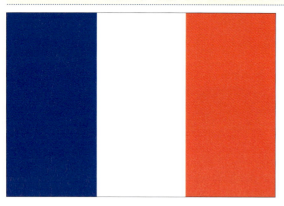

国旗比率2：3。1944年より使用。青白赤の縦三色旗。1792年に制定され、第二次世界大戦中のドイツ支配下でもこの国旗がつかわれていた。青は自由、白は平等、赤は博愛を表す。白はブルボン王家の、赤と青はパリ市の色であった。

1953年より使用。第二次世界大戦後のフランスでは公式な国章は制定しておらず、上は非公式の国章。ライオンの頭をのせフランス共和国を表すFRを配した黄色い盾、背後に古代ローマの執政官が正義のシンボルとしてつかった束桿斧（斧のまわりに木の束をむすびつけたもの）、月桂樹の枝と樫の葉を配したもの。

◆カペー朝フランス王国　1226〜1364

カペー朝がひらかれ、西フランク王国を起源とするフランス王国が成立したのは987年。1226年にカペー朝のルイ9世が国旗を制定。黄色いユリの花を配した青旗。バロワ朝がひらかれたのちも1364年までこの国旗が継続してつかわれた。

◆バロワ朝フランス王国　1364〜1638

1364年、バロワ朝のシャルル5世が国旗を変更。黄色いユリの3花弁を配した青旗。中央のユリは信仰を表し、それを騎士道と学問を表すユリが左右からまもるように置かれている。

◆ブルボン朝フランス王国　1638〜1790

1638年、ブルボン朝のルイ13世が国旗を変更。中央に王冠、ユリの3つの花弁を描いた青盾、聖霊勲章、盾の左右に子どもの天使を配し、全体に黄色いユリの花をちりばめた白旗。

自然　ヨーロッパ西部にある国。東南部の国境にはアルプス山脈が、南部の国境にはピレネー山脈がはしっている。国土の60％以上は平地で土地は肥えている。ほとんど温帯気候で、南部は地中海性気候、西部は西岸海洋性気候、山岳地方は高山気候である。農業国で食糧はほとんど自給できる。酪農や畜産もさかんで、ワインや乳製品などを輸出している。化学、機械、自動車、繊維・服飾、航空・宇宙、原子力発電などの工業が発展し、近年はバイオ関連ものびている。観光客数は世界有数で、観光収入も大きい。

歴史　紀元前9世紀ころからケルト人が住んでいた。紀元前2世紀、ローマに支配された。5世紀になるとフランク族が侵入しメロビング朝をおこし、800年にカール大帝が西ローマ皇帝について、西ヨーロッパのほぼ全域を支配した。イギリスとの百年戦争（1337〜1453年）を経て、国土を統一。16世紀にはカルバン派の新教徒とカトリックの旧教徒との争い（ユグノー戦争）がおこって国内は混乱するが、17世紀、ルイ14世のもとで絶対王政がきずかれた。

1789年、フランス革命がおこり、王制が廃止され共和制に。1804年、ナポレオンが皇帝につき帝政となる。その後、王制（1815年〜）、第二共和制（1848年〜）、第二帝政（1852年〜）を経て、1870年にプロイセンとの普仏戦争にやぶれて第三共和制が成立した。

第一次世界大戦では戦勝国となったが、第二次世界大戦では、北部をナチス・ドイツに占領され、南部はナチスに協力的なビシー政権のもとにおかれた。1944年の連合国側の総攻撃によりパリは解放され、翌年、ドイツは降伏。1946年に第四共和制、1958年に第五共和制が発足。1967年、ドイツなどとヨーロッパ共同体（EC、現在のEU）を結成し、ヨーロッパの統合の中心国のひとつとなっている。

◆フランス共和国　1790〜92

1789年にフランス革命がおこる。1790年にフランス共和国の国旗を制定。赤白青の縦三色旗。1792年には現在の国旗と同じ青白赤の順番に色の配列がかわった。

◆フランス共和国　1848

1848年、二月革命により第二共和制が成立。フランス共和国にあらためる。国旗は青赤白の縦三色旗。同年5月にはふたたび変更され、青白赤の縦三色旗が復活、以後はこの順が継続している。

フランスをすくったジャンヌ・ダルク

ジャンヌ・ダルク像。

イギリスとフランスは、毛織物産地として重要なフランドル地方（現オランダ・ベルギー）をめぐって百年戦争（1339〜1453年）を戦っていた。ジャンヌ・ダルクが生まれたのは、そのさなかの1412年で、パリさえイギリス軍に占領されるほどフランスが不利な時期だった。

ジャンヌは13歳のころ、「フランスをすくえ」という神の声を何度も聞いた。1429年、ジャンヌは皇太子シャルルと会い、その兵をあたえられてイギリス軍に包囲されていたオルレアンに向かって進軍し、奇跡的な勝利をおさめた。そして、皇太子はシャルル7世として即位した。

さらにジャンヌはパリの解放に向かうが失敗。1430年、コンピエーニュ城の戦いでとらえられ、翌年、「異端の魔女」としてルーアンで火刑に処せられた。しかしジャンヌは、祖国愛のシンボルとして多くの人びとから親しまれている。

◆ジャンヌ・ダルクの軍旗（上が表、下が裏）

Republic of Bulgaria

ブルガリア共和国

首都：ソフィア　面積：11.1万km²（日本の3割）　人口：709万人　公用語：ブルガリア語

国旗比率3：5。1990年より使用。白緑赤の横三色旗。ロシア国旗の白青赤の青を緑にかえた旗。社会主義政権がたおれ、国名をブルガリア共和国とあらためたときにこの国旗が制定された。白は平和と自由、緑は農業と森林、赤は軍隊の勇気と闘争を表す。

1997年より使用。赤い盾型紋章。冠をかぶり立ちあがる黄ライオン、盾の上には冠、国旗カラーの盾かざり、両側には冠をかぶった2頭の黄ライオンが知恵を表す樫の枝の上に立っている。3頭のライオンはモエシア、トラキア、マケドニアの3地方を表す。

◆ブルガリア公国　1879〜1908

1878年、オスマン帝国よりブルガリア公国として独立し、翌年に国旗を制定。白緑赤の横三色旗。

◆ブルガリア王国　1908〜44

1908年、オスマン帝国での革命をきっかけに独立を宣言。ブルガリア王国とあらため、国旗を制定。王冠をかぶり立ちあがる黄ライオンを配した白緑赤の横三色旗。

◆ブルガリア人民共和国　1946〜48

1946年、国民投票により、王制をやめブルガリア人民共和国が成立。左上に国章を置いた白緑赤の横三色旗。以後、国章がかわるたびに3回変更された。

自然　ヨーロッパ南東部、バルカン半島にあり、黒海に面している。中央を東西にスターラ山脈がはしり、その南北に平野がひらけている。南部は地中海性気候で、北に行くほど寒暖の差が大きくなる。農業と牧畜が中心で、小麦、トウモロコシ、ヒマワリ、ブドウ、バラなどを栽培し、ヨーグルトやチーズ、バラ油を生産している。機械、石油化学、食品加工などの工業もさかん。

歴史　7世紀ころ、ブルガール人が移住し、第一次ブルガリア帝国をつくる。11世紀にビザンツ帝国領となるが、1185年に第二次ブルガリア帝国が再興する。14世紀末にはオスマン帝国の支配下に入り、多くのトルコ人が移住してイスラム教が入る。

19世紀後半のロシア・トルコ戦争の結果、ブルガリア公国がたてられ、1908年、王国として独立する。第一次世界大戦、第二次世界大戦ともドイツ側についてやぶれ、1946年に社会主義のブルガリア人民共和国が成立。1989年、民主化運動が高まり、共産党の一党独裁体制がたおれ、1990年に国名をブルガリア共和国にあらためる。2007年、ヨーロッパ連合(EU)に加盟する。

Republic of Belarus

ベラルーシ共和国

首都：ミンスク　面積：20.8万km²（日本の半分強）　人口：947万人　公用語：ベラルーシ語・ロシア語

国旗比率1：2。2012年より使用。左側に民族衣装につかわれる赤白の伝統模様を配した赤緑の横二分割旗。赤は過去の戦い、緑は希望と森林を表す。1995年に制定された国旗の、左の伝統模様の部分のデザインが変更された。

1995年より使用。円形紋章で、地球、のぼる太陽、ベラルーシの地図、赤い五角星、ライ麦の穂のリース、シロツメクサの花と亜麻の花、キリル文字でベラルーシの国名を黄字で記した国旗カラーのリボンを配したもの。

◆ベラルーシ人民共和国　1918～19

1918年、第一次世界大戦中にベラルーシを占領していたドイツ軍が撤退し、ベラルーシ人民共和国が成立。国旗を制定。白赤白の横三分割旗。

◆ベラルーシ・ソビエト社会主義共和国　1919～27

1919年、リトアニアが分かれてベラルーシ（白ロシア）・ソビエト社会主義共和国が成立。国旗は、左上にキリル文字ベラルーシ語で国名の略号を黄色で記した赤旗。

◆ベラルーシ・ソビエト社会主義共和国　1951～91

1951年にベラルーシ・ソビエト社会主義共和国の国旗を変更。現在の国旗にちかいデザインだが、左上に黄の輪郭線をもつ五角星、鎌とハンマーが配されている。

◆ベラルーシ共和国　1995～2012

1991年にベラルーシ共和国としてソビエト連邦から独立。初めは1918年制定の国旗を復活させたが、1995年に国旗を変更。左に赤白の民族模様を配した赤緑の横二分割旗。

自然　ヨーロッパ東部にある内陸国。国土のほとんどが低地で、最高地点は海抜345m。森林が約40％をしめている。北部には4000もの湖や沼があり、南部は低湿地が広がる。気候は冷帯気候だが、西部は比較的あたたかい。農業や牧畜、林業がさかんで、小麦、大麦、ライ麦、ジャガイモなどを栽培している。カリ肥料の生産は世界有数。

歴史　6世紀ころからスラブ人が住みはじめる。9世紀ころ、ノルマン系のルース人がキエフ公国を形成。14世紀、リトアニア大公国の支配下に入り、16世紀にはポーランド・リトアニア連合国の支配下となる。18世紀末のポーランド分割により、ロシア領となる。

ロシア革命後の1919年、ベラルーシ（白ロシア）・ソビエト社会主義共和国が成立。1922年、ソ連邦に参加する。第二次世界大戦ではドイツ軍に占領されて独ソ両軍の戦場となり、住民の約3分の1が犠牲となった。1986年にはウクライナのチェルノブイリ原子力発電所の事故で、大きな被害をうける。1991年にソ連が崩壊して独立し、翌年、国名をベラルーシ共和国にあらためた。1994年以来、ルカシェンコ大統領による政治がつづき、強権政治に批判がおこっている。

ベルギー王国

Kingdom of Belgium

首都：ブリュッセル　面積：3.1万km²（日本の12分の1）　人口：1143万人　公用語：オランダ語・フランス語・ドイツ語

国旗比率13：15。1944年より使用。黒黄赤の縦三色旗で、縦横の比率は正方形にちかい13：15。黒は力、黄は充実、赤は勝利を表す。1831年、ドイツのザクセン・コーブルク家からレオポルド1世を初代の国王にむかえて建国したときの国旗を復活させた。

1837年より使用。黒い盾型紋章。赤い舌を出し立ちあがる黄ライオン、盾の上部には王冠をのせた兜、盾の背後には交差した先に正義の手をつけた棒と先端にライオンをつけた王笏（君主がもつ装飾的な杖）、盾の両側に国旗をもつライオン、全体の背後に王冠をつけた赤い位階服、ベルギーを構成する9州の旗などを配したもの。

◆ネーデルラント17州連合旗　1543～79

1543年、ベルギー、オランダ、ルクセンブルクにフランスとドイツの一部が加わり、ネーデルラント17州連合が結成される。左の旗は連合旗。

◆ベルギー合衆国　1789～90

1789年、ベルギー合衆国が成立。国旗は中央に立ちあがる黄色ライオンを描いた黒盾、盾の上に冠、周囲に赤黒三角のふちどりを配した黄旗。

◆ベルギー合衆国　1790

1790年、ベルギー合衆国の国旗を変更。赤黒黄の横三色旗。この3色は現在の国旗にもつかわれている。

◆ベルギー臨時政府　1830～31

ナポレオン戦争後、オランダとあわせネーデルラント連合王国となっていたが、1830年に独立戦争がおこる。臨時政府をたて、独立を宣言し、国旗を制定。

自然　ヨーロッパの北西部にあり、北海に面している。南東部には低い山地があり、中部や北西部は平野や丘陵が広がる。海岸の近くは海面下の湿地もある。温帯の西岸海洋性気候であたたかい。農業や酪農がさかんで、小麦、大麦、テンサイなどを栽培。機械、鉄鋼、化学、食品加工などの工業も発展している。ビールやチョコレートの生産もさかん。

歴史　フランク王国の一部で、9世紀からフランドル伯などの領主がおさめた。12世紀ころから、フランドル地方が毛織物工業でさかえる。14世紀、フランスのブルゴーニュ公国に編入され、15世紀後半、ハプスブルク家の支配下に入った。16世紀半ばにスペイン領になると、ネーデルラント17州が反乱をおこし、1581年に北部7州（現在のオランダ）は独立を宣言するが、南部10州はスペインの支配にとどまった。1815年、オランダに併合されるが、1831年、立憲君主国として独立。2度の世界大戦のときはドイツに侵略される。戦後の1957年、ヨーロッパ経済共同体（EEC、現在のEU）に加盟し、ヨーロッパの統合に向けて中心的な役割をはたしている。

ボスニア・ヘルツェゴビナ

首都：サラエボ　面積：5.1万km²（中国地方＋四国地方）　人口：351万人　公用語：ボスニア語・セルビア語・クロアチア語

国旗比率1：2。1998年より使用。中央に黄色三角形と9個の白い五角星を配した青旗。青と黄と五角星はヨーロッパ連邦旗にもとづき、三角形は国土とボシュニャク人、クロアチア人、セルビア人の3民族の融和と共存を表す。黄は希望を表す。

1998年より使用。青い盾型紋章。国旗のデザインをそのまま国章としたもので、国旗より2個少ない7個の白い五角星と黄色の三角形を配している。盾上部に王冠や、盾の両側に動物などをつけないシンプルなスイス型紋章。

◆ボスニア独立国　1877〜78

15世紀からオスマン帝国領となっていたが、1877年、ロシア・トルコ戦争の結果、一時、ボスニア独立国が成立。国旗は中央に黄色の三日月と五角星を配した緑旗。

◆ハンガリー王国ボスニア州旗　1878〜1908

ボスニア・ヘルツェゴビナはオーストリア＝ハンガリー帝国の管理下におかれ、ハンガリー王国ボスニア州に。州旗は国章を配した赤黄の横二色旗。

◆ボスニア・ヘルツェゴビナ人民共和国　1945〜92

1945年、ユーゴスラビア連邦人民共和国の一員としてボスニア・ヘルツェゴビナ人民共和国が成立。国旗を制定。1963年に社会主義共和国にあらためたのちも、国旗は継続して使用。

◆ボスニア・ヘルツェゴビナ　1992〜98

1992年、ユーゴスラビア連邦共和国よりボスニア・ヘルツェゴビナとして独立。国旗を制定。黄色のユリの6つの花弁が描かれた国章を中央に配した白旗。

自然

ヨーロッパの南東部、バルカン半島の北西部にある国。一部がアドリア海に面しているだけで、ほとんどが山地。南部にはカルスト地形が発達し、北部にはドナウ川の支流のサバ川が流れている。南西部は地中海性気候だが、内陸部は冬の寒さがきびしい。農業や牧畜、木材加工がさかん。大理石やボーキサイトを産出している。

歴史

7世紀ころ、クロアチア人やセルビア人が定住をはじめる。12世紀後半、ボスニア王国が成立。15世紀にオスマン帝国の支配下に入り、イスラム教が広まる。1908年、オーストリア＝ハンガリー帝国に併合され、1914年、サライェボでのオーストリア皇太子暗殺事件をきっかけに、第一次世界大戦がはじまる。1918年、セルビア人・クロアチア人・スロベニア人王国が成立し、第二次世界大戦後の1945年、ユーゴスラビア連邦人民共和国内の一共和国となる。

1991年、連邦からの独立を宣言すると、その問題をめぐりセルビア人、クロアチア人、イスラム教徒のボシュニャク人が対立し、はげしい内戦に突入する。1995年、和平をむすび、ボスニア・ヘルツェゴビナ連邦とスルプスカ共和国からなる連合国家が成立した。

Republic of Poland

ポーランド共和国

首都：ワルシャワ　面積：31.3万km²（本州+北海道）　人口：3817万人　公用語：ポーランド語

国旗比率5：8。1945年より使用。白赤の横二色旗。白は喜び、赤は独立のために流された血を表す。このデザインの国旗は、1807年、フランス帝国の衛星国としてワルシャワ公国が建国されたときに制定され、1916年、1918年、1945年にそれぞれ復活した。

◆ピアスト朝ポーランド王国　1025～1386

9世紀後半に成立したピアスト朝ポーランド王国が、1025年に国旗を制定。王冠をかぶり翼を広げた白ワシを配し、右上部に三角形をつけた赤旗。

◆ヤギェウォ朝ポーランド王国　1386～1569

1386年、ヤギェウォ朝ポーランド王国が成立し、国旗を変更。王冠をかぶり翼を広げた白ワシを配した赤い二重燕尾旗。

◆ポーランド・リトアニア連合国　1569～1795

1569年、同君連合のポーランド・リトアニア連合が成立。国旗は中央に国章と金羊毛騎士団勲章を配した赤白赤の横三分割の二重燕尾旗。

◆ポーランド立憲王国　1815～67

1815年、ウィーン会議でワルシャワ公国が解体され、国土の4分の3はロシア皇帝が国王をかねるポーランド立憲王国に。左は同国の国旗。

1989年より使用。冠をかぶり翼を広げた白ワシを配した盾型紋章。赤地に白ワシを配したデザインの歴史は古く、11世紀に制定されたピアスト朝ポーランド王国の国旗と国章にもつかわれている。1945～89年につかわれていた国章は白ワシの王冠がとりのぞかれていたが、ポーランド人民共和国からポーランド共和国にあらためたとき、王冠が復活。

自然　ヨーロッパの中央部にあり、バルト海に面す。国土のほとんどが平原で、南部にカルパチア山脈がある。バルト海沿岸は比較的あたたかいが、内陸部は寒暖差が大きい。農業国だが畜産もさかん。石炭や鉄、銀、銅などを産出し、自動車、金属、コンピューター、食品加工などの工業が発展している。

歴史　7世紀ころ、スラブ人が定住をはじめ、10世紀にピアスト朝を形成、キリスト教をうけいれる。14世紀にリトアニア大公国と連合し、ヤギェウォ朝が成立、東ヨーロッパの大国となる。18世紀末、ロシアとプロイセン、オーストリアの3国により国土を分割され、王国はほろんだ。

第一次世界大戦末期の1918年、共和国として独立。1939年、ドイツ軍が侵入し第二次世界大戦がはじまる。第二次世界大戦後、共産党政権が成立し、1952年にポーランド人民共和国となる。1980年、労働者の組合「連帯」により、民主化運動がすすめられる。1989年の自由選挙で「連帯」が圧勝し、ポーランド共和国が成立。2004年にヨーロッパ連合（EU）に加盟する。

Portuguese Republic

ポルトガル共和国

首都：リスボン　面積：9.2万km²（日本の4分の1）　人口：1033万人　公用語：ポルトガル語

1911年より使用。7個の黄の城を置いた赤いふちどりをつけた5個の青い盾を配した白い盾。背後に航海術と航海航路の発見を表す黄色の天球儀、まわりに白いリボンでむすんだ黄色のオリーブの枝のリースを配したもの。内部に5個のコインが入っている5個の青い盾はキナスとよばれ、ポルトガルの国旗と国章に伝統的につかわれている。

国旗比率2：3。1911年より使用。国章のオリーブの枝をとったものを中央左よりに配した緑赤の縦二色旗。緑は未来への希望、赤は大海原に乗り出した勇気あるポルトガルの英雄の血を表す。1910年に王制が廃止され、その翌年に制定された国旗。

◆ポルトガル王国　1095～1143

1095年、イスラム勢力に対抗してフランスから助けにきたポルトゥカレ伯が、イベリア半島の北西部に領地を得て、国旗を制定。中央に青十字を配した白旗。

◆ポルトガル王国　1143～85

1143年、ブルゴーニュ朝ポルトガル王国がカスティリャから独立。国旗は青十字に11個ずつの白いコインを盾型にならべたものを5つ置いた白旗。

◆ポルトガル王国　1185～1248

1185年、ブルゴーニュ朝ポルトガル王国サンシュ1世が国旗を変更。青十字のかわりに、11個ずつのコインを入れた5個の青い盾を十字に配した白旗。

◆ポルトガル王国　1248～1385

1248年、ブルゴーニュ朝ポルトガル王国アフォンソ3世が国旗を変更。まわりの16個の黄の城は国土回復運動（レコンキスタ）でやぶったイスラム教徒の城を表す。

自然　イベリア半島の西にあり、大西洋に面している。大西洋沖にはマデイラ諸島とアゾレス諸島がある。東部は山地で、西部に平野。南部は地中海性気候で、北部は西岸海洋性気候。小麦、トウモロコシ、ジャガイモなどを栽培し、ワインやコルクの生産も多い。畜産や漁業もさかん。自動車、機械、繊維などの工業も発展している。

歴史　紀元前2世紀、ローマに支配される。5世紀ころ、ゲルマン人の西ゴート王国が成立し、8世紀にイスラム教徒に征服される。12世紀、ポルトガル王国が成立し、イスラム教徒にたいし国土回復運動（レコンキスタ）をすすめる。15世紀末には、バスコ・ダ・ガマがインド航路を「発見」。以後、アジアやアフリカ、南アメリカなどに進出し、各地に植民地をひらいた。1580年、スペインと同君連合をむすんで支配下に入る。1822年のブラジルの独立により、最大の植民地をうしなう。

1910年、王制から共和制に。1932年、サラザール首相による軍事独裁政権が成立、1974年、民政に復帰。1986年、ヨーロッパ共同体（EC、現在のEU）に加盟する。

◆ポルトガル王国　1485～95

1485年、アビス朝ポルトガル王国ジョアン2世が国旗を変更。キナス（青い盾）のコインを11個から5個にへらし、赤いふちどり内の黄の城もへらした。

◆ポルトガル王国　1750～1816

1750年、ブラガンサ朝ポルトガル王国ジョゼ1世が国旗を変更。キナスを入れた盾を白旗の中央に配するデザインはうけつぎ、茶色の盾かざりを加えた。

◆ポルトガル王国　1495～1578

1495年、アビス朝ポルトガル王国マヌエル1世が国旗を変更。赤いふちどりの黄の城を7個から11個にふやした盾と、王冠を中央に配した白旗。

◆ポルトガル王国　1830～1911

1830年、ブラガンサ朝ポルトガル王国ミゲル1世が国旗を変更。中央に王冠をのせた白いポルトガル王国の盾を配した青白の縦二色旗。

国旗コラム　教えて！苅安先生

国旗や国章がかわるのはなぜ？

　この本を読んでわかるように、ほとんどの国は長い歴史のあいだに国旗や国章が何度もかわっています。ある国と別の国が一緒になったり、独立したり、政治体制が大きくかわったりするときに、国旗や国章がかわることが多いのです。代表的な変更例を国章でみてましょう。①は、王がおさめていた国（王制）が、革命などで国民主権の共和制国家になった場合です。変更後の国章に共通するのは王制をしめしていた旧国章の「王冠」がはずされていることです。王様がいなくなったことが表現されているのです。

　②は、20世紀初めのころ、ロシアが革命で社会主義国（ソビエト社会主義共和国連邦＝ソ連）になり、東ヨーロッパの国ぐにがその影響から次つぎに社会主義国へと体制をかえていったときの例です。どちらにも中央に社会主義をしめす鎌とハンマーが描かれています。

①王制から共和制への変更

◆スペイン王国国章 1813～73

↓

◆スペイン共和国国章 1873～74

◆ドイツ帝国国章 1889～1918

↓

◆ワイマール共和国国章 1919～33

②共産主義国になった国

◆西ウクライナ人民共和国国章 1918～19

↓

◆ウクライナ社会主義ソビエト共和国国章 1923～37

◆エストニア共和国国章 1918～40

↓

◆エストニア・ソビエト社会主義共和国国章 1940～90

マケドニア旧ユーゴスラビア共和国

首都：スコピエ　面積：2.6万km²（九州の7割）　人口：208万人　公用語：マケドニア語

国旗比率1：2。1995年より使用。8本の光を放つ黄色の太陽を配した赤旗。赤は自由と進歩をもとめる戦い、黄色の太陽は生命と喜びを表す。1992年に制定された国旗にベルギナの星をつかったことでギリシャから抗議と経済制裁をうけ、1995年に変更された。

2009年より使用。自由を表す陽光、コラブ山、オフリド湖、バルダル川、小麦の穂とタバコの葉のリース、ケシのつぼみ、民族模様の赤白の柄のリボンを配したもの。1945年に制定された国章を原型としたデザイン。その後何度か修正され、2009年に共産主義を表す赤い五角星がとりのぞかれた。

◆セルビア人・クロアチア人・スロベニア人王国 1918～43

1918年、セルビア人・クロアチア人・スロベニア人王国が成立。国旗は青白赤の横三色旗。1929年にユーゴスラビア王国となったのちも継続して使用された。

◆マケドニア人民共和国　1945～46

第二次世界大戦でドイツがやぶれ、1945年にマケドニア人民共和国が成立。国旗を制定。中央に共産主義を表す黄色の輪郭線の五角星を配した赤旗。

◆マケドニア人民共和国　1946～91

1946年、ユーゴスラビア連邦人民共和国の一員のマケドニア人民共和国となる。左上に黄色の輪郭線で描いた五角星を配した赤旗。1963年にマケドニア社会主義共和国となったのちも使用。

◆マケドニア共和国　1992～95

1991年、マケドニア共和国として独立。翌年に国旗を制定。中央のベルギナの星はギリシャで発見された石棺にある紋章で、国旗に使用することをギリシャから抗議された。

自然　バルカン半島の中央部の内陸国。国土のほとんどが山地で、アルバニアとの国境に古代の湖オフリド湖とプレスパ湖がある。気候は温暖な温帯気候。農業や牧畜がさかんで、小麦、トウモロコシ、ブドウなどを栽培している。鉄鋼、繊維、食品加工などの工業も発展。

歴史　古代マケドニアの一部で、ギリシャ人が住んでいた。6～7世紀にスラブ人が定住。ビザンツ帝国の支配のもとでキリスト教をうけいれる。12世紀にセルビア王国に支配され、15世紀からオスマン帝国の支配下に入る。

1913年のバルカン戦争の結果、ギリシャとセルビアに分割され、1918年、セルビア人・クロアチア人・スロベニア人王国の一部になる。1945年、ユーゴスラビア連邦人民共和国の一共和国となる。1991年、独立を宣言。マケドニアという国名をつかうことにギリシャが反対したため、1993年、一時的に現国名で国連に加盟した。2001年、アルバニア系過激派と政府軍のあいだで内戦がおこり、北大西洋条約機構（NATO）の仲介で和平をむすぶ。

Republic of Malta

マルタ共和国

首都：バレッタ　面積：315㎢（高知県安芸市程度）　人口：43万人　公用語：マルタ語・英語

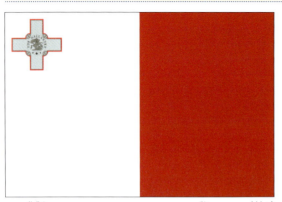

国旗比率2：3。1964年より使用。左上に聖ジョージ勲章（イギリスの騎士団勲章のひとつ）を配した白赤の縦二色旗。白は信仰心、赤は国民の純粋さを表す。イギリス連邦の一員マルタとして独立したときに制定され、1974年に国名をマルタ共和国とあらためたのちも継続して使用。

1988年より使用。なかに国旗のデザインを配した盾型紋章。盾の上部には城塞都市バレッタを表す黄色の城壁の形をした冠、盾のまわりに平和を表すオリーブの枝のリースと祝福を表すヤシの葉のリース、底部にマルタ語の国名を黒字で記した国旗カラーのリボンを配したもの。

◆マルタ騎士団旗　1530〜1798

神聖ローマ帝国皇帝のカール5世からマルタ島をあたえられ、移住した聖ヨハネ騎士団が、マルタ騎士団とよばれるようになる。団旗は中央に白十字を配した赤旗。

◆イギリス領マルタ域旗　1815〜75

1815年、ウィーン議定書により正式にイギリス領となる。イギリス領マルタ域旗は、左上にイギリス国旗、中央に白十字を配した赤旗。

◆イギリス領マルタ域旗　1944〜64

1944年、域旗を変更。左上に青地に聖ジョージ勲章を配した、白赤縦二色旗。この勲章はドイツと勇敢に戦ったマルタ国民をたたえてイギリスの王がさずけたもの。

自然　地中海の中央にあるマルタ島、ゴゾ島、コミノ島の3つの島からなる国。シチリア島の南、約100kmにある。石灰岩の丘陵で、最高地点は海抜約250m。地中海性気候で、夏は高温で乾燥し、冬は温暖で雨が多い。観光業がおもで、造船、食品加工業なども発展している。

歴史　紀元前800年ころから、交易の中継地としてフェニキア、カルタゴ、ローマなどの植民地とされ発展した。5世紀からビザンツ帝国、9世紀からアラブ人に支配され、アラブ文化がいきわたる。1530年にヨハネ騎士団（のちのマルタ騎士団）が、神聖ローマ皇帝カール5世からこの地をあたえられて移住。1565年にオスマン帝国に攻撃されたときは、城塞都市バレッタをきずいて対抗した。

1798年、フランスのナポレオン軍がエジプトに遠征するときに攻めいる。1800年にはイギリスが占領して、イギリス海軍の基地となり、1815年にイギリス領になる。1947年、自治政府が成立し、1964年にイギリス連邦内のひとつの国として独立。2004年、ヨーロッパ連合（EU）に加盟する。

Principality of Monaco

モナコ公国

首都：モナコ　面積：2km²（皇居の1.8倍）　人口：4万人　公用語：フランス語

国旗比率4：5。1945年より使用。赤白の横二色旗。赤白の二色は、1297年にジェノバに治められていたモナコの支配権を得て、さらに1419年にはアラゴン王国からモナコを買って正式な支配者となったグリマルディ家の紋章にもとづく。1881年に制定した国旗を復活させた。

1858年より使用。盾型紋章で、グリマルディ家の赤白の菱形紋章、盾の両側には剣をふりあげる2人のフランシスコ会修道士、盾の背後に公爵冠をのせた赤い位階服、盾のまわりに聖シャルル勲章（モナコの最高勲章）、底部にラテン語で「神のご加護とともにあらん」と記した白いリボンを配したもの。19世紀の国章が現在もつかわれている。

◆モナコ公国　1419～1793

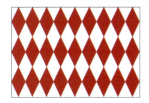

1419年、グリマルディ家が南ヨーロッパに勢力をもつアラゴン王国からモナコを購入。モナコ公国が成立。国旗は27個の赤い菱形を配した白旗。

◆モナコ公国　1861～81

ウィーン会議ののち、サルディーニャ王国の保護領となっていたが、1861年に独立。王権をたもちながらフランスの保護下に入る。国旗は国章を配した白旗。

観光とF1レースの国

F1のモナコ・グランプリは、カーブと斜面が多い狭い道路でおこなわれる。

自然

フランス南東部の地中海に面した国。世界で2番目に小さい国で、幅は200～500m、長さは約3km。地中海性気候で、夏は高温で乾燥し、冬は温暖で雨が多い。リゾート地として発展し、政府や王宮があるモナコ市街区、ビジネスセンターなどがある商業地区、カジノやホテルのあるモンテカルロ地区、香水やリキュールの工場などがある新興地区からなる。観光業が中心で、金融や化学・精密機器などの産業が発達。カジノや切手販売も重要な収入源である。

歴史

古くはフェニキアの植民地として発展した。13世紀末、イタリアの都市ジェノバの富豪グリマルディ家が支配した。1793年、フランスに併合されたが、1815年、イタリアのサルディーニャ王国の保護のもと、公国になる。1861年のイタリア王国の成立にともない、フランスの保護のもとで独立。1911年、憲法を公布し、立憲君主国になる。第二次世界大戦中はイタリアに、ついでドイツに占領された。1993年、国連に加盟した。軍事力はもたず、国の防衛はフランスが保障している。

モルドバ共和国

首都：キシナウ　面積：3.4万km²（九州よりやや狭い）　人口：405万人　公用語：モルドバ語

国旗比率1：2。1990年より使用。中央に国章を配した青黄赤の縦三色旗。青は過去と民主主義、黄は現在と伝統、赤は未来と平等を表す。ソビエト連邦から分かれる前に制定された国旗だが、1991年にモルドバ共和国として独立したのちも継続して使用。

1990年より使用。黄色のふちどりのある盾型紋章。黄色のウシの顔、角のあいだに黄色八角星、三日月とバラの花を描いた盾を胸につけ、黄色十字架をくわえ、足でオリーブの枝と笏（かざりをつけた杖）をもつワシを配したもの。国旗と同様、ソビエト連邦から分かれる前のモルダビア・ソビエト社会主義共和国へとあらためたときに制定された。

◆モルダビア民主共和国　1917～18

1917年、ロシア革命でロシア帝国が崩壊し、モルダビア民主共和国が成立。国旗は中央に国章、上部にモルドバ語の国名を配した青黄赤の横三色旗。

◆モルダビア・ソビエト社会主義自治共和国　1924～37

1924年、ウクライナ・ソビエト社会主義共和国内にモルダビア・ソビエト社会主義自治共和国が成立。左上に国名の略号などを配した赤旗。

◆モルダビア・ソビエト社会主義共和国　1940～52

1940年、モルダビア・ソビエト社会主義共和国としてソビエト連邦に加盟。左上に鎌とハンマー、キリル文字でモルドバ語の国名略号を配した赤旗。

◆モルダビア・ソビエト社会主義共和国　1952～90

1952年、モルダビア・ソビエト社会主義共和国の国旗を変更。左上に黄色の輪郭線の五角星、鎌とハンマー、中央に緑の横縞を配した赤旗。

自然

ヨーロッパ東部にある内陸国。国土のほとんどは、西のプルト川と東のドニエストル川にはさまれた肥えた黒土の丘陵地である。南部は温帯気候、北部は冷帯気候で寒暖の差が大きい。農業が中心で、小麦、トウモロコシ、ブドウ、果実、ジャガイモなどを栽培し、ウシやブタ、ヒツジの牧畜や酪農がさかんである。高品質のワインもつくっている。

歴史

古くはダキア人が王国をきずいていたが、ローマ帝国にほろぼされた。14世紀半ば、モルダビア公国が成立。16世紀初め、オスマン帝国の支配下に入る。18世紀後半からロシアとオスマン帝国が領土をめぐってあらそい、ロシア・トルコ戦争後の1812年、ロシアに編入された。

ロシア革命後にモルダビア民主共和国が成立、1918年にルーマニアに編入される。1940年、モルダビア・ソビエト社会主義共和国が成立し、ソ連邦内の共和国となる。1991年、国名をモルドバ共和国にあらためて独立。翌年、国連に加盟する。ロシア人が多く住む東部のドニエストル地区や、トルコ系のガガウズ人が住む南部では、独立運動がおこっている。

Montenegro

モンテグロ

首都：ポドゴリツァ　面積：1.4万㎢（福島県程度）　人口：63万人　公用語：モンテネグロ語

国旗比率1：2。2004年より使用。中央に国章、周囲に黄色いふちどりを配した赤旗。19世紀にモンテネグロ公国がオスマン帝国との戦いで用いたふちどりのある赤い軍旗がモデル。国家連合セルビア・モンテネグロからの分離・独立（2006年）の前に制定された。

2004年より使用。1878年に制定されたモンテネグロ公国の国章がモデル。緑の大地に前足をあげてあるく黄ライオンを描いた19世紀のペトロビッチ朝の青い盾を胸につけ、足に青い宝珠（十字架が上についた球体）と黄色の笏（かざりをつけた杖）をつかみ、冠をかぶったビザンツ帝国に由来する双頭の黄ワシを配したもの。

◆モンテネグロ公国　1878～1910

1878年、モンテネグロ公国が成立。国旗を制定。双頭の白ワシと黄ライオンを描いた白いふちどりの赤旗。盾内のH.Iは君主ニコラ1世のキリル文字の頭文字。

◆モンテネグロ王国　1910～16

1910年、モンテネグロ王国にあらためる。国旗を制定。中央に王冠と国王ニコラ1世のキリル文字頭文字を赤字で配した赤青白の横三色旗。

◆セルビア人・クロアチア人・スロベニア人王国 1918～41

1918年、セルビア人・クロアチア人・スロベニア人王国が成立。モンテネグロはセルビアに編入された。国旗は青白赤の横三色旗。1929年にユーゴスラビア王国となったのちも使用。

◆モンテネグロ人民共和国　1945～92

1945年、ユーゴスラビア連邦人民共和国の構成国としてモンテネグロ人民共和国が成立。国旗は赤い五角星を配した赤青白の横三色旗。1963年に社会主義共和国となったのちも使用。

自然

ヨーロッパの南東部、バルカン半島の西部にあり、アドリア海に面している。国土のほとんどが高原で、沿岸部は地中海性気候、内陸部は冬の寒さがきびしい。オリーブやブドウを栽培し、牧畜もさかん。鉄鋼、木材加工、食品加工などが発達している。

歴史

6世紀ころから、スラブ系のモンテネグロ人が住みはじめる。11世紀、セルビア王国に併合される。オスマン帝国による支配をまぬかれ、1516年にセルビア正教会の主教が神政国家を形成。1878年にモンテネグロ公国として完全独立。第一次世界大戦後の1918年、セルビアに編入され、1945年、ユーゴスラビア連邦人民共和国内のひとつの国となる。

1992年になると、セルビアとユーゴスラビア連邦共和国を結成するが、2006年に独立。翌年、国名をモンテネグロとあらためる。

◆モンテネグロ共和国　1993～2004

1993年、モンテネグロ共和国の国旗を変更。赤水色白の横三色旗。縦横の比率が1：3という極端に横長の国旗。当時はセルビアと連邦を形成していた。

Republic of Latvia

ラトビア共和国

首都：リガ　面積：6.5万km²（東北地方よりやや狭い）　人口：195万人　公用語：ラトビア語

国旗比率1：2。1990年より使用。中央に白い横縞を配した暗赤旗。ソビエト連邦から独立するときに、1920年に制定されたラトビア共和国の国旗を復活させた。暗赤色は国をまもる国民の血、白は誠実さとバルト海を表している。

1990年より使用。盾型紋章で、青地に描かれた黄色い太陽は国の主権を、グレー地に描かれた赤ライオンは西部ラトビア地区クルゼメ・ゼムガレを、赤地に描かれた剣をもつグレーのグリフィン（ギリシャ神話に登場するワシの頭とライオンの胴体をもつ架空の動物）は東部ラトビア地区ビドゼメとラトガレを表す。

◆ラトビア・ソビエト社会主義共和国　1918～20

1918年、ボリシェビキ勢力が台頭し、ラトビア・ソビエト社会主義共和国が成立。国旗は左上に黄字のラトビア語ラテン文字で国名の略号を配した赤旗。

◆ラトビア共和国　1920～40

1920年、共和派によりラトビア共和国が成立。このときに制定された国旗と国章が1990年にソビエト連邦から独立したときに復活し、現在もつかわれている。

◆ラトビア・ソビエト社会主義共和国　1940～41

1940年、ラトビア・ソビエト社会主義共和国としてソビエト連邦に編入。国旗は黄色の鎌とハンマー、ラトビア語ラテン文字の国名略号を配した赤旗。

◆ラトビア・ソビエト社会主義共和国　1953～90

1953年、ラトビア・ソビエト社会主義共和国が国旗を変更。左上に黄色の鎌とハンマー、黄色輪郭線の五角星、下部に青いバルト海の白い波を配した赤旗。

自然　ヨーロッパ北東部のバルト3国のまんなかにある国で、バルト海に面している。国土のほとんどが平らな低地で、丘陵がある東部の最高地点は海抜約310m。バルト海沿岸は西岸海洋性気候で、冬でも比較的あたたかいが、内陸部は冷帯気候で冬は寒さがきびしい。大麦、ライ麦、ジャガイモなどを栽培し、畜産や酪農もさかん。木材加工、食品加工、鉄鋼業などが発達。首都リガの旧市街は世界遺産に登録され、観光業ものびている。

歴史　古くからバルト系の民族が住んでいた。13世紀初め、ドイツ騎士団が植民してくる。リガなどバルト海沿岸の都市は、ハンザ同盟に加盟し発展した。16世紀後半にリトアニア・ポーランド領に、17世紀には一部がスウェーデン領となり、18世紀にロシアの支配下に入る。

1918年、ロシア革命にともない独立を宣言。1940年、ソ連軍に占領されソ連邦に加入する。1991年、ソ連邦からの独立を宣言。国連に加盟する。2004年、ヨーロッパ連合（EU）に加盟する。人口の約27％をしめるロシア系住民との対立が課題となっている。

Republic of Lithuania

リトアニア共和国

首都：ビリニュス　面積：6.5万km²（東北地方よりやや狭い）　人口：289万人　公用語：リトアニア語

国旗比率3：5。2004年より使用。黄緑赤の横三色旗。黄は太陽と繁栄、緑は希望と森林、赤は勇気と愛国心を表す。1918年に制定された国旗と同じデザイン。1989年に縦横の比率を1：2として復活したが、2004年に比率を3：5に修正した。

1991年より使用。赤い盾型紋章。白馬にまたがり黄色の二重十字のついた青い盾をもち、剣をふりあげる騎士を配したもの。1386年、ポーランド女王との結婚によりカトリックに改宗したリトアニア大公国ヨガイラ大公のシンボル。赤地に白馬と騎士を描いたデザインは、リトアニアの国旗と国章に伝統的に使用されている。

◆リトアニア大公国　1251～1569

1251年、リトアニア大公国が成立。国旗は白馬にまたがり黄色い二重十字を描いた青い盾をもち、剣をふりあげる騎士を配した赤旗。

◆リトアニア・ポーランド連合国　1569～1795

1569年、リトアニア・ポーランド同君連合が成立。国旗を制定。中央に国章と金羊毛騎士団勲章を配した赤白赤の横三分割の二重燕尾旗。

◆リトアニア共和国　1918～40

1918年、リトアニア共和国としてロシアから独立し、国旗を制定。現国旗の原型となった黄緑赤の横三色旗。

◆リトアニア・ソビエト社会主義共和国　1953～89

1953年、リトアニア・ソビエト社会主義共和国の国旗を制定。左上に黄色の鎌とハンマー、黄色輪郭線の五角星、下部に白い縞と緑の帯を配した赤旗。

自然　ヨーロッパ北東部のバルト3国のうち南にある国で、バルト海に面している。国土のほとんどが平らな低地。沿岸は西岸海洋性気候で、冬でも比較的あたたかいが、内陸部は冷帯気候で冬の寒さはきびしい。土地はゆたかで、小麦、ライ麦、テンサイ、ジャガイモなどを栽培し、ウシやブタの畜産もさかん。石油精製、エレクトロニクス、食品加工、家具製造などの産業が発展している。

歴史　古くからバルト系の民族が住んでいた。13世紀半ば、リトアニア大公国が成立し、キリスト教をうけいれた。16世紀にリトアニア・ポーランド同君連合国を形成するが、のち、実質的にポーランドに統合される。18世紀末にポーランドが分割されるとロシア領となる。

1918年、ロシア革命にともない独立を宣言。第二次世界大戦中の1940年には、ソ連軍の占領下でソ連邦に加入。1941年、ドイツに占領されるが、1944年には解放。1990年、ソ連邦から分かれて独立を宣言。翌年、国連に加盟する。2004年、北大西洋条約機構(NATO)、およびヨーロッパ連合（EU）に加盟する。

Principality of Liechtenstein

リヒテンシュタイン公国

首都：ファドーツ　面積：160km²（宮古島程度）　人口：4万人　公用語：ドイツ語

国旗比率3：5。1982年より使用。左上に黄色い公爵の冠を配した青赤の横二色旗。青は空、赤は家庭の暖炉、黄色の公爵の冠は公国を表し、国民との一体感を示している。1937年に制定された国旗の冠の形が修正された。

1957年より使用。五分割の盾型紋章。左上にはシレジア諸侯国を表す黄地に黒ワシ、右上にはザクセン王国を表す黄黒の横縞に緑の輪の冠、左下にはトロッパウ公国を表す赤白の盾、右下にはキルクセナ家を表す黄地に女性の顔をもつ黒鳥、下にはクルノフ公国を表す青地の金色ラッパ、中央にはリヒテンシュタイン家を表す黄赤の盾を配したもの。

◆リヒテンシュタイン公国　1719〜1806

1719年、リヒテンシュタイン家が神聖ローマ帝国の皇帝カール6世より自治権をあたえられ、リヒテンシュタイン公国が成立。国旗は黄赤の横二色旗。

◆リヒテンシュタイン公国　1921〜37

1921年、リヒテンシュタイン公国の国旗を変更。青赤の横二色旗。ハイチ共和国の国旗と似ており、1936年のベルリン・オリンピックで混乱をまねいた。

◆リヒテンシュタイン公国　1937〜82

ハイチ共和国の国旗と区別するため、1937年に国旗を変更。左上に黄色い公爵の冠を加えた。現国旗にちかいデザインだが、冠の形がちがう。

自然　ヨーロッパの中央部、アルプス山脈のスイスとオーストリアの国境にある国。国土は南北25km、東西6kmで、全体に山がちである。南部はオーバーラント（高地部）、北部はウンターラント（低地部）とよばれ、最高地点は標高2599m。西岸海洋性気候で、山国としては比較的温暖である。小麦やブドウを栽培し、牧畜もおこなわれる。観光業や金融業がおもで、医療機器や精密機器などものび、切手の発行も重要な収入源に。

歴史　ローマに支配されていたが、5世紀ころ、ゲルマン系のアレマン人が移住した。14世紀、高地部にファドーツ伯の領地ができた。17世紀末にリヒテンシュタイン家が低地部を取得し、さらに高地部も入手して、1719年、神聖ローマ皇帝から公国として自治権をあたえられた。1815年にドイツ連邦に加わり、1866年にドイツ連邦が解体すると独立。翌年、永世中立を宣言し、軍隊を廃止した。第一次世界大戦、第二次世界大戦では中立をたもつ。1990年、国連に加盟。一部をのぞき外交はスイスに委任している。一人当たりの国民所得は世界でもトップクラス。

Grand Duchy of Luxembourg

ルクセンブルク大公国

首都：ルクセンブルク　面積：2586km²（佐賀県程度）　人口：58万人　公用語：ルクセンブルク語・フランス語・ドイツ語

国旗比率3：5。1945年より使用。赤白水色の横三色旗。1845年に制定されたオランダ王国領ルクセンブルク域旗と同じデザイン。白・水色・赤の三色は、白と水色の横縞を背景に赤いライオンを描いたルクセンブルク大公国の国章にもとづく。

1972年より使用。盾型紋章で、白と水色の12本の横縞に大公爵の冠をかぶった赤いリンブルク・ライオン（ルクセンブルクの紋章に伝統的につかわれている尾が2つあるライオン）、盾の上に大公爵の冠、盾の両側に冠をかぶった2頭の黄色リンブルク・ライオン、盾のまわりにオーク冠勲章（ルクセンブルクの騎士団勲章）、背後に大公爵の冠をのせた赤い位階服を配したもの。

「小さな城」は有数の金融センター

ドイツ、ベルギー、フランスにかこまれたルクセンブルクは「小さな城」という意味。10世紀ころから、支配者はかわっても、首都と領土はかわっていないというめずらしい国である。

1951年のヨーロッパ石炭鉄鋼共同体（ECSC）から1993年のヨーロッパ連合（EU）にいたるヨーロッパの再生と統合にはじめから参加。また、金融機関を優遇したことから、ヨーロッパの金融センターとしての役割をはたすようになった。

首都ルクセンブルクの旧市街は、ふかい谷に町並がつくられている。

自然　ヨーロッパ北西部の内陸国。ほとんどが低い丘陵で、ドイツとの国境にはモーゼル川が流れている。西岸海洋性気候で、比較的あたたかい。かつては鉄鉱石が産出され鉄鋼業がさかえていたが、近年は金融業や情報通信、医療品の製造がのびている。

歴史　10世紀、神聖ローマ帝国の領邦のひとつアルデンヌ家のジーゲフロイ伯が支配し、要塞都市をきずいた。11世紀、ルクセンブルク伯の称号をあたえられ、14世紀半ばに公国となる。その後、ブルゴーニュ家、ハプスブルク家、フランスなどの支配を経て、1815年、オランダ国王を大公とするルクセンブルク大公国となる。

1867年、非武装、永世中立を宣言するが、第一次世界大戦と第二次世界大戦では、ドイツ軍に占領された。1945年、国連に加盟。1949年には永世中立をすてて、北大西洋条約機構（NATO）に加盟する。1957年、ヨーロッパ経済共同体（EEC、現在のEU）の設立に参加し、ヨーロッパの統合に積極的にかかわっている。一人当たりの国民所得は世界でもトップレベルで、社会保障も整備されている。

ルーマニア

首都：ブカレスト　面積：23.8万km²（本州よりやや広い）　人口：1968万人　公用語：ルーマニア語

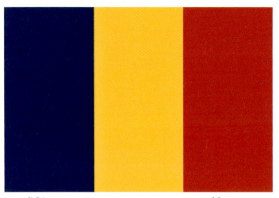

国旗比率2：3。1989年より使用。青黄赤の縦三色旗。青は澄んだ空、黄は鉱物資源、赤は国民の勇気を表す。ルーマニアで青黄赤の縦三色旗が最初に制定されたのは1866年で、それ以来、国旗の基本となるデザインとしてうけつがれている。

2016年より使用。青い盾型紋章。王冠をかぶりルーマニア正教の黄色い十字架をくわえ、ワラキアの聖ミカエルの笏（かざりをつけた杖）とモルダビアの聖ステファンの剣をもつ黄ワシ。胸の盾のなかにはそれぞれ、ワラキア、モルダビア、バナト・オルテニア、トランシルバニア、ドブロジャの5つの地域を表すデザインが配されている。

◆ワラキア・モルダビア連合公国　1859～61

1859年、現ルーマニア南部のワラキア公国と、現ルーマニア北東部のモルダビア公国が統合し、連合公国が成立。国旗は青黄赤の横三色旗。

◆ルーマニア公国　1861～66

1861年、ルーマニア公国に国名をあらため、国旗を変更。赤黄青の横三色旗。赤と青はモルダビア公国を表し、青と黄はワラキア公国を表す。

◆ルーマニア人民共和国　1948（1～3月）

1947年、王制が廃止されルーマニア人民共和国となる。翌年に国旗を制定。中央に同時に制定された新たな国章を配した青黄赤の縦三色旗。

◆ルーマニア社会主義共和国　1965～89

1965年、ルーマニア社会主義共和国に国名をあらためる。中央に国章を配した青黄赤の縦三色旗。国章は国名の略号やリボンのデザインなどが変更されている。

自然　ヨーロッパの南東部にある国。東部は黒海に面し、南部のブルガリアとの国境にはドナウ川が流れ、ワラキア盆地が広がる。南部は温帯だが、北部は冷帯気候で寒暖の差が大きい。農業がおもで、小麦、トウモロコシ、ジャガイモなどを栽培し、牧畜もさかん。石炭、原油、天然ガスを産出。鉄鋼、機械、食品加工などが発展している。

歴史　106年、ローマ帝国に支配され、ロマニアとよばれる。14世紀にワラキア公国とモルダビア公国が成立。15世紀、オスマン帝国に支配され、1878年にオスマン帝国から独立。1881年、ルーマニア王国となる。第一次世界大戦後、トランシルバニアを併合し、大ルーマニア帝国が成立。

第二次世界大戦では枢軸国側につくが、1944年の政変で連合国側につく。1947年に社会主義のルーマニア人民共和国が成立。1965年、国名をルーマニア社会主義共和国にあらため、チャウシェスクによる独裁体制がはじまる。1989年、独裁政権がたおされ、国名をルーマニアにあらためる。2007年、ヨーロッパ連合（EU）に加盟する。

Russian Federation

ロシア連邦

首都：モスクワ　面積：1709.8万km²（日本の45倍）　人口：1億4399万人　公用語：ロシア語

国旗比率2：3。1993年より使用。白青赤の横三色旗。白は高潔と素直さ、青は名誉と純粋さ、赤は勇気と寛大さを表す。このデザインの国旗が最初に制定されたのはモスクワ大公国時代の1705年。1721年に成立したロシア帝国でもひきつづき使用された。

1993年より使用。赤い盾型紋章。胸に13世紀からモスクワ大公国の守護聖人である聖ゲオルギィの赤い盾をつけ、足で宝珠（十字架が上についた球体）と笏（かざりをつけた杖）をつかみ、頭に黄色の冠をかぶり、さらに黄色いリボンのついた冠をおいた双頭の黄ワシを配したもの。双頭のワシは、ロシア帝国の国章でも代々採用されてきた。

◆モスクワ大公国　1263～1547

1263年、モスクワ大公国が成立。国旗を制定。白いふちどりのついた青十字をもつ黄色い円内にキリストの顔を描いた赤い二重燕尾旗。

◆モスクワ大公国　1547～1613

1547年、リューリク朝モスクワ大公国のイワン雷帝がツァーリ（皇帝の称号）を名のり、国旗を制定。黄色の二重十字と階段を配した赤色の変形旗。

◆モスクワ大公国　1613～68

1613年、ロマノフ朝がおこり、国旗を変更。左側に青いマントを着て白馬にまたがりドラゴンを槍で退治する聖ゲオルギィを配した赤い燕尾旗。

◆モスクワ大公国　1668～1705

1668年、ロマノフ朝モスクワ大公国が国旗を変更。青い十字で仕切られた白赤の四分割旗。

自然　ユーラシア大陸の北半分をしめる世界一広い国。ウラル山脈をさかいに西側のヨーロッパ・ロシアと東側のシベリアに分けられる。西側は広大な東ヨーロッパ平原が広がり、東側は西シベリア低地、中央シベリア高原、極東の山脈へとつらなる。北極海沿岸は寒帯のツンドラ気候、その南は冷帯の針葉樹林、ステップ気候、黒海周辺の温帯などいろいろである。農業は小麦や大麦、ライ麦、ジャガイモなどを栽培し、漁業や林業もさかん。原油、天然ガス、鉄鉱石、ウラン、金、ダイヤモンドなどを産出。鉄鋼、機械、化学、宇宙産業などが発展している。

歴史　7世紀ころ、ドニエプル川流域に東スラブ人が住んでいた。9世紀、ノルマン人が進出してノブゴロド公国をおこし、つづいてキエフ公国が成立。10世紀末、ビザンツ帝国からギリシャ正教をうけいれる。13世紀、モンゴル軍が攻めいり、その支配下に入る。14世紀にモスクワ大公国が領土を広げ、15世紀にイワン雷帝がツァーリと称する。17世紀初めにロマノフ朝が成立し、18世紀、ピョートル大帝のもと大帝国となる。

1917年にロシア革命がおこって帝制がたおれ、ソビエト政権が成立する。1922年にソビエト社会主義共和国連邦（ソ連）が発足。第二次世界大戦後、東欧の社会主義諸国の盟主となり、欧米の自由主義諸国と対立、東西冷戦時代をむかえた。東ヨーロッパの社会主義政権がたおれ、ソ連を構成する共和国が独立の動きをしめすと、1991年、独立国家共同体（CIS）を結成し、ソ連は消滅。翌年、国名をロシア連邦とあらためる。

◆ロシア・ソビエト連邦社会主義共和国　1918〜20

1918年、ロシア革命の結果、ロシア・ソビエト連邦社会主義共和国が成立。国旗を制定。左上に黄字でキリル文字ロシア語国名 略号を十字形に配した赤旗。

◆ロシア・ソビエト連邦社会主義共和国　1920〜37

1920年、ロシア・ソビエト連邦社会主義共和国の国旗を変更。左上を黄色の輪郭線でかこい、古いスタイルのキリル文字で黄字の国名略号を記した赤旗。

◆ロシア帝国　1858〜1914

1858年、ロシア帝国の国旗を変更。黒黄白の横三色旗。黒は双頭の黒ワシ、黄は皇帝旗、白は聖ゲオルギィの白馬に由来する。

◆ロシア・ソビエト連邦社会主義共和国　1954〜91

1954年、ロシア・ソビエト連邦社会主義共和国の国旗を変更。左に縦の青帯、左上に黄色輪郭線の五角星、黄色の鎌とハンマーを配した赤旗。

◆ロシア帝国　1914〜18

1914年、ロシア帝国の国旗を変更。左上の黄地の上に国章を配した白青赤の横三色旗。この国旗制定後の4年後にロシア帝国はたおれる。

◆ロシア連邦　1991〜93

1991年にソビエト社会主義共和国連邦が解体し、ロシア連邦が成立。国旗を制定。白青赤の横三色旗。現国旗の縦横の比率2：3に対してこちらは1：2。

ソビエト社会主義共和国連邦

1917年のロシア革命ののち、1922年にソビエト社会主義共和国連邦（ソ連邦、ソ連）が成立した。最初はロシア、ウクライナ、ベラルーシ（白ロシア）、ザカフカース（のちジョージア、アルメニア、アゼルバイジャンに分離）の4ソビエト共和国ではじまり、ウズベク、トルクメン、タジク、キルギス、カザフ、モルダビア、リトアニア、ラトビア、エストニアが加わり、15共和国となった。

連邦は、1991年12月に解体された。

◆1922〜24
中央に国章を配した赤旗。

◆1924（4〜8月）
黄色の線と五角星、鎌とハンマーを配した赤旗。

◆1955〜91
黄色の五角星と鎌、ハンマーを配した赤旗。

北アメリカ・
中央アメリカ

North&Central
America

United States of America

アメリカ合衆国

首都：ワシントンD.C. 面積：983.4万km² (日本の26倍) 人口：3億2446万人 公用語：英語

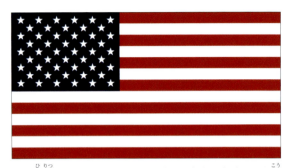

国旗比率10：19。1960年より使用。左上の青地に国を構成する州の数である50個の五角星を配した赤白の横13縞旗。この年にハワイ州の分を加えた50星旗となる。アメリカ合衆国の国旗は27回変更されており、世界の国旗のなかでも変更回数はもっとも多い。

1782年より使用。上部に星なしの青地、その下に白赤の13の縦縞を配した盾型紋章。盾の背後に、翼を広げたハクトウワシが平和を表す緑のオリーブの枝と戦いを表す白い矢を足でつかんでいる。葉と弓の数はともに独立当時の州の数を表す13。ワシの頭上には黄色い光線と白い輪のなかの青地に13州を表す13個の白い五角星を配している。

◆アメリカ合衆国　1776〜77

1776年、東部の13の植民地がイギリスからの独立を宣言。国旗に配された赤白の13の縞は独立宣言に参加した州を表す。左上には当時のイギリス国旗。

◆アメリカ合衆国　1777〜95

左上の青地に13の白い五角星を輪を描くように配した赤白の横13縞旗。青は正義、忍耐、赤は勇気、耐久力、白は純粋さ、純潔さを表す。最初の星条旗。

◆アメリカ合衆国　1795〜1818

1790年代前半にアメリカ合衆国に加わったバーモント州、ケンタッキー州の分を加え、15縞15星旗となる。このときまでは縞の数もふやしていた。

◆アメリカ合衆国　1818〜19

インディアナ州、ルイジアナ州など、新たにアメリカ合衆国に加わった5州の分を加え、13縞20星旗となる。このとき、縞の数は13にさだまった。

自然　本土は北米大陸の中央にあり、大陸の北西部にアラスカ、中部太平洋にハワイがある。本土は東部にアパラチア山系、西部にロッキーおよびシエラネバダ山系、そのあいだに五大湖と中央平原がある。工業は世界最大で、とくにIT産業が発達している。農業生産も最大で、石油やシェールガス、鉱物などの地下資源も豊富。

歴史　イタリア人のコロンブスが1492年に現在の西インド諸島に到達。16世紀中ころまでに、ヨーロッパ諸国が北アメリカ東海岸に植民地を開く。

1607年のバージニアから1732年のジョージアまで、東海岸にイギリスの13の植民地が形成されたが、1775年に本国とのあいだで独立戦争がはじまり、1776年に独立を宣言。1783年にパリ条約でみとめられて戦争がおわり、1787年にアメリカ合衆国が誕生した。ついで西部への進出がすすみ、1846年には西海岸に到達した。

1861年に南北戦争がはじまると、1863年にリンカン大統領が奴隷解放を宣言、1865年に北軍の勝利でおわり、国家統一の基礎がかたまった。そののち工業が発達し、第一次世界

大戦で国際的な地位が向上。1929年の世界大恐慌を経て、第二次世界大戦では連合国の中心的役割をになって勝利。戦後の東西冷戦では西側の主導国となるが、1965〜1973年のベトナム戦争に介入し失敗した。

1991年末のソ連の崩壊で唯一の超大国になる。1991年の湾岸戦争以来、アフガニスタン、イラク、シリアなどに軍事介入をつづけ、イスラム諸国との対立を深めた。近年は、ヨーロッパ諸国との対立もみられるようになった。

◆アメリカ合衆国　1837〜45

1837年、ミシガン州がアメリカ合衆国に加入し、国旗を変更。26星旗に。白い五角星がかたむけた形にならべられた。

◆アメリカ合衆国　1847〜48

1846年にアイオワ州がアメリカ合衆国に加入し、1847年に29星旗に変更。白い五角星を青地の長方形の四隅に配し、残りは四角形にならべている。

◆アメリカ合衆国　1865〜67

1864年にネバダ州がアメリカ合衆国に加入し、1865年に国旗を変更。36星旗となる。五角星が円状に配されている。

南北戦争とリンカン

19世紀半ば、アメリカでは奴隷制を維持するか廃止するかで、南部と北部がはげしく対立していた。1860年、奴隷制に反対するリンカンが大統領に当選すると、南部11州が合衆国から脱退しアメリカ連合国を結成。これをきっかけに南北戦争がはじまった。

初めは南部が優勢だったが、1863年、リンカンが奴隷解放宣言を発表し北部の結束をかためるとともに国際的な支持も得ると、人口や経済力でまさる北軍が勝利をおさめた。戦争ちゅう、リンカンが演説した「人民の、人民による、人民のための政治」の言葉は、民主主義の精神をしめすものといわれる。1865年、南部は降伏し、南北戦争は終結した。

◆南軍の軍旗

13個の白い五角星と輪郭線のある青いX型の帯をした赤旗。南部は人口や経済力でおとっていた。

アラスカとハワイ

アラスカは、ロシアのロシア・アメリカ会社が所有していたが、1867年、アメリカが1㎢あたりわずか4.7ドルにあたる720万ドルで購入、1959年1月に州に昇格。

ハワイは、1898年にアメリカが併合し、1959年8月に州に昇格し、国旗の星の数は50となった。

◆ロシア・アメリカ会社旗

左上に、社名が書かれたリボンをもった黒い双頭のワシを配した白青赤の横三色旗。

◆ハワイ王国国王旗

1795年より使用。中央にハワイ王国の国章を配した白赤青の横8縞旗。

アンティグア・バーブーダ

Antigua and Barbuda

首都：セントジョンズ　面積：442km²（種子島程度）　人口：10万人　公用語：英語

国旗比率2：3。1967年より使用。V字型のなかを黒青白に仕切り、黄色い太陽を配した赤旗。黄色い太陽は新時代の夜明け、赤は国民の活力、黒は国民の祖先のアフリカ人、青はカリブ海、白は砂浜を表す。イギリス自治領時代の域旗を独立したのちも使用。

1967年より使用。盾型紋章。盾内の上部には国民の多数が黒人であることをしめす黒地に独立を表す黄色い日の出、盾内中央にはカリブ海を表す青白5本の波線、盾内の下部には国を表す製糖工場。盾の上には白い兜、青と白の布のリース、パイナップルと赤いハイビスカスの花、両側にはおもな産物のサトウキビとアロエをもった2頭のシカを配している。

◆イギリス領リーワード諸島域旗　1871～1958

1871年、アンティグア島、バーブーダ島がイギリス領リーワード諸島に編入される。域旗は、パイナップルや2隻の帆船を描いた域章を右に配したイギリス青色船舶旗。

◆イギリス領アンティグア・バーブーダ域旗　1956～67

1956年、内閣制度をとりいれる。イギリス領アンティグア・バーブーダの域旗を制定。海からみた島の風景とハイビスカスを描いた域章を、白い円でかこんで右側に配したイギリス青色船舶旗。

◆イギリス領西インド諸島連邦域旗　1958～62

1958年、イギリス領西インド諸島連邦に加盟。域旗は中央に太陽を表すオレンジの円、カリブ海を表す4本の白い波線を配した青旗。同連邦は1962年に解体された。

自然　カリブ海東部のリーワード諸島にある。北部が石灰岩の低い丘陵で南部が火山地帯のアンティグア島、バーブーダ島、無人の岩礁レドンド島の3島からなる。熱帯雨林気候。農産物は綿花、サトウキビ、バナナなどを栽培。水産品はロブスターが名産。おもな産業は観光業。

歴史　1493年にコロンブスが第2次航海でアンティグア島に到達。スペインやフランスの植民地を経て、1667年にイギリス領に。バーブーダ島は1628年以来、イギリス貴族の私有地だったが、1666年にイギリスの植民地となり、1860年にアンティグア島と統合される。1958年、レドンド島をふくめてイギリス領西インド諸島連邦に加盟。1962年に同連邦が解体すると1967年に内政自治権を獲得、1981年に立憲君主国として独立した。

独立以来、アンティグア労働党が長期政権をつづけていたが、2004年の総選挙で統一進歩党が勝ち、初の政権交代が実現。2007年にイギリスから初の女性総督が着任した。

Republic of El Salvador

エルサルバドル共和国

首都：サンサルバドル　面積：2.1万㎢（九州地方の半分程度）　人口：638万人　公用語：スペイン語

国旗比率３：５。1912年より使用。中央に国章を配した青白青の横三分割旗。青はカリブ海と太平洋、白は２つの海にはさまれた国土と平和、繁栄を表す。青の色や横三分割のデザインなど、1841年に制定された国旗が基本となっている。

1912年より使用。円形紋章。法の下の平等と立法、行政、司法の三権分立を表す黄色い輪郭線の三角形のなかに中央アメリカ連邦構成国を表す５つの黄色い山、独立日である1821年９月15日と太陽光線のなかに自由を表す赤いフリギア帽（古代ローマに起源をもつ帽子）、平和を表す虹が描かれている。三角形の背後には５カ国を表す５本の国旗がえがかれている。

◆中央アメリカ連邦　1823〜24

1823年、エルサルバドル、グアテマラ、ホンジュラスなどの５カ国で中央アメリカ連邦を結成。国旗を制定。中央に国章を配した青白青の横三分割旗。

◆エルサルバドル共和国　1841〜65

1841年、中央アメリカ連邦からエルサルバドル共和国として独立。中央アメリカ連邦の国旗の色からとられた青白青の横三分割旗。中央アメリカ連邦は消滅。

◆エルサルバドル共和国　1865

1865年、国旗を変更。左上の赤地に当時の州の数を表す９個の白い五角星を配した青白の横９縞旗。アメリカの星条旗がモデル。

◆エルサルバドル共和国　1898〜1912

1898年、ホンジュラス、ニカラグアと結成していた中央アメリカ共和国をわずか２年で解消。1877年に変更した国旗にもどす。星の数は14個。

自然　中央アメリカ諸国のなかで面積がもっとも小さく、カリブ海に面していない唯一の国。沿岸部は熱帯気候で年中高温、高原部はサバナ気候で雨季と乾季に分かれる。コーヒー豆の栽培のほか、金や銀、石灰岩も産する。

歴史　ヨーロッパ人が来航する以前は、マヤ系先住民が住んでいた。1524年にスペインの探検家アルバラドが到達し、翌年、グアテマラ総督領に編入される。1821年スペインから独立。直後にメキシコに統合されたが、1823年に分離、中央アメリカ連邦を経て1841年に独立を宣言した。20世紀初頭に富裕層による支配権が確立。1931年のクーデターでマルティネス大統領が独裁政治をおこなったが、1944年に失脚。政情不安で貧富の差が拡大した。

　1970年代以降に左翼ゲリラが活発化し、政府と内戦状態に入った。1992年に和平協定に調印して、左翼ゲリラ連合組織のファラブンド・マルチ民族解放戦線が政党となって武装解除し、内戦がおわった。

カナダ

Canada

首都：オタワ　面積：998.5万㎢（日本の26倍）　人口：3662万人　公用語：英語・フランス語

国旗比率1：2。1965年より使用。中央に赤いサトウカエデを配した赤白赤の縦三分割旗。1967年に建国100年をむかえるにあたり、フランス系住民の強い要望をいれてイギリス国旗がついた国旗をやめ、現在の国旗を1965年に制定した。

1994年より使用。盾型紋章。盾内にはイングランドを表す黄ライオン、スコットランドを表す赤いライオン、アイルランドを表す黄の竪琴、フランスを表す3本の黄ユリ、カナダのシンボルである赤いサトウカエデが描かれている。盾の上には金色の兜、王冠をかぶり赤いサトウカエデをもったライオンなど。盾の左にはライオン、右にはユニコーン。

◆カナダ自治領域旗　1868〜1922

1867年、イギリスに支配されていたカナダが自治権を獲得。カナダ自治領が成立し、翌年に域旗を制定。右に国章を配したイギリス赤色船舶旗。

◆カナダ自治領　1922〜57

1922年、カナダ自治領の域旗を変更。右に国章の盾部分を配したイギリス赤色船舶旗。1949年に国名がカナダにあらたまったのちも継続して使用。

◆カナダ　1957〜65

1957年、カナダの国旗を変更。右に国章の盾部分を配したイギリス赤色船舶旗。国章も変更されており、サトウカエデが緑から赤になっている。

自然　世界第2位の広大な国土で、その4割は北緯60度以上のツンドラ気候、以南は冷帯湿潤気候で冬は寒さがきびしい。太平洋岸は温帯気候、大西洋岸と内陸部は大陸性気候。小麦、大麦、大豆、菜種などを栽培する農業国だが、牧畜や水産、林業もさかん。パルプ・製紙など工業もさかん。地下資源は石油、天然ガス、ウラン、金などが豊富。

歴史　11世紀ころ北欧のバイキングがニューファンドランド島に到達したがながくは住まなかった。1497年にイギリス王の援助をうけたイタリア人カボットが同島に到達。16世紀前半にヨーロッパ人の進出がはじまり、1583年にイギリスが初の海外植民地を建設。フランスは1608年にケベックに交易所を設立した。その後、イギリスとフランスが植民地をめぐってあらそい、1786年にイギリスが勝ち、支配した。
　1867年、カナダ自治領が成立。1926年に主権国家となり、1931年にイギリス連邦に加盟し、自治権を得て自立した。1982年に憲法が成立して完全に独立。1999年にはイヌイットが多数派をしめるヌナブト準州が発足した。

Republic of Cuba

キューバ共和国

首都：ハバナ　面積：11.0万km²（本州の半分程度）　人口：1149万人　公用語：スペイン語

国旗比率1：2。1902年より使用。白い五角星を入れた赤い三角形を左に配した青白の横5縞旗。赤い三角形は平等・自由・友愛、白い五角星は国民の自由、青の3本の縞は当時の3地区、白は独立運動家の力強い理想、赤は独立闘争で流された血を表す。

1906年より使用。盾型紋章で、盾内上部には新しい共和国を表す日の出、キューバのシンボルでフロリダ半島とユカタン半島のあいだの地理的位置をしめす2つの岩山のあいだにおかれた金の鍵、下部は青白の斜め縞、緑のヤシの木。盾の背後には権威を表す束桿斧（斧のまわりに木の束を結びつけたもの）、自由を表すフリギア帽（古代ローマに起源をもつ帽子）。

キューバ革命とカストロ

　キューバでは、1952年、軍事独裁政権が成立した。これに対し、カストロらが立ちあがり、1953年7月26日、モンカダ兵営を攻撃するが失敗。カストロはのちメキシコにわたり、革命の準備をするが、ここでアルゼンチンから来た医師ゲバラも参加する。1956年、総勢82人の同士はキューバに上陸、山中に入ってゲリラ戦をたたかいながら、政府に不満をもつ国民の支持を得て勢力を広げ、1959年、ついに軍事政権をたおした。

　カストロの政府が農民に土地を分配し、アメリカ資本の砂糖会社を国有化すると、アメリカはキューバ政府をたおそうとするが失敗。以後、キューバは社会主義政策をおしすすめた。

◆キューバ革命旗

政権打倒に立ちあがった1953年の7月26日の記念日を白字で記した赤黒の横二色旗。

自然
西インド諸島最大のキューバ島、フベントゥ島、約1500の小島と多島海からなる。キューバ島は75％が平地で、東部はシエラマエストラ山脈がつらなる森林。サバナ気候。農業生産の中心はサトウキビで、タバコやコーヒー豆も栽培されている。

歴史
1492年にコロンブスが到達。1511年、スペインに征服された。1868～1878年に第1次独立戦争、1895年に第2次独立戦争がはじまり、1898年のアメリカ・スペイン戦争の結果、アメリカの軍政下に入る。1902年に独立するが、その後もアメリカの支配下にあった。

　1952年、バチスタ独裁政権が発足。1959年にカストロは反政府ゲリラをひきいてハバナを占領し、キューバ革命が成功。1961年、中南米最初の社会主義国となり、アメリカと断交。1962年にソ連がミサイルをもちこむ「キューバ危機」が発生するが、衝突はさけられた。1991年のソ連の崩壊や1996年のアメリカのキューバ制裁強化法で経済は打撃をうけた。2015年にアメリカと国交を回復したが、関係はいまだ不安定のままである。

グアテマラ共和国

首都：グアテマラシティ　面積：10.9万km²（本州の半分程度）　人口：1691万人　公用語：スペイン語

国旗比率5：8。1997年より使用。中央に国章を配した青白青の縦三分割旗。青は太平洋とカリブ海で、白は平和と純粋さを表す。青と白の縦三分割旗のデザインは19世紀からつかわれており、国章の変更にあわせて国旗も変更されてきた。

1997年より使用。中央に配されているのは1821年9月15日の独立宣言書、その右上には自由のシンボルである国鳥のケツァール、背後に交差した剣つきの銃とサーベル、周囲には月桂樹の枝のリースを配したもの。独立宣言書を配した国章は1871年にはじめて制定され、その後3回の修正をかさねて現在のデザインになっている。

◆グアテマラ国　1839〜43

1838年、中央アメリカ連邦が解体し、グアテマラ国が成立。翌年、国旗を制定。中央に国章を配した青白青の横三分割旗。

◆グアテマラ共和国　1843〜51

1843年、グアテマラ共和国にあらため、国旗を制定。顔つきの太陽や5つの緑の山が描かれた国章を中央に配した青白青の横三分割旗。

◆グアテマラ共和国　1851〜58

1851年、グアテマラ共和国の国旗を変更。横三分割旗で上段が赤と青、中段が白、下段が黄と青に染めわけられた旗。

◆グアテマラ共和国　1858〜71

1858年、グアテマラ共和国の国旗を変更。上下に青白赤の横縞を配した黄旗。

自然　国土の3分の2が山岳地帯で、中央アメリカの最高峰タハムルコ山がそびえる。活火山や火山湖が多く、地震が多く発生する。サバナ気候。農業国で、プランテーション農業により、コーヒー豆とバナナを中心に、綿花やサトウキビも栽培。林業もさかんで、チューインガムの原料となるチクルの生産量が多い。

歴史　15世紀までマヤ文明がさかえた。1524年、メキシコから侵入したスペイン人が征服。1821年に独立を宣言したが1822年にメキシコに併合される。1823年に中央アメリカ連邦に加入。1838年に同連邦は解体し、独立国となった。保守派の独裁がつづいたが、1871年のクーデターで自由派が権力を得て、自由主義政策がおこなわれた。

20世紀になると、大地主やアメリカ資本による支配がつづく。1950年代から左翼ゲリラが反政府武装闘争をおこない、1960年代から内戦となった。以後、政変がくりかえされ、1996年にゲリラ組織のグアテマラ民族革命連合との和平協定が成立し、翌年、革命連合が武装解除し、内戦はおわった。

Grenada

グレナダ

首都：セントジョージズ　面積：345km²（対馬の半分程度）　人口：11万人　公用語：英語

国旗比率3：5。1974年より使用。中央に赤い円に入った黄色い五角星、左の緑地部分にナツメグ、周囲に6個の黄色い五角星を入れた赤いふちどりを配した黄緑の対角四分割旗。イギリスよりイギリス連邦の一員グレナダとして独立したときに制定。

1973年より使用。盾型紋章。盾のなかは中央にコロンブスの帆船サンタマリア号を入れた黄十字で四分割され、左上と右下はイギリスとの関係を表す赤地に黄ライオン、右上と左下はコロンブスが名づけたコンセプシオン島にちなみ聖母の受胎を表す緑地に黄色い三日月とユリ。イギリス自治領時代の1973年に域章として制定され、1974年に独立したときに国章とされた。

◆イギリス領グレナダ域旗　1875～1903

1783年にアメリカ独立戦争後のパリ条約でイギリス領となり、1875年にイギリス領グレナダの域旗が制定された。ウシをつかってサトウキビをしぼる場面を描いた丸い域章を右側に配したイギリス青色船舶旗。

◆イギリス領西インド諸島連邦域旗　1958～62

1958年、グレナダが編入されていたイギリス領ウィンドワード諸島が解体され、イギリス領西インド諸島連邦に加盟。域旗は、中央に太陽を表すオレンジの円とカリブ海を表す4本の白い波線を配した青旗。

◆イギリス自治領グレナダ域旗　1967～74

1967年、イギリス自治領グレナダとなる。域旗を制定。中央の赤い輪郭線のついた白い楕円のなかに、別名「スパイス諸島」とよばれるグレナダのおもな産物ナツメグを描いた青黄緑の横三色旗。

自然　ウィンドワード諸島のグレナダ島を中心にカリアク島などいくつかの小島からなる。グレナダ島は火山島で最高峰は838mのセント・キャサリン山。サバナ気候。農業がおもでカカオ、バナナ、香辛料などを栽培。美しい海にめぐまれ、観光業もさかん。

歴史　1498年にコロンブスが来航。1650年にフランス人が入植し、植民地としたが、アメリカ独立戦争後のパリ条約で1783年にイギリス領となる。

　1958年にウィンドワード諸島やリーワード諸島の島じまとともに自治権を獲得し、西インド諸島連邦を結成。1962年の同連邦の解体後、1967年に自治権を得る。1974年、イギリス連邦の一員として独立。1979年の無血クーデターで人民革命政府が誕生し、キューバ型の社会主義路線をあゆむ。1983年にクーデターがおこると、アメリカと中米6カ国が攻めいり、クーデター政権をたおす。1984年に民主的な選挙で新国民党ほかの連合政権が成立。2008年に野党の国民民主党に政権交代したが、2013年には新国民党が政権をうばいかえした。

Republic of Costa Rica

コスタリカ共和国

首都：サンホセ　面積：5.1万km²（九州+四国）　人口：491万人　公用語：スペイン語

国旗比率3：5。1998年より使用。左よりに国章を配した青白赤の横五分割旗。青は空と理想、白は平和と知恵、赤は犠牲者の血と国民のあたたかさを表す。青白赤の横五分割のデザインは1848年制定の国旗からうけつがれている。

1998年より使用。盾型紋章。盾の中央には煙がたちのぼる3つの山、その背景に海からのぼる太陽、山の手前と向こう側に1隻ずつの帆船、山の上の空には7個の白い五角星が描かれている。青いリボンにはスペイン語で「中央アメリカ」、白いリボンには「コスタリカ共和国」と記されている。

◆コスタリカ国　1823〜24

1823年、メキシコ帝国が崩壊し、コスタリカ国が独立。国旗を制定。中央に6地区を表す赤い六角星を配した白旗。翌年に中央アメリカ連邦に参加。

◆中央アメリカ連邦　1824

1824年、エルサルバドル、グアテマラ、ニカラグア、ホンジュラスと中央アメリカ連邦を結成。国旗は中央に国章を配した青白青の横三分割旗。

◆コスタリカ国　1839〜42

1838年、中央アメリカ連邦からはなれ、コスタリカ国となる。翌年、国旗を制定。白い光線を放つ八角星を描いた国章を中央に配した白青白の横三分割旗。

◆コスタリカ共和国　1848〜1906

1848年、コスタリカ共和国にあらためる。国旗を制定。山、海、太陽、帆船、5個の白い五角星などを描いた新国章を中央に配した青白赤の横五分割旗。

自然　本土および西方約550kmの太平洋上のココ島からなる。最高峰3819mのチリポ山、3432mの活火山イラス山がある。太平洋側は乾燥しており、カリブ海側は熱帯雨林気候、高原部はサバナ気候。環境保護政策で国土の24％が国立公園・自然保護区に指定されている。農業国で、バナナとコーヒー豆の栽培が中心。

歴史　ヨーロッパ人の来航以前はカリブ系民族が先住。1502年にコロンブスが到達し、スペイン領となる。1821年に独立を宣言したがメキシコに併合される。1823年に中央アメリカ連邦に加入するが、1838年にはなれ、1848年に共和国として正式に独立する。となりのニカラグアの侵略やクーデターを経て、1870年代に近代化がはかられ、鉄道の建設などもすすめられた。

20世紀前半は政情も安定し、1948年に大統領選挙の不正問題から内乱をまねいたものの、1949年の憲法制定で軍隊を廃止した。1983年に非武装中立を宣言、平和外交をすすめて、紛争が多発する中米で独自路線をあゆんでいる。

Jamaica

ジャマイカ

首都：キングストン　面積：1.1万km²（秋田県程度）　人口：289万人　公用語：英語

国旗比率1：2。1962年より使用。黄色い斜め十字で仕切られた緑と黒の対角四分割旗。黄は太陽と天然資源、緑は農業と将来の希望、黒は国民がのりこえるべき困難を表す。イギリス連邦の一員ジャマイカとして独立したときに制定された国旗。

1962年より使用。白い盾型紋章。盾の赤い十字のなかに国のおもな産物である5個の金色のパイナップルを配している。盾の上には白と黄色のかざりをつけた金色の兜、その上には丸太に乗った緑のジャマイカワニ。盾の左にはフルーツの入ったかごをもったアラワク族の女性、右には弓をもったアラワク族の男性が描かれている。

◆イギリス領ジャマイカ域旗　1875〜1906

ジャマイカは17世紀からイギリスによる支配がつづいており、1867年にはイギリス国王の植民地となった。1875年にイギリス領ジャマイカの域旗を制定。右側に国章を配したイギリス青色船舶旗。

◆イギリス自治領ジャマイカ域旗　1957〜62

1957年、自治権を得て、イギリス自治領ジャマイカとなる。域旗を変更。右に国章を配したイギリス青色船舶旗。

◆イギリス領西インド諸島連邦域旗　1958〜62

1958年、グレナダ、セントルシア、トリニダード・トバゴなどとともにイギリス領西インド諸島連邦に加盟。域旗は太陽を表すオレンジの円とカリブ海を表す4本の白い波線を描いた青旗。

自然　島の中央部にはブルーマウンテン山脈をはじめ、いくつもの山脈がつらなる。熱帯雨林におおわれ、120にもおよぶ川が流れる。農作物はサツマイモ、キャッサバ、ココナッツなどのほか、高級コーヒー豆のブルーマウンテンを生産。ボーキサイトの生産が経済をささえるほか、観光も主要産業。

歴史　南米ギアナ地方からわたってきたとされるアラワク系タイノ人や、カリブ人が先住。1494年にコロンブスが到達。1509年スペイン領となり、サトウキビのプランテーションでアラワク族や西アフリカからの黒人奴隷が労働力とされた。1655年にイギリス海軍が占領、1670年にイギリス領となる。
　1700年代には黒人奴隷や逃亡黒人の反乱がつづき島内はみだれたが、独立の動きはなかった。1834年に、イギリス帝国内でのアフリカ人奴隷制度が廃止される。1865年に大規模な黒人反乱がおき、1867年にイギリス国王の直轄領となった。
　1938年にジャマイカ労働党が設立され、1957年にイギリスから自治権を獲得。1962年に、カリブ海地域のイギリス植民地ではじめてイギリス連邦加盟国として独立した。

Saint Christopher and Nevis

セントクリストファー・ネービス

首都：バセテール　面積：261㎢（色丹島程度）　人口：6万人　公用語：英語

国旗比率2：3。1983年より使用。2個の白い五角星と黄の輪郭線のある緑黒赤の斜め三分割旗。緑はゆたかな国土、黄は太陽、黒はアフリカからの伝統、赤は独立闘争で流された血、2つの五角星は希望と自由、セントクリストファー島とネービス島を表す。独立したときに制定された国旗。

◆イギリス領リーワード諸島域旗　1871～1958

1871年、イギリス領リーワード諸島に編入。域旗は、パイナップルや帆船などを描いた域章を右側に配したイギリス青色船舶旗。

◆イギリス領西インド諸島連邦域旗　1958～62

1958年、イギリス領リーワード諸島が解体し、イギリス領西インド諸島連邦に加盟。域旗は中央にオレンジの円、4本の白い波線を配した青旗。

◆イギリス自治領セントクリストファー・ネービス・アングィラ諸島域旗　1967（2～5月）

1967年、イギリス自治領セントクリストファー・ネービス・アングィラ諸島となる。2月に制定された域旗は緑黄青の縦三色旗。

◆イギリス自治領セントクリストファー・ネービス・アングィラ諸島域旗　1967.5～1983

1967年5月に域旗を変更。中央に3島を表す3つの枝をもつ黒いヤシの木が加えられた。なお、アングィラは1980年に分かれる。

1983年より使用。白い盾型紋章。盾のなかの上部は青地にフランスを表す黄色いユリの花、現地人の頭、イギリスを表すバラの花、盾のなかの中央を仕切る赤い山形の上に国花の赤いホウオウボク、山形の下にコロンブスの帆船サンタマリア号が描かれている。盾の上には黒人と白人の手でささえられたたいまつなどが配され、盾の左右には国鳥のペリカン。

自然　小アンティル諸島のうちのリーワード諸島にあり、ともに火山島のセントクリストファー島とネービス島からなる。南北アメリカで面積が最少の国。熱帯雨林気候だが、北東貿易風によりすずしい風がはこばれ、1年をつうじて快適である。

歴史　アラワク系・カリブ系の民族が先住。1493年にコロンブスが到達。1620年代にイギリス人が入植し、西インド諸島で最初のイギリス植民地となる。その後フランス人も来航し、両国で先住民を追い出し、島を分割統治。領有をめぐるはげしい争いの結果、1713年に島全体がイギリス領となる。1782年、フランスがふたたび島を占拠するが、1783年にイギリスに返され、1861～1871年、アングィラ島、イギリス領バージン諸島とともに一植民地として管理された。

1958年に西インド諸島連邦への加盟を経て、1967年に内政自治権を獲得。1980年にアングィラ島がはなれたのち、1983年に立憲君主国として独立。1998年、独自議会をもつネービス島の分離独立を問う住民投票がおこなわれたが、賛成票不足で見送られた。

Saint Vincent and the Grenadines

セントビンセント及びグレナディーン諸島

首都：キングスタウン　面積：389㎢（熊本市程度）　人口：11万人　公用語：英語

国旗比率2：3。1985年より使用。中央に国名の頭文字であるＶ字にならんだ３つの菱形を置いた青黄緑の縦三色旗。この菱形をＶ字にならべたデザインは、この諸島が「アンティル諸島の宝石」とよばれていることを表す。

1985年より使用。周囲に金色の枠かざりのある白い盾型紋章。なかに描かれているのは平和を表すオリーブの枝をもって立つ古代ローマ風の服を着た女性と、ひざまずいて正義を表す金色の祭壇の秤をもつ女性。盾の上には国のおもな産物である綿花、青と黄色と緑の布のリース、底部にはラテン語で「平和と正義」と書かれたリボンを配している。

◆イギリス領ウィンドワード諸島域旗　1877～1958

1877年、イギリス領ウィンドワード諸島に編入される。域旗は、赤黄緑グレーの盾を描いた域章を右側に配したイギリス青色船舶旗。

◆イギリス領セントビンセント域旗　1877～1912

1877年、イギリス領セントビンセントの域旗を制定。オリーブの枝をもって立つ女性、ひざまずき正義をしめす祭壇の秤をもつ女性を描いた国章を右側においたイギリス青色船舶旗。

◆イギリス領西インド諸島連邦域旗　1958～62

1958年にイギリス領ウィンドワード諸島が解体し、イギリス領西インド諸島連邦に加盟。太陽を表す円とカリブ海を表す４本の白い波線を描いた青旗。

◆セントビンセント及びグレナディーン諸島　1979～85

1979年、イギリス連邦の一員セントビンセント及びグレナディーン諸島として独立。白い輪郭線と中央に国章を配した青黄緑の縦三色旗。青は空と海、黄は陽光、緑は植物、白は清純を表す。

自然　小アンティル諸島のうちのウィンドワード諸島にあり、火山島のセントビンセント島とグレナディーン諸島の北部からなる。海洋性の熱帯雨林気候。農産物はバナナ、くず粉など。観光も主要産業となっている。

歴史　南米大陸からのアラワク系とカリブ系民族が先住。1498年にコロンブスが来航。奴隷貿易の難破船や周辺の島じまからのがれたアフリカ系黒人が先住民と共生している。1762年にイギリス人が入植。ついで入植したフランスと領有をめぐってあらそい、1783年にイギリス領となる。黒人奴隷をつかった大規模な農業が発展する。1834年にイギリス帝国内の奴隷貿易や奴隷制度が廃止されると、ポルトガルやインドから移民を入れ、サトウキビ栽培をつづけた。1812年、1902年のスフリエール山の噴火で島の経済は大打撃をうけ、噴火はその後もくりかえされている。

　1958年に西インド諸島連邦に加盟。1962年に同連邦が解体して1969年にイギリス自治領に。1979年、立憲君主国として独立した。

セントルシア

Saint Lucia

首都：カストリーズ　面積：539km²（天草下島程度）　人口：18万人　公用語：英語

国旗比率1：2。2002年より使用。中央に白い輪郭線をもつ黒い三角形と黄色い三角形を配した青旗。青は忠誠、空、カリブ海と大西洋を、黄は陽光と繁栄を、黒と白は黒人と白人の文化的な影響と調和を、2個の三角形はピトン火山で国民の希望と大志を表す。

1979年より使用。青い盾型紋章。盾のなかにはアフリカからの伝統を表す茶色の椅子を入れて十字にくみあわせた茶色の2本の竹で仕切られ、左上と右下にイギリスを表すバラ、右上と左下にフランスを表すユリの花。盾の上にはたいまつをもった腕など、背後には交差したサトウキビの葉、盾の両側には緑のセントルシアオウムを配している。

◆イギリス領セントルシア域旗　1875～1939

1875年、イギリス領セントルシアの域旗を制定。海から見えるピトン火山などの港の風景を描いた域章を右側に配したイギリス青色船舶旗。

◆イギリス領西インド諸島連邦域旗　1958～62

1958年、イギリス領西インド諸島連邦に加盟。域旗は中央に太陽を表すオレンジの円、カリブ海を表す4本の白い波線を配した青旗。

◆イギリス自治領セントルシア域旗　1967～79

1967年、イギリス自治領セントルシアとなる。このとき制定された域旗が現国旗の原型。青の色や黄色い三角形の大きさが現国旗とちがっている。

◆セントルシア　1979～2002

1979年、イギリスよりイギリス連邦の一員セントルシアとして独立。国旗を制定。1967年制定の域旗より横長になり、黄色い三角形が大きくなった。

自然　小アンティル諸島のうちウィンドワード諸島中央部にある火山島。高原状で平地が少ない。最高峰は951mの火山ジミー山。雨季と乾季のある熱帯雨林気候。バナナ生産と観光業がおもな産業。

歴史　アラワク系とカリブ系民族が先住の民族。1500年ころスペイン人が到達したとされる。17世紀前半、オランダ人、フランス人、イギリス人が入植をこころみたが、先住民の抵抗にあい失敗。1651年にフランス人が到来し、1660年カリブ系先住民とのあいだに和平協定が成立した。その後、イギリスとフランスが領有をめぐってはげしくあらそい、1814年にイギリス領が確定した。1958年に西インド諸島連邦に加盟したのち、1967年に内政自治権を得て、1979年に立憲君主国として独立した。

1997年の総選挙で中道左派のセントルシア労働党が15年ぶりに政権を獲得。2006年の総選挙では保守の統一労働党が勝ち、約10年ぶりに政権をうばいかえした。2007年に10年間とだえていた台湾との外交を復活させた。

Dominican Republic

ドミニカ共和国

首都：サントドミンゴ　面積：4.9万km²（中国地方＋四国地方）　人口：1077万人　公用語：スペイン語

国旗比率2：3。1919年より使用。青と赤の地色に中央に国章の入った白十字を配した旗。1838年にはじまったトリニタリアン結社によるハイチからの独立運動がおこなわれたときにつかわれた独立運動旗が原型。青は自由、赤は愛国者の血、白は平和と尊厳を表す。

1919年より使用。国旗のデザインをとりいれた盾型紋章。盾のなかの中央には黄色い十字架と聖書、その背後に交差した6本の国旗。盾の上にはスペイン語で「神、祖国、自由」と黄字で書いた青いリボン、盾の左右には月桂樹の枝のリースとヤシの葉のリース、底部にはスペイン語の黄字で国名が書かれた赤いリボン。

◆ハイチ共和国　1804～05

1804年、フランスより世界初の黒人共和国であるハイチ共和国が独立。国旗は独立運動旗の色がベースになった青赤の縦二色旗。

◆ハイチ共和国国旗　1822～44

イスパニョーラ島の東部は1814年以降スペイン領となっていたが、1822年、内戦がおこったとき、ふたたびハイチ軍が占領。左は当時のハイチ共和国国旗。

◆ドミニカ共和国　1844～49

1844年、ハイチ人をおいだしてドミニカ共和国が独立。国旗は独立運動旗の白十字をひきのばした旗。またはハイチ国旗に白十字を加えた旗ともいえる。

◆ドミニカ共和国　1865～1919

1861年にまたもやスペインの支配下に入ったが、1865年に独立。国旗を制定。現国旗にちかいデザインだが、中央の国章は当時のもの。

自然　イスパニョーラ島の東側、同島の3分の2をしめる。東西に3つの山脈がはしり、山脈のすそ野に平野がある。熱帯雨林気候。農産物はサトウキビ、コーヒー豆など。沿岸のマグロ、サバの水産業がさかん。ニッケル、金、銀などの鉱物も産出。

歴史　アラワク系民族が先住。1493年にコロンブスが第2回航海で来航。1496年に「新大陸」最初のスペインの植民地となった。1697年に島の西側がフランス領（現ハイチ）、東側がスペイン領となる。1795年に島全体がフランス領となり、西側は1804年にハイチとして独立を宣言。1814年に東側はふたたびスペイン領となり1821年に独立したが、1822年にハイチが征服。1844年、島全体が共和国として独立。1861年、またしてもスペインに併合され、1865年に再度独立。1916～1924年にアメリカの占領下に。
　1930年、クーデターでトルヒーヨが大統領に就任し独裁政治をおこなうが、1961年に暗殺。1965年に内戦に突入するが、アメリカ軍の介入や国連などの調停でおさまる。

Commonwealth of Dominica

ドミニカ国

首都：ロゾー　面積：750km²（奄美大島よりやや広い）　人口：7万人　公用語：英語

国旗比率1：2。1990年より使用。黄黒白の十字、中央に10個のライムグリーンの五角星と国鳥のミカドボウシインコを入れた赤円を配した緑旗。緑はゆたかな森林、赤は社会主義、黄は陽光など、白は国民の純粋さなど、黒はゆたかな土地などを表す。

1961年より使用。青黄の十字で仕切られた盾型紋章。盾のなかの左上は黄地に緑のヤシの木、右上は青地に緑のカエル、左下は青地に海にうかぶ船、右下は黄地にバナナの木。盾の上には青と白の布のリースと黄色いライオン、左右に2羽のミカドボウシインコを配している。イギリス領ドミニカだったときに制定された域章が、独立したあとでもつかわれている。

◆イギリス領リーワード諸島域旗　1833〜1940

1833年、イギリス領リーワード諸島に編入される。域旗はパイナップルや帆船などが描かれた域章を右に配したイギリス青色船舶旗。

◆イギリス領西インド諸島連邦域旗　1958〜62

1958年、イギリス領西インド諸島連邦に加盟。域旗は中央に太陽を表すオレンジの円、カリブ海を表す4本の白い波線を配した青旗。

◆ドミニカ国　1978〜81

1978年、イギリスよりイギリス連邦の一員ドミニカ国として独立。国旗を制定。現国旗の原型となるデザインだが、十字の黄白黒の縞の順番が現国旗とはちがっている。また、ミカドボウシインコが逆向き。

自然　小アンティル諸島のウィンドワード諸島北側にある山がちな火山島で、最高峰は1430mのディアブロティン山。熱帯雨林気候。雨季は6〜10月で、ハリケーンの被害も大きい。熱帯原生林におおわれ、「カリブ海の植物園」といわれる。おもな産業はココナッツ、バナナの栽培と観光業。

歴史　アラワク族が先住。1493年にコロンブスが来航。17世紀からイギリスとフランスが領有をめぐってあらそう。1755〜1763年のフレンチ・インディアン戦争などを経て、1805年にイギリス領と確定した。

西インド諸島連邦（1958〜1962）に加盟したのち、1967年に内政自治権を得て、1978年にイギリス連邦内の共和国として独立する。独立後の政情は不安定で、ドミニカ労働党とドミニカ自由党、さらに統一労働党も加わって、政権争いや連立政権などの動きがつづく。

Republic of Trinidad and Tobago

トリニダード・トバゴ共和国

首都：ポートオブスペイン　面積：5127km²（千葉県程度）　人口：137万人　公用語：英語

国旗比率3：5。1962年より使用。2本の白い輪郭線のある赤黒の斜帯旗。赤は国民の寛容さ、太陽のエネルギー、国民の勇気と友情、白は海と平等、黒は国民の統一への努力と天然資源を表す。トリニダード・トバゴとして独立したときに制定された国旗。

1962年より使用。盾型紋章で、盾のなかは中央を白い山形の線が仕切り、上は黒地に2羽の金色のハチドリ、下は赤地に3隻のコロンブスの帆船サンタマリア号、ニナ号、ピンタ号。盾の上には金色の兜、ヤシの木と茶色い船の舵など。両側の鳥は左がショウジョウトキ、右がコクリコ。底部のリボンには「ともに願い、ともに達成する」と英語で書かれている。

◆イギリス自治領トリニダード・トバゴ域旗　1889〜1958

1889年、イギリスはトリニダード島とトバゴ島をあわせて植民地とする。域旗はポートオブスペイン港の風景を描いた域章を右に配したイギリス青色船舶旗。1956年にイギリス自治領となっても継続して使用。

◆イギリス自治領トリニダード・トバゴ域旗　1958〜62

1958年、イギリス自治領トリニダード・トバゴの域旗を変更。右側に配されている国章が盾型紋章になり、黄色いリボンが加えられている。

◆イギリス領西インド諸島連邦域旗　1958〜62

1958年、イギリス領西インド諸島連邦に加盟。域旗は中央に太陽を表すオレンジの円、カリブ海を表す4本の白い波線を配した青旗。

自然　カリブ海の西インド諸島南端のトリニダード島とトバゴ島からなる。雨季と乾季のある熱帯雨林気候。西インド諸島で唯一、石油と天然ガスの資源がある。トリニダード島のピッチ湖にはアスファルトの天然鉱脈がある。トバゴ島は観光業がさかん。

歴史　アラワク系・カリブ系民族が先住。1498年にコロンブスが第3回航海で到達してスペイン領となるが、トリニダード島は1802年、トバゴ島は1814年にイギリス領となり、1889年に両島が合併。20世紀には石油生産が主産業となる。1958年に西インド諸島連邦が結成されたとき、ポートオブスペインが首都となり連邦の主導権をにぎる。しかし、他のカリブ海諸国の不満が高まり、1962年に連邦は解散、イギリス連邦内で単独で独立。1976年に共和制にうつった。トバゴ島は内政自治権をもち、議会もある。

アフリカ系住民とインド系住民が対立しており、総選挙では、アフリカ系住民が支持する人民国家運動党が勝利することが多い。

Republic of Nicaragua

ニカラグア共和国

首都：マナグア　面積：13.0万km²（本州の6割）　人口：622万人　公用語：スペイン語

国旗比率3：5。1971年より使用。中央に国章を配した青白青の横三分割旗。青はカリブ海と太平洋、白は2つの海にはさまれた国土を表す。現在の濃い青をつかった青白青の横三分割のデザインは1857年に制定された国旗からとりいれられ、うけつがれてきた。

1971年より使用。黄色い三角形のなかには自由を表す赤いフリギア帽（古代ローマに起源をもつ帽子）、と平和を表す虹、旧中央アメリカ連邦を構成する5カ国（エルサルバドル、グアテマラ、ニカラグア、ホンジュラス、コスタリカ）を表す海にうかぶ5つの山が描かれている。周囲にはスペイン語で「ニカラグア共和国」「中央アメリカ」と記されている。

◆ニカラグア共和国　1838～54

1838年、中央アメリカ連邦からはなれ、ニカラグア共和国として独立。国旗は中央アメリカ連邦国旗の色をつかった青白青の横三分割旗。

◆ニカラグア共和国　1854～57

1854年、ニカラグア共和国の国旗を変更。黄白真珠色の横三色旗。濃いベージュの真珠色をつかった国旗はほかに例がない。

◆ニカラグア共和国　1857～89

1857年、ウォーカー大統領に対する国民戦争がおこり、ウォーカー政権がたおれる。青白青の横三分割旗に国旗を変更。以前の青より濃い青になった。

◆ニカラグア共和国　1889～93

1889年、ニカラグア共和国の国旗を変更。青白赤白青の横五分割旗に。4年後の1893年にはもとの青白青の横三分割旗にもどされた。

自然　中央アメリカのほぼ中央にあって、中央部はイサベリア山脈をふくむ高地で、太平洋側に活火山モモトンボ山がある。東部は密林におおわれた熱帯雨林気候、西部はサバナ気候。農産物はコーヒー豆、綿花、バナナなど。カリブ海のコーン諸島を領有。

歴史　チブチャ系とナワ系の民族が先住。1502年にコロンブスが第4回航海で到達。1573年にグアテマラ総督領に編入された。1821年スペインからの独立を宣言。直後、メキシコに併合され、1823年に結成された中央アメリカ連邦に加入するが、1838年に分離独立した。内戦状態のなかで、1909～1933年のアメリカ占領下にあった1926年にサンディーノ将軍が反米ゲリラ戦を展開したが、1934年に暗殺された。

1937～1979年はソモサ一族の独裁がつづくが、1961年結成のサンディニスタ民族解放戦線を中心とする反ソモサ勢力が結集し、1979年に独裁政権をたおす。民族解放戦線を中心とする新政権が発足するが、反政府ゲリラとの内戦が激化。1990年のチャモロ政権誕生後、内戦は終結した。

Republic of Haiti

ハイチ共和国

首都：ポルトープランス　面積：2.8万km²（四国の1.5倍）　人口：1098万人　公用語：フランス語・ハイチ語

国旗比率3：5。1986年より使用。中央の白い四角に国章を配した青赤の横二色旗。青と赤はフランス国旗からとられ、青は黒人、赤は白人と黒人の混血を表す。1859年から1964年まで使用されていた国旗が1986年に復活した。

1986年より使用。中央に自由を表す赤いフリギア帽（古代ローマに起源をもつ帽子）をのせた緑のヤシの木、背後に6丁の剣つきの銃、交差した6本の国旗、緑の草地に2門の大砲、2本の斧、2本のトランペット、2本の錨、鎖、太鼓、砲丸、2本の赤旗、フランス語で「団結は力なり」と書かれた白いリボンを配したもの。この国章は1820年に最初に制定されたものが復活した。

◆ハイチ共和国　1804～05

17世紀末からフランスの支配がつづいていたが、1804年1月にハイチ共和国として独立。国旗は独立運動旗から白字の標語をとりのぞいた青赤の縦二色旗。

◆ハイチ帝国　1805～06

1804年、初代元首のジャン・ジャック・デサリーヌ総督がジャック1世として皇帝になり、ハイチ帝国になる。翌年、国旗を制定。

◆ハイチ共和国　1820～49

1806年以降ハイチは南北に分かれていたが、1820年、南部ハイチ共和国が北部を統合し、ハイチ共和国をふたたび統一。国旗は青赤の横二色旗。

◆ハイチ共和国　1964～86

1964年、ハイチ共和国の国旗を変更。中央の白い四角に国章を配した黒赤の縦二色旗。なかの国章もフリギア帽がとりのぞかれるなど少し修正されている。

自然　イスパニョーラ島の西側、同島の3分の1をしめる。島の東側はドミニカ共和国。平地は少なく、北・南部に山脈がはしる。熱帯雨林気候で雨季が2度あるが、山間部は貿易風の風下側で雨が少なく乾燥気味。コーヒー豆の栽培など農業が中心。

歴史　アラワク系民族が先住。1492年にコロンブスが到達してスペイン領となる。島の西部は放置されていたが、1697年にフランスのサンドマング植民地となった。サトウキビやコーヒー豆の生産で発展し、18世紀にはカリブ海域最大の砂糖生産地となる。フランス革命の影響で黒人解放運動がおこり、1804年に独立。1822～1844年に全島を支配するが、人種間の対立で混乱がつづき、1915～1934年にはアメリカに占領された。

1957～1986年はデュバリエ父子の独裁政権がつづくが、1988年に文民政権が誕生。しかしクーデターで軍事政権となり、1990年にもクーデターがおきたことから、アメリカ軍を中心とする多国籍軍が進駐した。その後も、政争がくりかえされている。

パナマ共和国

首都：パナマシティ　面積：7.5万km²（北海道程度）　人口：410万人　公用語：スペイン語

国旗比率2：3。1903年12月より使用。青赤の五角星を配した青赤の四分割旗。コロンビアから分かれて独立した1903年の11月に現デザインとは左右それぞれの上下が入れかわっている国旗が制定されたが、わずか1カ月で変更された。

1925年より使用。盾型紋章で、盾のなかの左上にはサーベルと銃、右上にはシャベルと鍬、左下には金貨の入った角、右下には黄色い翼をもつ車輪、中央の横帯にはしずむ太陽とのぼる月を描いたパナマ運河。盾の背後には4本の交差した国旗、盾の上にはリボンをくわえた茶色のワシ、国を構成する州の数を表す9個の黄色い五角星を配している。

◆大コロンビア共和国　1821〜31

パナマは大コロンビア共和国に参加し、1821年に同国の一州としてスペインから独立。同時に同国は国旗を制定。中央に国章を配した黄青赤の横三色旗。

◆ヌエバ・グラナダ共和国　1834〜58

ヌエバ・グラナダ共和国は大コロンビア共和国が解消したのち、コロンビアとパナマ主体で建国された国。1834年、赤青黄の縦三色旗に国旗を変更。

◆コロンビア合衆国パナマ州旗　1863〜86

ヌエバ・グラナダ共和国は連邦国家となっていたが、内戦がおこり、コロンビア合衆国に。パナマは同国の一州となった。左は中央に州章を配した州旗。

◆コロンビア共和国国旗　1886〜1903

1886年、コロンビア合衆国を解消し、コロンビア共和国に。パナマはひきつづき一州。国旗は黄の部分が大きい黄青赤の横三色旗。

自然　南北アメリカをむすぶ地にある。国土の大半は森林で、平地は熱帯雨林気候、高原はサバナ気候。パナマ運河に水を集める流域は森林保護区となっている。農産物はバナナ、サトウキビ、米。漁業はアンチョビ、マグロのほか、エビの養殖。森林資源にめぐまれ、マホガニー材を産する。

歴史　チブチャ系民族が先住。1501年にスペイン人のバスティーダが到達し、1513年にバルボアがパナマの大西洋岸から太平洋岸に出る。1519年に太平洋岸にパナマシティが建設され、貿易中継地としてさかえた。1821年に大コロンビアの一州となり、1903年にアメリカの援助をうけて分離独立。1914年にパナマ運河が完成。

1968年のクーデターでトリホス将軍が実権をにぎる。1977年にパナマ運河条約を改定して、1999年の運河返還が決定。1978年にノリエガ将軍の独裁政治がはじまる。1989年、アメリカ軍が侵攻して、1990年ノリエガはアメリカに逮捕された。1999年に初の女性大統領が誕生。同年12月31日、アメリカから運河が返還された。

Commonwealth of The Bahamas

バハマ国

首都：ナッソー　面積：1.4万km²（福島県程度）　人口：40万人　公用語：英語

国旗比率1：2。イギリスよりイギリス連邦の一員として独立した1973年より使用。左に黒い三角形を配した藍緑色・黄・藍緑色の横三分割旗。黒は国民の活力と団結、藍緑色はカリブ海、黄は2つの海にかこまれたバハマと美しい砂浜を表す。

1971年より使用。盾型紋章で、盾のなかの上部は藍緑色の地に黄色い太陽、下部は白地にコロンブスの帆船サンタマリア号。盾の上には黄色の兜、マキガイ、5枚のヤシの葉など、盾の左には波の上にマカジキ、右には草地の上に国鳥のフラミンゴを配している。イギリス自治領バハマ諸島時代に独立にそなえて域章として制定され、独立したのちも国章としてつかわれている。

◆イギリス領バハマ諸島域旗　1869～1959

1783年にイギリスの植民地となる。1869年、イギリス領バハマ諸島の域旗を制定。海賊船をおいかける軍艦を描いた国章を配したイギリス青色船舶旗。

コロンブス、ついに陸地発見

「大西洋を西にすすめばインドにいたる」と信じて、スペイン女王イサベルと国王フェルナンドの援助でひたすら西に航海したコロンブスは1492年10月12日、ついにバハマ諸島の1つの島に到達し「サンサルバドル島」と名づけた。ヨーロッパ人によるアメリカ大陸発見の始まりの地とされる。

◆コロンブスの航海旗

中央に緑の十字、左右に王冠をつけたFとYの文字の白旗。FとYは航海を援助した両王の頭文字。

自然　フロリダ半島の南東80kmの大西洋上にあり、約700の島と2000以上のサンゴ礁・岩礁からなる。中心は首都ナッソーのあるニュープロビデンス島で、その西方に最大の島アンドロス島がある。熱帯雨林気候だが比較的温暖で、海浜リゾート地として発展。産業は石油の精製や、ラム酒の製造。

歴史　アラワク系民族が先住。1492年にコロンブスが到達し、一時スペインが支配。17世紀半ばからイギリス人が入植。海賊のかくれがともなり、1718年にイギリスは総督を派遣。ナッソーは、アメリカ独立戦争（1775～1783）のときにアメリカ独立軍に占領される。1782年にはスペインが占領したが、1783年にイギリス領とされる。アメリカの独立後、やぶれた王党派が黒人奴隷をつれて移住したが、1834年の奴隷解放で多くの農園主が島を去り、経済は停滞した。

1919年にアメリカが禁酒法を制定すると、ラム酒の密造や密輸の基地として繁栄。1964年に自治権を獲得。1967年に黒人系の進歩自由党が政権を得て白人支配がおわる。1973年、イギリス連邦の一員として独立した。

バルバドス

Barbados

首都：ブリッジタウン　面積：431km²（種子島程度）　人口：29万人　公用語：英語

国旗比率2：3。1966年より使用。中央に黒い三叉の鉾の先端をおいた青黄青の縦三分割旗。青は空と海、黄は砂浜、三叉の鉾は民主主義の三原理、すなわち「国民の、国民による、国民のための政府」を表す。鉾に柄がないのは、植民地からきっぱりはなれる決意を表す。

◆イギリス領ウィンドワード諸島域旗　1833～58

1833年、イギリス領ウィンドワード諸島に編入される。域旗は赤黄緑グレーの盾を描いた域章を右側に配したイギリス青色船舶旗。

◆イギリス領バルバドス域旗　1870～1966

1870年、イギリス領バルバドスの域旗を制定。海神ネプチューンの三叉の鉾をもち、2頭の海馬にひかせた乗り物で海を行く女王を描いた域章を右側に配したイギリス青色船舶旗。1961年に自治権を得たあとも継続して使用。

◆イギリス領西インド諸島連邦域旗　1958～62

1958年、イギリス領西インド諸島連邦に加盟。域旗は太陽を表すオレンジの円、カリブ海を表す4本の白い波線を配した青旗。同連邦は1962年に解体した。

1965年より使用。黄色い盾型紋章。盾のなかには国花の赤いオオゴチョウの花とヒゲイチジクの木。盾の上には銀色の兜、黄色と赤の布のリース、製糖業を表す2本のサトウキビの枝をX字ににぎる手、盾の左には漁業を表すシイラ、右には首都ブリッジタウンの沖合にあるペリカン島を表すペリカン。イギリス自治領時代の1965年に制定された域章が独立後、国章に。

自然　セントビンセント島の東方約170km、小アンティル諸島のもっとも東のはじにあり、全体がサンゴ礁でできている。雨季と乾季のある熱帯雨林気候。サトウキビ栽培と製糖業が中心であったが、1970年代後半から観光業がおもな産業となった。

歴史　アラワク系・カリブ系民族が先住。1536年にブラジルに向かう途中のポルトガル人ペドロ・カンポスが到達。1627年にイギリス人が入植してジェームズタウン（現ホールタウン）をつくる。1652年にイギリスの直轄植民地となる。はじめはタバコや綿花を栽培、のちにサトウキビのプランテーションが発展した。1834年の奴隷解放後も製糖業が島の中心の産業となった。

1929年からの世界恐慌ののち、黒人労働者の不満が高まり、1938年にバルバドス労働党が結成され、1951年の初の成人普通選挙で勝利し、1954年には労働党から首相が誕生した。1958年に西インド諸島連邦に加盟、1961年に内政自治権を得たが、1962年に連邦は解体。1966年にイギリス連邦内の立憲君主国として独立した。

Belize

ベリーズ

首都：ベルモパン　面積：2.3万km²（本州の1割）　人口：38万人　公用語：英語

国旗比率2：3。イギリス連邦の一員として独立した1981年より使用。中央に白い円に入った国章を配し、上下に2本の赤い横縞を配した青旗。青は人民連合党、赤は民主連合党の党旗の色からとり、青は隣国との友好、赤は独立をまもる決意を表す。

◆**イギリス領ホンジュラス域旗　1950～81**

1862年よりイギリス領ホンジュラスとして編入されていた。1950年、イギリス領ホンジュラスの域旗を制定。現国旗にある上下の赤い横縞がなく、中央の紋章のデザインも少し異なる。1964年に自治領に昇格したのちも、さらに1973年に自治領ベリーズにあらためたのちも使用。

まぼろしの ポヤイス公国

1820年、スコットランドの探検家グレゴール・マクレガーが現在のベリーズの南端にポヤイス公国をたてたという。じつはこれ、まったくのでっちあげ。なんと、移民を募集し、国債までだしたのだが、国なんてない！

この国旗、天保11年（1840年）発行の日本の本にまでのっている。

1981年より使用。なかを3つに仕切った盾型紋章で、白地に交差したハンマーと櫂、黄地に交差した斧とノコギリ、青地に航行する軍艦が描かれている。盾の上には林業を表す緑のマホガニーの木、盾の左には斧をかついだメスティーソ（インディオと白人との混血）、右には櫂をかついだ黒人、底部にはラテン語で「木陰の下でさかえる」と書かれたリボン、周囲の円は月桂樹の葉。

自然　ユカタン半島の付け根にある。国土の大半は熱帯雨林におおわれ、沿岸部にはマングローブと湿地帯、サンゴ礁がつらなる。熱帯雨林気候。林業がさかんで、高級家具材マホガニー材を産する。美しい海とサンゴ礁にめぐまれ「カリブ海の宝石」とよばれる。マヤ文明の遺跡などの観光業も発展。

歴史　4～10世紀、南部の都市国家カラコルを中心にマヤ文明がさかえた。1502年にコロンブスが到達。メキシコ副王領に編入されスペインの植民地となる。17世紀にイギリス人が入って高級木材を伐採したため、両国間で領有をめぐって争いがつづいた。1798年にイギリス領となる。1862年にイギリス領ホンジュラスとしてジャマイカ総督府に編入され、1884年からはイギリスの直轄植民地となる。

1973年に自治領ベリーズとあらためたが、1975～1977年にグアテマラが領有を主張。1981年、イギリス連邦内の立憲君主国として独立した。独立以来、安定した民主主義的な政治がつづき、2008年には初の黒人首相が誕生した。

ホンジュラス共和国

Republic of Honduras

首都：テグシガルパ　面積：11.2万km²（本州の半分）　人口：927万人　公用語：スペイン語

国旗比率1：2。1949年より使用。中央に5個の青い五角星を配した青白青の横三分割旗。青はカリブ海と太平洋、白は平和と繁栄、5個の五角星は旧中央アメリカ連邦を構成した5カ国を表し、再統一への願いを表す。中央の星がホンジュラス。

1935年より使用。楕円形紋章。陽光を背に火山と2つのグレーの城、背後に茶色いピラミッドが描かれ、その周囲をスペイン語で「自由、主権、独立」という標語と独立記念日である「1821年9月15日」と国名が記された白い帯がかこんでいる。上部には弓矢の入った矢筒、底部には3本の松の木と3本の樫の木、鉱山の入り口には交差したハンマー。

◆中央アメリカ連邦　1823～24

1823年、メキシコ帝国が崩壊し、中央アメリカ連邦に加盟。同連邦の国旗は、海から隆起した5つの山を描いた国章を中央に配した青白青の横三分割旗。

◆ホンジュラス共和国　1838～66

1838年、中央アメリカ連邦よりホンジュラス共和国として独立。国旗は青白青の横三分割旗。

◆ホンジュラス共和国　1866～96

1866年、ホンジュラス共和国の国旗を変更。青白青の横三分割旗の中央に5個の青い五角星を加えた。現国旗とは星の角度がちがっている。

◆ホンジュラス共和国　1898～1949

1896年にニカラグア、エルサルバドルと中央アメリカ共和国を結成したが2年後に解体。1898年にホンジュラス共和国にもどり国旗を制定。中央の5個の五角星は黄色。

自然　国土の約70％が山地で、沿岸部は熱帯雨林気候、内陸部の高原地帯はサバナ気候。おもな農産物はバナナとコーヒー豆で「バナナ共和国」ともいわれる。水産業はエビの養殖。林業もさかんで、マホガニー材など高級な熱帯の木材を産する。

歴史　西部に3～9世紀のマヤ文明の都市コパンがあり、祖先をまつる場としてさかえていた。1502年にコロンブスが第4回目の航海で到達。1520年にスペイン領となり、1539年にグアテマラ総督領に編入された。金・銀など鉱物資源が少なくなり、農業が主体となる。1821年にグアテマラとともに独立するが、直後にメキシコに合併され、1823年に中央アメリカ連邦に加盟。1838年、同連邦から分かれて独立。

20世紀に入ると、国政にまで影響をおよぼすほどアメリカ資本によるバナナの輸出産業が成長。1933～1949年までは保守的長期政権がつづき、1957年に自由党が政権を得て進歩的な政策をうちだしたが、1963年のクーデターで軍政にうつる。1982年に民政に復帰した。

United Mexican States

メキシコ合衆国

首都：メキシコシティ　面積：196.4万km²（日本の5.2倍）　人口：1億2916万人　公用語：スペイン語

国旗比率4：7。1968年より使用。中央に国章を配した緑白赤の縦三色旗。緑は国民の希望、白は統一、純粋さ、赤は愛国者の血を表す。1821年にメキシコ帝国が成立して以来、国旗は変更をかさねてきたが、ワシを配した緑白赤の縦三色旗という基本のデザインはかわっていない。

1968年より使用。岩に生えるサボテンの上で翼を広げ、ヘビをくわえたワシを描いたもの。岩の周囲の青色は湖を表している。紋章の下半分をかこんでいるのは月桂樹の枝のリース。このワシは首都をはじめてつくったアステカ族の神話に由来するもので、メキシコの国章に何度もデザインを変更されながらも、ずっと使用されてきた。

◆ メキシコ帝国　1821～23

1821年、スペインより独立し、メキシコ帝国を建国。国旗を制定。中央に皇帝の冠をかぶりサボテンの上でヘビをつかむワシを配した緑白赤の縦三色旗。

◆ メキシコ合衆国　1824～64

1824年、連邦共和制にうつり、メキシコ合衆国にあらためる。国旗を制定。中央の国章のワシから皇帝の冠がとりのぞかれた。

◆ メキシコ帝国　1864～67

1864年、フランスから送りこまれたマクシミリアン1世により第2次メキシコ帝国が成立。国旗は中央に国章、四隅にナポレオンの金色のワシを配した緑白赤の縦三色旗。

◆ メキシコ合衆国　1881～99

メキシコ帝国は1867年にたおれ、共和制が復活。メキシコ合衆国の国旗を制定したが、1881年に変更（左）。現国旗や国章と異なりワシが右を向いている。

自然　海岸地方とユカタン半島に平野があり、東・西シエラマドレ山脈のあいだに盆地状の高原が広がる。北部は砂漠気候、海岸部はサバナ気候、中央高原はステップ気候で、一部は熱帯雨林気候。農産物はトウモロコシ、小麦、綿花、サトウキビなど。牧畜や漁業もさかん。石油や銀など地下資源も豊富。

歴史　紀元前1200年ころからメキシコ湾岸にオルメカ文明がさかえ、紀元前2世紀～後7世紀ころに、中央高原にテオティワカン文明がさかえ、巨大な神殿などがつくられた。南東部からユカタン半島にかけてはマヤ文明（4～9世紀）がおこり、14世紀に現在のメキシコシティを中心にアステカ文明がきずかれたが、1519年にコルテスがひきいるスペイン勢力が攻めいり、1521年にアステカ王国は滅亡。

　1821年にスペインより独立。1846～1848年に領土問題でアメリカと戦ってやぶれ、テキサスからカリフォルニアにいたる国土の約半分をうしなった。その後、独裁政治がしかれた。1910年にメキシコ革命がはじまり、1917年に現行憲法を制定。20世紀前半には農地改革や石油産業の国有化などが実現した。

南アメリカ

South America

Argentine Republic

アルゼンチン共和国

首都：ブエノスアイレス　面積：278.0万km²（日本の7.4倍）　人口：4427万人　公用語：スペイン語

国旗比率 9：14。1862年より使用。自治宣言をした1810年5月25日にブエノスアイレスの空にあらわれた「5月の太陽」を中央に配した青白青の横三分割旗。青は青空、白はラプラタ川。1862年に国家が統一されたときに制定。

◆リオ・デ・ラプラタ合衆国　1816～18

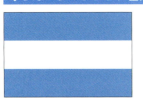

16世紀からスペインによる支配がすすんでいたが、1816年、スペインよりリオ・デ・ラプラタ合衆国として独立。国旗を制定。青白青の横三分割旗。

◆リオ・デ・ラプラタ合衆国　1820～29

1820年、リオ・デ・ラプラタ合衆国の国旗を変更。中央の白の幅を広げ、「5月の太陽」を加えた。1826年、アルゼンチン国にあらためたのちも使用。

◆アルゼンチン国　1829～52

1829年、アルゼンチン国の国旗を変更。青を紫紺にかえ、中央の白い幅は紫紺の幅と同じにもどした。「5月の太陽」も小さくなっている。

◆アルゼンチン連合　1831～50

1831年、内戦の結果、アルゼンチン連合が成立。国旗は中央に赤い太陽、四隅に直立する棒についた赤いフリギア帽を配した紫紺・白・紫紺の横三分割旗。

1944年より使用。地色が国旗カラーの青と白の盾型紋章。中央に自由を表すフリギア帽（古代ローマに起源をもつ帽子）、友愛と団結を表す握手する2本の腕、盾の背後に「5月の太陽」、周囲に月桂樹の枝のリースを配したもの。スペインから独立した1816年に制定された国章が原型。

自然　南アメリカ大陸南東部を占め、北部の森林地帯（温暖冬期少雨気候）、ラプラタ川流域の草原地帯（温暖湿潤気候）、南部のパタゴニア地方（ステップ気候）、西部はチリとの国境のけわしいアンデス山系（ツンドラ気候）に分けられる。国土の70％が平原で、世界有数の農業国・酪農国。

歴史　ヨーロッパ人の来航以前は狩猟民がくらしていたが、1516年にスペイン人が到達し、ペルー副王領の支配下に。1776年にリオ・デ・ラプラタ副王領に昇格。1816年に独立を宣言。1853年に連邦制の憲法を制定し、1862年に共和国となる。

1943年のクーデターののち、一時期をのぞき軍事政権がつづく。1973年に民政にうつったのち、ふたたび元軍事政権のペロンが大統領に。1974年のペロン死去ののち、妻のイサベルが世界初の女性大統領となる。1976年のクーデターによる軍政下で、1982年にフォークランド（マルビナス）諸島の領有をめぐりイギリスと戦ったが敗北、翌年ふたたび民政にうつる。

Oriental Republic of Uruguay

ウルグアイ東方共和国

首都：モンテビデオ　面積：17.4万km²（日本の約半分）　人口：346万人　公用語：スペイン語

国旗比率2：3。1830年より使用。左上に16の光線を放つ顔のついた太陽を配した白青の横9縞旗。9つの縞は独立を宣言したときの9州を表す。太陽はスペインからの独立をめざしておこした1810年5月25日の革命のときにあらわれた「5月の太陽」をしめし、インカの神を表す。

◆東方州旗　1813～15

1813年、アルゼンチンに支援された東方州（ウルグアイ川の東岸地域）が州旗を制定。青白の横7縞旗。

◆東方州旗　1815～16

1814年、東方州がスペインより独立を宣言する。1815年に東方州の州旗を変更。青白赤の横三色旗。

◆東方州連邦同盟旗　1816～17

1815年に制定された東方州連邦同盟の同盟旗を1816年に変更。赤い斜めの帯を配した青白青の横三分割旗。

◆ウルグアイ東方共和国　1828～30

1828年、ウルグアイ東方共和国として完全独立を達成。国旗を制定。左上の白地に顔のついた黄色い太陽を配した白青の横19縞旗。

1908年より使用。盾型紋章で、左上は青地に平等と正義を表す天秤、右上は白地に力を表すモンテビデオの丘、左下は白地に自由を表す走る黒いウマ、右下はゆたかさを表す黄色いウシがえがかれている。盾の背後には黄色い太陽、盾の周囲をかこんでいるのは、青いリボンで結んだ平和を表すオリーブの枝のリースと勝利を表す月桂樹の枝のリース。

自然　大西洋とラプラタ川の河口に面し、国土の大半がアルゼンチンからつづくパンパ（平原）。北はブラジルと接する。南アメリカ大陸で2番目に面積が小さい。温暖湿潤気候で、四季の変化に富む。国土の大部分がウシ・ウマ・ヒツジの放牧地。畜産が中心で、工業は羊毛、食肉、皮革関連が中心。

歴史　狩猟民・採集民が先住。1516年にスペイン人が到達し入植。入植に参入したポルトガル人とバンダ・オリエンタル（ウルグアイ川東岸地域）の領土をめぐってあらそい、1777年にスペイン領にさだまる。1811年に独立戦争がおこり、1814年にバンダ・オリエンタルを東方州として連邦同盟をつくる。1816年にブラジルのポルトガル軍が攻めいり、1821年に東方州をブラジルに併合。1825年に東方州は独立戦争をはじめ、1828年に独立がみとめられた。

　1903年から民主主義政策や社会福祉政策がすすめられ、1917年にラテンアメリカ最初の議会制民主主義国となる。第二次世界大戦後は軍部のクーデターで軍政時代もあったが、1985年に民政にもどった。

エクアドル共和国

Republic of Ecuador

首都：キト　面積：25.7万km²（本州＋九州）　人口：1663万人　公用語：スペイン語

国旗比率2：3。2009年より使用。中央に国章を配した黄青赤の横三色旗で、黄の幅が広い。新憲法を発布し、基地からアメリカ軍が撤退した2009年に制定された。縦横の比率がそれまでの1：2から2：3に変更された。

1900年より使用。青い盾型紋章。盾のなかには黄色い顔つきの太陽と4つの星座が描かれた黄の帯、白雪をかぶるチンボラソ山と川をわたる船。盾の上には翼を広げたコンドル、背後には交差した4本の国旗と月桂樹の枝とヤシの葉を配している。

◆グアヤキル国　1820～22

1820年、グアヤキル国が独立を宣言。国旗を制定。中央にグアヤキル、マチャラ、ポルトビエホの3地方を表す白い3個の五角星を配した青白の横5縞旗。

◆大コロンビア共和国　1822～30

1822年、スペインより独立し、コロンビア、ベネズエラからなる大コロンビア共和国に参加。国旗は中央に国章を配した黄青赤の横三色旗。

◆エクアドル共和国　1835～45

1835年、エクアドル国からエクアドル共和国にあらため、国旗を制定。現国旗と同じ3色をつかった黄青赤の横三色旗。青が前の国旗より濃くなっている。

◆エクアドル共和国　1845～60

1845年、2度の国旗変更。当初、中央に3個の五角星を配した白青白の縦三分割旗に変更したが、同年、星の数は7県を表す7個に。

自然

本土および西へ960kmはなれた太平洋上のガラパゴス諸島からなる。太平洋沿岸はサバナ気候、南北にはしるアンデス山脈の両側は熱帯気候。東側のアマゾン源流域は熱帯雨林気候。農産物は穀類、バナナ、コーヒー豆など。石油、天然ガスも産する。

歴史

紀元前4000年ころバルディビア文明がおこる。11世紀以降、シリ国やドゥチセラ国がおさめる。15世紀後半にインカ帝国に征服されたが、1533年にスペインのピサロにほろぼされてスペイン領となる。1822年、スペインから独立し、大コロンビア共和国に参入したが、1830年に分離し独立した。その後は保守派と自由主義派の政変がくりかえされた。

1930年代からたびたび政権をになったベラスコ・イバラは、1972年の軍部クーデターで追放された。1979年に民政に復帰したが政治は安定せず、1973年に加盟した石油輸出国機構（OPEC）から1992年に脱退したが、2007年に復帰した。この間、1999年にペルーと半世紀間あらそわれてきたアマゾン地域の国境線が確定した。

Republic of Guyana

ガイアナ共和国

首都：ジョージタウン　面積：21.5万km²（本州よりやや狭い）　人口：78万人　公用語：英語

国旗比率3：5。1966年にイギリス連邦の一員のガイアナとして独立したときより使用。白い輪郭線をつけた黄色い三角形と黒い輪郭線をつけた赤い三角形を配した緑の旗。ゴールデン・アロー旗とよばれるこの国旗の原案は、アメリカの旗章学者ホイットニー・スミス博士が考えた。1970年、2008年に国名が変更されてもつかわれている。

◆イギリス領ギアナ域旗　1875～1906

1814年からイギリスに支配される。1875年、イギリス領ギアナの域旗を制定。航海する帆船を描いた域章を右に配したイギリス青色船舶旗。

◆イギリス領ギアナ域旗　1906～54

1906年、イギリス領ギアナの域旗を変更。域章が楕円形になり、黄色いベルトの枠取りが加えられた。帆船のデザインはひきつづき採用。

◆イギリス領ギアナ域旗　1954～66

1954年、イギリス領ギアナの域旗を変更。右側の域章部分が白円のなかに盾型を置く形にかわった。

1966年に独立したときより使用。白い盾型紋章。盾のなかにはスイレン科の水生植物であるオオオニバス、3本の青い波線、南米の熱帯雨林に生息する鳥のツメバケイ。盾の上に黄色い兜、青と白の布のリース、青白赤にそめた7枚の鳥の羽でつくられたインディオの冠、盾の両側にはつるはしをもったヒョウとサトウキビの枝と稲穂をもったヒョウが配されている。

自然　北部の海岸地方はゆたかな平野、中央部は熱帯林におおわれた丘陵地帯で国土の80％をしめる。内陸は白砂地帯で、南西部とブラジル国境の高地はサバナ。全土が熱帯雨林気候。米とサトウキビがおもな農産物。ボーキサイトを産出するほか、工業ではラム酒の製造や製糖、アルミ精錬をおこなう。

歴史　15世紀末にスペイン人が探検するが、入植は失敗。16世紀末からイギリス人、オランダ人が活動する。1621年にオランダ西インド会社の支配下に入る。1814年からイギリス領になる。1834年にイギリスにおける奴隷貿易が禁止されたため、インド系の労働者が流入した。
　1953年の初の総選挙でインド・パキスタン系の人民進歩党が勝利。1966年にイギリス連邦の一員として独立し、1970年に共和制にうつり、社会主義路線をとる。1985年から自由主義経済と中道路線へ転換し、先進諸国に接近。1997年から人民進歩党と経営者団体が協力して政権を担当したが、2015年の総選挙でアフリカ系住民が支援する野党連合が勝ち、23年ぶりに政権が交代した。

Republic of Colombia

コロンビア共和国

首都：ボゴタ　面積：114.2万km²（日本の3倍）　人口：4907万人　公用語：スペイン語

国旗比率2：3。1886年より使用。黄の部分が大きい黄青赤の横三色旗。黄は金、青は太平洋とカリブ海、赤は独立戦争で流した血を表す。コロンビア合衆国からコロンビア共和国へ国名をあらためたときに制定。それまでの国旗にあった国章がとりのぞかれた。

1955年より使用。盾型紋章で、盾のなかには青地にゆたかさを表す2個の角とザクロ、グレー地に棒のついた赤いフリギア帽（古代ローマに起源をもつ帽子）、パナマ地峡をすすむ2隻の帆船が描かれている。盾の上には翼を広げ、左を向いたコンドル、スペイン語で「自由と秩序」と書かれた黄色いリボン。盾の背後には交差した国旗が配されている。

◆クンディナマルカ自由独立国　1810〜15

1810年、ボゴタ州がクンディナマルカ自由独立国としてスペインからの独立を宣言。国旗は黒ワシを描いた国章が中央にある青黄赤の横三色旗。

◆カルタヘナ共和国国旗　1811〜15

カルタヘナ州が共和国として独立を宣言。国旗は中央に白い八角星を配し、赤黄でふちどった緑旗。1811年結成のヌエバ・グラナダ連合州もこの国旗を使用。

◆ヌエバ・グラナダ連合州旗　1814〜16

1814年、ヌエバ・グラナダ連合州の国旗を変更。黄緑赤の横三色旗。1816年にはスペイン軍にボゴタが占領され、この国旗は短命におわった。

◆大コロンビア共和国　1821〜31

1819年、ベネズエラとヌエバ・グラナダが合併し大コロンビア共和国成立。1821年にパナマが加入。国章を配した黄青赤の横三色旗。

自然　カリブ海と太平洋に面し、国土の40％がアンデスの山地。東部メタ川流域は大平原。南部に赤道がとおり、熱帯には属するが、気候は標高地点によりちがう。農産物はコーヒー豆、バラ、コカ（麻薬の原料）など。漁業もさかんで、エメラルドも産出。

歴史　チプチャ系民族が先住。1499年にスペイン人が到来し、1538年にチプチャ社会の中心地（ボゴタ）を占領。1717年にヌエバ・グラナダ副王領とされる。1810年に独立を宣言。1819年にベネズエラと大コロンビア共和国を形成（1821年パナマ、1822年エクアドル加入）。1830年にベネズエラとエクアドルが分離独立。1903年にパナマがアメリカの支援でコロンビアから分かれる。
保守党と自由党の対立がくりかえされ、1948年のボゴタ暴動など内乱がつづいた。1958年以降は2大政党政治が定着。1980年代以降、麻薬組織やゲリラなどの活動がさかんとなった。2010年に就任したサントス大統領は悪化していたベネズエラとエクアドルとの関係を改善。再選後の2016年、ゲリラ組織との内戦終結のための合意文書に署名した。

◆ヌエバ・グラナダ共和国　1831～34

1831年に大コロンビア共和国が解消され、ヌエバ・グラナダ共和国として独立。国旗を制定。中央に国章を配した黄青赤の横三色旗。

◆ヌエバ・グラナダ合衆国　1861～63

1861年、ヌエバ・グラナダ合衆国にあらためる。国旗を制定。中央に9個の白い五角星を円形に配した赤青黄の縦三色旗。

◆グラナダ連合　1858～61

1858年にコロンビア、パナマとブラジルの一部でグラナダ連合が成立。国旗は中央に国章を配した赤青黄の縦三色旗。

◆コロンビア合衆国　1863～86

1863年にコロンビア合衆国となり、国旗を制定。9州を表す9個の白い八角星を入れた赤い輪郭線をもつ青い楕円形を中央に配した黄青赤の横三色旗。

ボリバルの理想、12年で消える

ヨーロッパ人の到来以降、中南米の大部分はスペインの支配下におかれていたが、18世紀後半、クリオーリョ（植民地生まれの白人）らを中心にスペインからの独立をもとめる動きがたかまった。それとともに、各地域がいっしょにまとまって国づくりをすすめようという運動もたかまった。

1819年、ベネズエラ出身のシモン・ボリバル（→231ページ参照）を中心に各地の代表者があつまって、1821年にベネズエラ、コロンビア、エクアドルを統合した大コロンビアを建設する（当時、パナマはコロンビアの一地域）。しかし、中央集権を主張するボリバルらと各地域の連合を主張する連邦派との対立などがあり、ボリバルが1830年7月に亡くなると、8月にエクアドル、ベネズエラなどに分裂し、大コロンビアは解消された。

南アメリカ諸国の独立

1819～20　◆大コロンビア共和国◆　1820～21

1821～31年の国旗は前ページ

大コロンビアの分裂

Republic of Suriname

スリナム共和国

首都：パラマリボ　面積：16.4万km²（日本の４割）　人口：56万人　公用語：オランダ語

国旗比率２：３。1975年より使用。中央に五角星を配した緑白赤の横五分割旗。緑は土地のゆたかさと希望、白は正義と自由、赤は進歩、黄は犠牲、五角星は国の統一とかがやける未来を表す。オランダから独立したときに制定。

1975年より使用。盾型紋章で、青地にアフリカから奴隷がスリナムに連れてこられた過去の歴史を表す黄色い帆船、グレー地に正義と現在を表すヤシの木、中央にスリナム人が五大陸からやってきたことを表す黄色い五角星を入れた愛情を表す緑の菱形を配したもの。両側には弓矢をもつ２人のインディオ。リボンの文字は「正義、信心深さ、忠誠」。

◆オランダ領ギアナ域旗　1795 ～ 1959

1667年からオランダの支配がつづく。1795年、オランダ領ギアナの域旗を制定。中央に国章を配した赤白青の横三色旗。1954年にオランダ自治領スリナムにあらためたのちも域旗はひきつづきつかわれた。

◆オランダ自治領スリナム域旗　1959 ～ 75

1959年、オランダ自治領スリナムの域旗を変更。新たな域旗は黒茶黄赤白の５個の五角星を黒線でつないだ白旗。星の黒はクリオーリョ（植民地で生まれた白人）、茶はインド人、黄は中国人、赤はインディオ、白は欧州人を表す。

自然　南アメリカ最小の国で、南のブラジル国境付近の低い山地から、北の海岸平野にゆるやかに傾斜する。人口の大部分は北部の沿岸低地地方に住む。国土の約80％が南部の熱帯雨林。農産物はサトウキビ、米、バナナ。漁業はエビ漁がおこなわれ、林業もさかん。ボーキサイトも産出。

歴史　スリネン人が先住。1499年にスペイン人が来航。16 ～ 17世紀にイギリスとオランダのあいだで領有をめぐって争いがつづいたが、1667年にニューアムステルダム（現ニューヨーク）と交換することでオランダ植民地となり、1815年の条約でオランダ領が確定する。

1954年に自治権を得て、1975年に独立。1980年、1990年と軍人ボーターセによる２度のクーデターがあり、1982年の人権抑圧事件でオランダが経済援助をやめたため経済がとどこおった。1991年の民主的選挙で大統領を選出、民政にうつった。しかし2010年の総選挙ののち、国会はボーターセを大統領にえらぶ。2015年の総選挙で与党が過半数を得て、ボーターセが大統領に再選された。

Republic of Chile

チリ共和国

首都：サンティアゴ　面積：75.6万km²（日本の2倍）　人口：1806万人　公用語：スペイン語

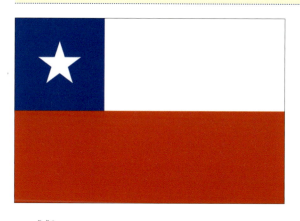

国旗比率2：3。1912年より使用。左上の青地に白い五角星を配した白赤の横二色旗。青は空と太平洋、白はアンデス山脈の雪、赤は独立闘争で流した血、五角星は進歩と名誉を表す。1818年に独立したときに制定した国旗が原型。

1834年より使用。青赤横二分割の盾型紋章。中央にアンデス山脈の雪を表す白い五角星、盾の上にはチリ海軍の太平洋での勝利を表す青・白・赤のダチョウの羽のついた冠、白い布のリース、盾の両側には冠をかぶったコンドルとチリシカ。底部の白いリボンにはスペイン語で「道理そうでなければ力により」と黒字で書かれている。

◆チリ自治政府　1810～14

16世紀からスペインに支配されてきたが、1810年、スペインからの独立を宣言し、チリ自治政府が成立する。国旗は青白黄の横三色旗。

◆チリ自治政府　1817～18

チリ自治政府は1814年にスペイン軍の反撃でいったん敗北。チリはスペインのヌエバ・カスティリャ副王領になっていたが、1817年に自治政府が復活する。国旗は青白赤の横三色旗。

◆チリ共和国　1818～1912

1818年、アルゼンチンのホセ・デ・サン・マルティン将軍の支援により、チリ共和国として独立を達成。現在の国旗とは星のかたむきや青地の幅がちがっている。

自然　アンデス山脈にそう南北約4300kmの細長い国土。北部は亜熱帯乾燥の砂漠気候で、アタカマ塩地は世界最大のリチウムの産地。中部は温帯の農牧畜地帯。南部は冷涼で森林地帯、湖沼、フィヨルドが多い。太平洋上にイースター島などがある。おもな産業は鉱業。銅、リチウムなどを産出。

歴史　15～16世紀、北中部はインカ帝国が、マウレ川以南はマプチェ人が支配した。1533年にスペインのピサロがインカ帝国を征服し、1541年にサンティアゴ市が建設されて植民地化がすすんだ。1557年にペルー副王領に編入され、1776年リオ・デ・ラ・プラタ副王領として分離された。1810年に自治政府が樹立され、1818年に独立を宣言。南部パタゴニアのマプチェ人の領域はチリとアルゼンチンが分けた。
　1932年以降、民主的政権がつづいたが、1970年に社会主義政権が成立。しかし経済危機が表面化し、1973年にクーデターで崩壊。軍事政権は経済をたてなおしたが、人権侵害を批判され政権を放棄し、民政にうつった。

Republic of Paraguay

パラグアイ共和国

首都：アスンシオン　面積：40.7万km²（日本の1.1倍）　人口：681万人　公用語：スペイン語・グアラニー語

国旗比率3：5。2013年より使用。中央に国章を配した赤白青の横三色旗。赤は祖国への愛と勇気、白は団結と平和、青は自由と寛大さを表す。裏には赤白青横三色旗のデザインで、中央にライオンを描いた国庫の印章が描かれている。

2013年より使用。白い円形紋章。中央に黄色い五角星、周囲にヤシの葉とオリーブのリース、スペイン語の国名を黒字で記したもの。1826年に制定された最初の国章から、星とヤシの葉、オリーブのリースを描いた円形の紋章という形はかわらないが、色やデザインは3回変更されている。星は六角星から五角星になった。

◆パラグアイ共和国　1811～12

16世紀からスペインによる支配がつづいていたが、1811年、パラグアイ共和国としてスペインから独立。初代の国旗は赤黄青の横三色旗。

◆パラグアイ共和国　1826～42

1826年、パラグアイ共和国の国旗を変更。左上に白い六角星を配した水色旗。1811年の独立運動で使用された独立運動旗をモデルとしたデザイン。

表と裏がある国旗

パラグアイの国旗は、表側と裏側で図柄がことなっている。中央に国章があるが国章に表裏があり、それにあわせて国旗の表と裏はちがう。

自然　大陸のほぼ中央にある内陸国で、西部に大草原グランチャコが、東部には湿地帯が広がる。北から南にパラグアイ川がブラジルとの国境にそって流れ、さらに中央をつらぬいている。農産物は大豆、サトウキビ、綿花など。輸出品としての肉牛の飼育がさかんで、林業もおこなわれる。石灰石を産出。

歴史　先住民はグアラニー人など。1537年に探検隊がアスンシオンを建設、スペイン領となる。1776年にリオ・デ・ラプラタ副王領に編入され、1811年に独立を宣言。1870年、アルゼンチン、ブラジル、ウルグアイ3国との戦争にやぶれ、領土の4分の1をうしない、人口は半分になった。1932～1935年のボリビアとの戦争には勝ったが、経済的な打撃をうけた。

1954年のクーデターで軍事政権が誕生し、独裁支配体制をしいたが、1989年のクーデターで崩壊。1993年に民政にうつる。2008年の大統領選挙では中道左派のカトリック司教が勝ち、61年つづいた右派のコロラド党政権は幕をとじた。しかし2012年に大統領は土地のない農民の土地占拠問題で失脚し、2013年にコロラド党が政権に復帰した。

南米

Federative Republic of Brazil

ブラジル連邦共和国

首都：ブラジリア　面積：851.6万km²（日本の23倍）　人口：2億929万人　公用語：ポルトガル語

国旗比率7：10。1992年より使用。黄の菱形のなかに共和制樹立の日1889年11月15日朝8時30分のリオデジャネイロの空を外側から見た天球、オーギュスト・コントの言葉「秩序と進歩」が書かれた帯を配した緑旗。星の数は27個で、ブラジルの16州と連邦特別都市を意味する。

◆ポルトガル領ブラジル域旗　1616～40

1616年、ポルトガル領ブラジルの域旗。ポルトガルがスペインに併合されていた時代で、なかに青い盾などが描かれた盾型紋章を配した白旗。

◆ポルトガル領ブラジル域旗　1645～1815

1645年、ポルトガル領ブラジルの域旗を変更。左よりに黄色い天球儀と赤い修道会十字を配した白旗。

◆ブラジル帝国　1822～47

1822年、ブラジル帝国として正式に独立。国旗は中央に国章を入れた黄色い菱形を配した緑旗。国章部分には州数を表す19個の星。

◆ブラジル合衆国　1889～1960

1889年、共和制に。最初、アメリカ合衆国の星条旗に似た国旗が制定されたが、4日間で廃止され、現国旗にちかいデザインに。

1992年より使用。青い円形紋章。中心に白い5個の五角星、周囲に27個の白い五角星、背後に光線を放つ緑と黄の五角星、周囲に青いリボンで結ばれたコーヒーの枝のリースとタバコの枝のリース、底部に黄色い五角星をつけた赤い四角い柄をもつ剣、ポルトガル語の国名と共和制になった日である1889年11月15日が黄字で書かれた青いリボンを配したもの。

自然　北部にアマゾン川が流れ、原生林でおおわれた低湿地を形成する。中部から南部にかけて広がるブラジル高原はサバナ気候で国土の60％あまりをしめ、カンポ（草原）からなる。北部はギアナ高地で、アマゾン川流域は盆地。周辺国に世界最大の湿地帯がまたがる。世界有数の農業国。地下資源も豊富。

歴史　アラワク系民族が先住。1500年にカブラルが到達し、ポルトガル領となる。1808年にナポレオン軍の侵攻で本国からのがれてきた王家が、リオデジャネイロを首都とする。1821年に国王が帰国したのち、翌年に皇太子が皇帝について独立を宣言。1888年に奴隷制をやめ、1889年の革命で共和制にうつる。1930～1945年はバルガスによる独裁体制がつづいた。

　1960年、ブラジリアに首都をうつす。軍部独裁体制のもと高度経済成長を実現、「ブラジルの奇跡」とよばれる。1970年代から民主化がすすめられ、1985年に民政に復帰、翌年、29年ぶりに大統領選挙がおこなわれた。20世紀末から21世紀初めに経済が安定するものの、その後はまた不安定となった。

Bolivarian Republic of Venezuela

ベネズエラ・ボリバル共和国

首都：カラカス　面積：91.2万km²（日本の2.4倍）　人口：3198万人　公用語：スペイン語

国旗比率2：3。2006年より使用。左上に国章、中央に8個の白い五角星をアーチの形に配した黄青赤の横三色旗。黄は国のゆたかさ、青は勇気、ベネズエラとスペインをへだてる海、赤は独立闘争で流された血。中央の星は2006年にボリバル革命をしめす星を追加し、1個ふえた。

2006年より使用。赤黄青の国旗カラーの盾型紋章。盾のなかの左上は赤地に団結と20州を表す黄色い20の穂からなる麦束、右上は黄地に勝利を表す交差した2本の国旗と月桂樹の冠をつけたサーベルや槍など、下部は青地に左の方向に走る自由を表す白馬が描かれている。盾の上部に配されているのは、果実と花にあふれる2個の角でゆたかさをしめしている。

◆ベネズエラ第一共和国　1811～12

1811年、スペインからの独立を宣言。国旗は左上に海辺の岩にすわるインディオの女性、日の出、ワニを描いた絵を配した黄青赤の横三色旗。

◆ベネズエラ第二共和国　1813～14

1813年、シモン・ボリバルがカラカスを占領し、ベネズエラ第二共和国が成立。国旗は白い菱形のなかに黒い四角形を配した赤旗。

◆ベネズエラ第三共和国　1817～19

1817年、シモン・ボリバルによりベネズエラ第三共和国が成立。国旗は上部に7州を表す7個の青い五角星を配した黄青赤の横三色旗。

◆大コロンビア共和国　1819～20

1819年、コロンビア、ベネズエラ、エクアドルをふくむ大コロンビア共和国が成立。国旗は左上に国章を配した黄青赤の横三色旗。

自然　カリブ海に面し、国土の約80％が南米第3の大河オリノコ川の流域に広がる。北西部にマラカイボ湖とメリダ山脈、北部は高原地帯、中央部にリャノ、南東部にギアナ高地がある。熱帯雨林気候だが、海岸部はサバナ気候。地下資源は石油と天然ガスが豊富で、鉄、金も産出。食料の大半は輸入にたよる。

歴史　1498年にコロンブスが到達。1567年サンティアゴ・デ・レオン・デ・カラカス（現在のカラカス）を建設。1777年にスペインのベネズエラ総督領が設置された。1811年、共和国をたてたが崩壊。1819年、コロンビア、エクアドルと大コロンビア共和国をたてる。1830年にコロンビア、エクアドル、ベネズエラが分離独立。政情は不安定で軍事独裁がつづくが、1958年以降、2大政党による政党政治となる。

1998年、チャベス政権が誕生。1999年、国名をベネズエラ・ボリバル共和国にあらためる。2002年にクーデターがあったが、チャベスは2012年まで4選される。2013年に死去したのち、政治は不安定となる。

南米

◆ベネズエラ第四共和国　1830～36

1830年、大コロンビア共和国が3国に分かれ、ベネズエラは共和国として独立。国旗は中央に国章を配した黄青赤の横三色旗。

◆ベネズエラ第四共和国　1836～59

1836年、ベネズエラ共和国の国旗を変更。中央に7州を表す7個の白い五角星をアーチの形に配した黄青赤の横三色旗。

◆ベネズエラ第四共和国　1859～64

1859年、ベネズエラ共和国の国旗変更。上段に7州を表す7個の青い五角星を配した黄青赤の横三色旗。

◆ベネズエラ合衆国　1864～1905

1864年、ベネズエラ合衆国にあらためる。国旗を制定。中央に1個の白い五角星と、その周囲に6個の五角星を配した黄青赤の横三色旗。

◆ベネズエラ共和国　1954～2006

1954年、ベネズエラ共和国にあらため、国旗を制定。左上に国章が加えられた。1999年にベネズエラ・ボリバル共和国にかわったのちも2006年まで継続して使用。

南アメリカ解放の父　シモン・ボリバル

　ながいあいだ、スペインの植民地とされてきた南アメリカで（ブラジルはポルトガルの植民地）、ふたりの英雄がその支配をうちやぶった。北部のシモン・ボリバルと南部のサン・マルティンである。

　ベネズエラのカラカスに生まれたボリバルは16歳のときスペインに留学。その後、欧米をまわり、ベネズエラの独立をこころざすようになった。1810年、ベネズエラで独立運動がおこると、これに参加。翌年、独立が宣言されたのち解放軍の司令官となり、1814年、スペイン軍をやぶり、カラカスを解放して「解放者」の称号をあたえられる。

　スペイン軍の反撃でジャマイカにのがれるが、1819年にコロンビアのボゴタ北部でスペイン軍をやぶり、ボゴタを解放。現在のコロンビア、ベネズエラ、エクアドルを統合した大コロンビア（→225ページ）の建国を宣言し、その初代大統領にえらばれる。つづいてベネズエラ、エクアドルを解放し、さらにペルー、ボリビアを解放する。しかし、内部の対立や部下の裏切りに失望し、1830年、失意のうちに亡くなる。

　ボリビア共和国、ベネズエラ・ボリバル共和国の名は、かれの名にちなむもの。

シモン・ボリバル　ベネズエラのお札。

Republic of Peru

ペルー共和国

首都：リマ　面積：128.5万km²（日本の3.4倍）　人口：3217万人　公用語：スペイン語・ケチュア語・アイマラ語

国旗比率2：3。1950年より使用。中央に国章の盾の部分と国旗カラーのリボンで結んだ月桂樹の枝のリースとヤシの葉のリースを配した赤白赤の縦三分割旗。赤は勇気と愛国心、白は平和を表す。1825年に制定されたペルー共和国国旗のデザインをふまえた。

◆ペルー共和国　1821

1821年、スペインよりペルー共和国として独立。白雪をかぶる3つの山の背後からのぼる顔つきの太陽を描いた国章を中央に配した赤白の対角四分割旗。

◆ペルー共和国　1821～22

ペルー共和国として独立し、最初の国旗が制定された同じ年に国旗を変更。中央に赤い顔つきの太陽を配した赤白赤の横三分割旗。

◆ペルー共和国　1822～25

1822年、ペルー共和国の国旗を変更。中央に赤い顔つきの太陽を配した赤白赤の縦三分割旗。スペイン国旗と区別するため横三分割から縦三分割になった。

◆ペルー共和国　1825～36

1824年に完全独立し、翌年に国旗を変更。中央に国章の盾部分と月桂樹の枝とヤシの葉のリースを配した赤白赤の縦三分割旗。

1950年より使用。盾型紋章で、盾のなかの左上は青地にビクーニャ（ペルーなどに生息するラクダ科の動物）、右上は白地に緑のキナ（アンデス山脈に自生する植物。キニーネという薬の原料）の木、下部は赤地に黄色い金貨があふれるゆたかさのシンボルの角。上部には樫の葉のリース、背後には4本の国旗。

自然　太平洋岸にそって南北にのびる。標高5000～6000mのアンデス山脈が南北にはしり、東側はアマゾン川上流の熱帯雨林気候、西側沿岸部は亜熱帯の砂漠気候。農産物はサトウキビ、ジャガイモ、トウモロコシ、コーヒー豆など。牧畜はヒツジ、アルパカ、リャマ。漁獲量は多い。金、銀、スズも産出。

歴史　紀元前からナスカなどの文明がさかえ、13世紀にクスコ王国が成立。15世紀にエクアドルからチリにおよぶインカ帝国が成立するが、1533年にスペインのピサロに征服されほろぶ。1542年にスペインのペルー副王領となり、南アメリカ植民地支配の中心となる。1821年にサン・マルティン将軍が都市リマを解放して独立を宣言。1884年の戦争でチリにやぶれ、南部をゆずる。その後は地主による支配がつづいた。
　1980年の総選挙で民政にうつり、1968年以来つづいた軍政がおわる。1990年の大統領選挙で日系人フジモリが勝ったが、2000年に3選されたのち国会で任をとかれた。先住民系のトレド政権、ガルシア政権がつづき、2011年の選挙でウマラ政権が誕生した。

◆南ペルー共和国　1836〜39

1836年、ボリビアがペルーを支配して、ペルー・ボリビア連合を結成。ペルーは南北に分裂。南ペルー共和国は独自に国旗を制定した。北ペルーはペルー共和国の国旗をひきつづき使用。

◆ペルー・ボリビア連合　1838〜39

1838年、ペルー・ボリビア連合が国旗を制定。中央に南北ペルー、ボリビア3カ国の国章と月桂樹の枝のリースを配した赤旗。

なぞの都市　インカ帝国のマチュ・ピチュ

　1911年7月24日、古代インカの古道をたどっていたアメリカの探検家ハイラム・ビンガムは、あまりにも異様な光景に息をのんだ。標高約2500mの高地に広がる、だれひとりいない石造の都市が目にとびこんできたのだ。インカ帝国の都市遺跡マチュ・ピチュであった。

　ここは、広場を中心に神殿や宮殿、住居などがならび、石積みの高い壁でかこまれている。段々畑が40段、3000段の階段でつながり、水路がめぐらされている。

　1250年ころ、ペルーの中央山地のケチュア族が、クスコを首都としてクスコ王国を建設。そして1400年代に、エクアドル北部、チリ中部、ボリビア南西部、アルゼンチン北西部にいたる広大な地域を支配するインカ帝国を形成した。

　インカ帝国では、皇帝は太陽神の子とされ、政治と軍事の絶対的な権力をにぎっていた。産業は農業が中心で、トウモロコシやジャガイモを栽培。リャマやアルパカの牧畜もおこなわれた。沿岸部と山岳地域をむすぶ総延長4万kmにもおよぶ道路網が整備され、約20kmおきに宿駅がおかれた。インカ帝国には文字はなかったが、ひもに結び目をつくって数字をしめすキープという符号がつかわれた。

　インカ帝国は1533年、皇帝アタワルパのとき、スペインの征服者ピサロによってほろぼされた。180人あまりの兵士と3人の聖職者、37頭の馬をひきいたピサロは火砲で攻撃して皇帝をとらえ、処刑したのである。

マチュ・ピチュ　遺跡は13km²におよぶ。遺跡は山のふもとにはなく山の上にのみあるので、「空中都市」などとよばれる。

Plurinational State of Bolivia

ボリビア多民族国

首都：ラパス　面積：109.9万km²（日本の3倍）　人口：1105万人　公用語：スペイン語・ケチュア語・アイマラ語など

国旗比率2:3。1961年より使用。中央に国章を配した赤黄緑の横三色旗。赤は勇気と独立闘争で流された血、黄は国の資源、緑はゆたかな国土を表す。ボリビア共和国時代の1961年に制定された国旗で、2009年に国名をあらためたのちも継続してつかわれている。

1961年より使用。楕円形紋章で、アルパカ、パンノキ（果実が食用にされるほか、熱帯地方では街路樹としてもつかわれている）、麦の束、日の出、ポトシ銀山が描かれている。周囲の青い帯には国名と10県を表す10個の黄色い五角星、盾の上にはコンドル、盾の背後には6本の国旗などが配されている。

◆ボリビア共和国　1825～26

1825年、高地ペルーがボリビア共和国としてスペインより独立。国旗はオリーブの枝にかこまれた5個の黄色い五角星を配した緑赤緑の横三色旗。

◆ボリビア共和国　1826～36

1826年、ボリビア共和国の国旗を変更。黄赤緑の横三色旗。ペルー・ボリビア連合の結成で廃止されるが、同連合が消滅したのちはこの国旗が復活する。

◆ペルー・ボリビア連合　1838～39

1836年、ボリビアがペルーを併合し、ペルー・ボリビア連合を結成。1938年制定の国旗は、南北ペルーとボリビアの国章と月桂樹の枝のリースを配した赤旗。

◆ボリビア共和国　1851～1961

1851年、ボリビア共和国の国旗を変更。3色の順番が黄赤緑から赤黄緑にかわる。現国旗はこれに国章を加えたもの。

自然　大陸中西部の内陸国。西部は乾燥したアンデス地方で6000m級の火山群がそびえ、高山気候。中央はアマゾン川上流の高原。東部は森林におおわれた平原。南部は大草原地帯。主産業は農業と鉱業。農産物はサトウキビ、ジャガイモ。牧畜はヒツジ、ウシ、アルパカ。銀、スズを産出。

歴史　12世紀ころからアイマラ人の諸王国がさかえる。15世紀後半にインカ帝国の支配下に。1533年にスペインに征服され、1542年にペルー副王領に編入される。1821年にペルーが独立すると、1825年にペルーから独立。1884年にチリとの戦争にやぶれ、太平洋岸をうしなう。1903年にブラジルにアクレ地方を、1935年にチャコ戦争にやぶれてパラグアイに南部をゆずる。

1952年に民族革命運動が政権をにぎったが、1964年のクーデターで反共軍事政権が誕生。1982年に民政にもどるが、2003年、ついで2005年に大統領が辞任。2005年、格差の是正や、先住民の権利の拡大などをかかげた初の先住民大統領が誕生した。2009年に国名を変更した。

オセアニア

Oceania

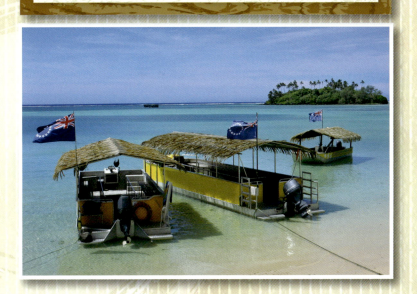

オーストラリア連邦

Commonwealth of Australia

首都：キャンベラ　面積：769.2万km²（日本の20倍）　人口：2445万人　公用語：英語

国旗比率1：2。1908年より使用。左上にイギリス国旗、その下に「連邦の星」とよばれるようになった6つの植民地と1つの準州をしめす大きな白い七角星、右側には南十字星を表す白い1個の五角星と4個の七角星を配した旗。

1912年より使用。盾型紋章で、それまでの国章よりイングランドの感じをうすめ、オーストラリア連邦の雰囲気を多く表現。盾のなかに6つの植民地のシンボル、まわりの白い帯に14個のテンの毛皮模様、盾の背後に国花のワトル、盾の上に連邦を表す黄色の七角星、両側にはオーストラリア固有の動物のカンガルーとエミューを配したもの。

◆**イギリス領オーストラリア植民地旗　1823～25**

1823年、「イギリス領オーストラリア植民地旗」とよばれる非公式の旗が考案される。4個の白い八角星が入った赤十字とイギリス国旗を配した白旗。

◆**イギリス領オーストラリア連邦旗　1831～1900**

1831年、「イギリス領オーストラリア連邦旗」が考案される。赤十字を青十字にかえ星の数も5個にふえた。非公式の旗として1900年ころまでつかわれた。

◆**オーストラリア連邦　1901～03**

1901年、オーストラリア連邦を結成。デザイン・コンテストで国旗の原型がきまった。左下は六角星、右側の星は五角、六角、七角、八角、九角星で構成。

◆**オーストラリア連邦　1903～08**

1903年、右側の南十字星を表す星を1個の五角星と4個の七角星に単純化した。イギリス国旗の下の六角星は現在の国旗と異なっている。

自然　世界最小の大陸とタスマニア島などからなる。東部山地、大鑽井盆地の開ける中央低地、砂漠がちの西部台地に分かれる。東南部は穀物生産地帯、北東部の海には世界最大のサンゴ礁が群生。国土の70％が乾燥気候で少雨。鉱物資源や観光資源も豊富。

歴史　先住民アボリジニの祖先は約5万年前に東南アジア方面から大陸にわたってきた。1770年にイギリス人クックが上陸し、イギリス領を宣言。1788年に囚人をふくむ最初の移民団が到着。19世紀になって自由移民をうけいれ、1828年に大陸全土が植民地となる。1851年に金鉱が発見されてゴールド・ラッシュにわいたが、欧米以外の移民が急増したため、白人がすぐれているとする白豪主義をつよめた。1901年に6州による連邦政府が樹立。1931年にイギリスが自主的立法権をあたえ、独立国となる。

第二次世界大戦後はアメリカに依存するようになり、太平洋安全保障条約に加盟。1970年代、白豪主義をやめ、多民族・多文化社会化がすすんだ。アボリジニは1967年に公民権をあたえられた。

Republic of Kiribati

キリバス共和国

首都：タラワ　面積：726km²（奄美大島程度）　人口：12万人　公用語：キリバス語・英語

国旗比率1：2。1979年より使用。国章のデザインをひきのばした旗。日の出の上を飛んでいる黄色いグンカンドリと太平洋を表す青と白の波線が3本ずつ描かれている。青は太平洋、グンカンドリは自由と力を表す。イギリスから独立したときに制定された国旗。

1979年より使用。国旗と同じデザインの盾型紋章。日の出の17本の光線はギルバート諸島に属する16の島とリン鉱石（工業の原料として利用されるリンがとれる鉱石）の産地として有名なバナバ島をしめしている。3本の波線はギルバート諸島、フェニックス諸島、ライン諸島を表す。下のリボンにキリバス語で「健全、平和、繁栄」と書かれている。

◆アベママ王国　1884（4月〜6月）

1884年、19世紀半ばに成立したアベママ王国が最初の国旗を制定。アベママ、クリア、アラヌカ、ノノウチの4つの環礁（環になっているサンゴ礁）を表す4個の五角星をつけた青地に白いX字の旗。

◆アベママ王国　1889〜92

1889年、アベママ王国の国旗を変更。スコットランドの作家ロバート・ルイス・スティーブンがアベママに滞在したときにファニー夫人が考えたもの。黒いサメを描いた緑赤黄の縦三色旗。3色はアベママ、クリア、アラヌカの3つの環礁を表す。

◆イギリス領ギルバート・エリス諸島域旗　1937〜41

19世紀の終わりからイギリスの支配がすすみ、アベママ王国は消滅。1900年にバナバ島が併合される。1937年にイギリス領ギルバート・エリス諸島の域旗を制定。右に域章を配したイギリス青色船舶旗。

自然　中部太平洋のギルバート諸島、フェニックス諸島、ライン諸島、バナバ島など33のサンゴ礁の島じまからなる。赤道と日付変更線がまじわる海域に点々とあるが、1995年から西側を基準に同じ日付をつかうことにする。熱帯雨林気候で、産物はバナナ、パパイヤ、ココヤシなど。500万km²の漁業水域があり、漁業もさかん。

歴史　1606年にスペイン人が初来航。1788年、イギリス海軍のギルバートが上陸。19世紀初めから、捕鯨船の寄港地としてにぎわい、欧米の船乗りたちが定住しはじめた。1892年にギルバート諸島とエリス諸島がイギリスの保護領となり、1900年にリン鉱石が発見されたバナバ島も併合され、1916年にギルバート・エリス諸島植民地となった。第二次世界大戦中は日本軍が占領したが、戦後ふたたびイギリス領に。1975年に民族のことなるエリス諸島（現ツバル）が分離独立し、1979年にキリバスも独立。同年、アメリカと友好条約をむすんでフェニックス諸島とライン諸島をゆずられた。2008年、サンゴ礁が豊富なフェニックス諸島海域に世界最大級の海洋保護区を設定し、2010年に世界遺産に登録された。

Cook Islands

クック諸島

首都：アバルア　面積：236km²（隠岐島後程度）　人口：2万人　公用語：マオリ語・英語

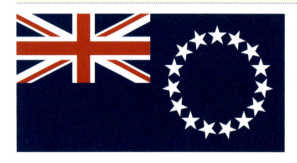

国旗比率1：2。1979年より使用。右側に白い15個の五角星を配したイギリス青色船舶旗。青は太平洋と平和を愛する国民、イギリス国旗はイギリスとの歴史的な関係を、15の星が同じ大きさで輪になっているのは、おもな15の島の平等と統一を表す。

1979年より使用。15個の白い五角星を輪にならべた青い盾を、キリスト教のシンボルである十字架をもったカカイアという鳥と、島の伝統を表すラロトンガの櫂をもった飛魚マロロがささえている。盾の上にあるのは髪かざりで、政府のかわりに地域をおさめる首長がかぶるもの。底部には真珠とヤシの葉、国名が書かれた黄色のリボン。

◆ラロトンガ王国　1858～88

1858年、ラロトンガ王国が成立。国旗は中央にマオリ系、サモア系、タヒチ系の3つの民族を表す青い五角星を配した赤白赤の横三分割旗。

◆イギリス保護領ラロトンガ王国域旗　1888～93

1888年、ラロトンガ王国がイギリス保護領ラロトンガ王国となった。ラロトンガ王国国旗の左上にイギリス国旗を配した域旗を制定。

◆イギリス領ニュージーランド域旗　1902～73

1901年、クック諸島はイギリス領ニュージーランドの支配下に。翌年、域旗を制定。1965年に内政自治権を得て、ニュージーランドとの自由連合にうつる。

◆クック諸島　1973～79

1973年、クック諸島はニュージーランドの合意なしに独立できることになった。このとき制定された国旗は右側に15個の黄色い五角星を配した緑旗。

自然　赤道の南、日付変更線の東のポリネシアに点々とある15の島じまからなる。1000kmの海をへだてて、6つのサンゴ礁の島からなる北クック諸島と、9つの島のうち5つの島が火山島である南クック諸島に分かれる。熱帯雨林気候。ココナッツ、バナナ、タロイモなどを栽培する農業と観光業が主体。

歴史　5世紀ころマオリが定住しはじめたとされる。1595年にスペイン人が航海中に北クック諸島を確認。1773年に到達したイギリス人クックにちなみクック諸島と命名。19世紀半ばから貿易や捕鯨の中継基地としてさかえた。1858年にラロトンガ王国が建国され、1888年にイギリスの保護領となるが、1901年にニュージーランドの支配下にうつり、15の島じまは属領とされた。

1957年に立法議会が設立され、1964年に自治権を得る。1965年に外交・軍事・防衛をニュージーランドにゆだねる協定に合意、自治政府を樹立した。1973年にニュージーランドとの共同宣言で、主権国家の権利がみとめられ、独立国家として外交をおこなうことがみとめられた。

Independent State of Samoa

サモア独立国

首都：アピア　面積：2842km²（佐賀県よりやや広い）　人口：20万人　公用語：サモア語・英語

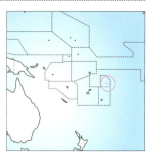

国旗比率1：2。1949年より使用。左上の青地に5個の白い五角星を配した赤旗。1949年にニュージーランド信託統治領西サモアの域旗として制定され、1962年に西サモアとして独立したのち、さらに1997年にサモア独立国にあらためたのちも継続して使用されている。

1962年より使用。盾の中央に南十字星、その上にヤシの木が描かれている。盾の上にはキリスト教を意味する十字架、背後には子午線の入った地球とオリーブの枝のリース、底部にはサモア語で「神がサモアにあらんことを」と書かれたリボン。1962年に西サモアとして独立したときに制定され、1997年にサモア独立国となっても使用。

◆サモア王国　1858～73

1858年、サモア王国が成立。国旗は中央に白い三日月と五角星を配した赤旗。

◆ドイツ領サモア提案域旗　1914

19世紀末にドイツが西サモアを占領。1914年にドイツ領サモア域旗として、中央に波とヤシの木を描いた盾型紋章を配したドイツ国旗を提案。

◆ニュージーランド委任統治領サモア域旗 1922～48

1922年、ニュージーランド委任統治領サモアの域旗を制定。右側に域章を配したイギリス青色船舶旗。1945年に国際連合信託統治領となったのちも使用。

◆ニュージーランド信託統治領西サモア域旗　1948～49

1948年、ニュージーランド信託統治領西サモアの域旗を新たに制定。星は4個。青は自由、赤は勇気とサモアの伝統色、白は純粋さを表す。

自然　サモア諸島のうち、西経171度より西側の9島からなる。中心になる島はウポル島とサバイイ島で、ともにサンゴ礁にかこまれた火山島。熱帯雨林気候。タロイモやヤムイモを自給用の作物として、ココヤシ、カカオ、バナナを商品用の作物として栽培。沿岸漁業もおこなわれている。

歴史　前8世紀半ばにはオーストロネシア系民族がくらしていたと思われる。18世紀半ばころにオランダ人、フランス人が来航したのち、1830年にロンドン伝道協会の宣教師がサバイイ島に上陸し、1875年に東サモア（現アメリカ領サモア）と一体の王国となり、1889年にアメリカ、イギリス、ドイツの共同保護領となる。1898年に首長のあいだで武力抗争がおこるとアメリカとイギリスが軍事介入し、王制を廃止。翌年に東サモアをアメリカが、西サモアをドイツが領有。
　1919年にニュージーランドの国際連盟委任統治領となり、第二次世界大戦後は国連委託による同国の国連信託統治領となる。1962年、立憲君主国として独立。1976年国連に加盟し、1991年から普通選挙をおこなう。1997年に国名をサモア独立国に変更した。

ソロモン諸島

Solomon Islands

首都：ホニアラ　面積：2.9万km²（岩手県の2倍）　人口：61万人　公用語：英語

国旗比率1：2。1977年より使用。左上に5個の白い五角星を配し、黄色い斜線で青と緑に染めわけた旗。青は空と海、緑はゆたかな大地、黄は太陽と砂浜、5個の星は独立したときのマライタ、西部、中部、東部、東部諸島の5つの地区を表す。

1978年より使用。ワニとサメを両側に配した盾型紋章。盾の上部には青地に東部地区をしめす2羽のグンカンドリとマライタ地区をしめすウミワシ、下部は黄地に緑のX字を配し、そのなかに白い槍が交差し、中央には中部地区をしめす盾と弓矢と槍、X字の左右には西部地区をしめす2匹のカメ。盾の上には戦闘用カヌーと太陽のかざりをつけた兜など。

◆イギリス領ソロモン諸島域旗　1907～42／1945～47

1907年、イギリス領ソロモン諸島の域旗を制定。王冠を描き国名を記した白い円形域章を右側に配したイギリス青色船舶旗。第二次世界大戦中に日本軍に占領されたが、1945年にふたたびイギリス領となった。

◆イギリス領ソロモン諸島域旗　1947～56

1947年、イギリス領ソロモン諸島の域旗を変更。盾のなかの黒地に8個の白い三角形、赤地に立ちあがった青いカメを描いた白い円形の域章を右側に配したイギリス青色船舶旗。

◆イギリス領ソロモン諸島域旗　1956～77

1956年、イギリス領ソロモン諸島の域旗を変更。それぞれソロモン諸島を構成する5地区をしめす黄色いライオン、ウミワシ、茶色いカメ、2本の槍と弓矢と盾、2羽のグンカンドリを描いた域章を右側の白い円のなかに配したイギリス青色船舶旗。

自然　オーストラリアの北東にある。ガダルカナル島、サンタイサベル島、ニュージョージア島など大小100あまりの島じまからなり、いずれも熱帯雨林におおわれたけわしい火山島。熱帯雨林気候。産物は木材、パームオイル（マーガリンや石鹸の原料）、カツオ、マグロなど。

歴史　住民は、紀元前13～12世紀ころに移住してきたメラネシア系およびパプア諸語を話す人びとと、紀元後1000年ころに東方からきたポリネシア系の人びとと、20世紀にイギリスの政策で移住してきたキリバス人など。1568年に来島したスペイン人が初のヨーロッパ人。19世紀半ばまでに捕鯨船が寄港し、宣教師や交易商人が来航。1884年に諸島北部がドイツ領、1893年に諸島南部・中部・東部がイギリス領になった。1899年にサモアとひきかえにソロモン諸島北部のドイツ領もふくめたイギリス保護領ソロモン諸島が成立。

1942年に日本が占領し、激戦のすえ、翌年アメリカが占領した。戦後ふたたびイギリス領となるが、島民の不満から1975年に自治政府が成立。1978年に立憲君主国として独立した。

ツバル

首都：フナフティ　面積：26㎢（大阪府交野市程度）　人口：1万人　公用語：ツバル語・英語

国旗比率1：2。1997年より使用。左上にイギリス国旗、右側に9個の黄色い五角星を配した水色旗。9個の星は無人島をふくむこの国の島の数を表す。イギリス国旗はイギリスとの歴史的・政治的関係を表す。1978年の独立時に制定した国旗が1997年に復活した。

1976年より使用。盾のなかには青空のもと、マニアパとよばれる伝統的な集会所と黄と青の7本の波線が描かれ、自治と太平洋を表している。盾のまわりの黄色い帯にはゆたかな国土を表す8本のバナナの葉と、海の幸を表す8個のホラ貝が描かれ、8は国名を意味する。イギリス領時代に制定され、1978年に独立したのちも継続使用されている。

◆イギリス領ギルバート・エリス諸島域旗　1937～75

1937年、イギリス領ギルバート・エリス諸島の域旗を制定。太平洋にのぼる日の出とグンカンドリを描いた域章を右側に配したイギリス青色船舶旗。

◆イギリス領ツバル域旗　1976～78

1976年、イギリス領ツバルの域旗を制定。現在の国章となっている当時の域章を右側に配したイギリス青色船舶旗。

◆ツバル　1995～96

1995年、ツバルの国旗を変更。右側の星の数が、それまでの9個から、有人島の数の8個になった。現在の国旗と同じく、星の配置は実際の島の位置関係。

◆ツバル　1996～97

1996年に、政権が交代して国旗を変更。左に国章を入れた白い三角形、右に白い8個の五角星を配した赤白青白赤の横五分割旗。翌年には独立したときの国旗にもどされた。

自然　南太平洋のエリス諸島の9つの島じまからなる海洋国家。熱帯雨林気候。いずれもサンゴ礁で形成された平らな島で平均高度は2m、最高地点でも5.6m（バイトゥプ島）と海抜が低い。高潮被害をうけやすく農業には不向きで、漁業も自給程度。

歴史　サモア、ギルバート諸島、トンガ、クック諸島北部などの中部・南西部の太平洋の島じまからの移住民が先住。1568年にヌイ島に来航したスペイン人が初のヨーロッパ人。19世紀には捕鯨船や交易商人が多数来訪するようになった。1860年代にはキリスト教が伝来したが、奴隷狩りで多くの島民がオーストラリア、フィジー、ハワイなどにつれて行かれ人口が激減。1892年にイギリス保護領となり、1915年にはギルバート諸島とともに、ギルバート・エリス諸島植民地となる。

1975年にギルバート諸島（現キリバス共和国）と分かれ、1978年にイギリス女王を国家元首とする立憲君主国のツバルとしてイギリス連邦内で独立。1986年・2008年に共和制にうつることを問う国民投票がおこなわれたが否決された。地球温暖化による海面の上昇で、国土の水没が心配される。

Kingdom of Tonga

トンガ王国

首都：ヌクアロファ　面積：747km²（奄美大島よりやや広い）　人口：11万人　公用語：トンガ語・英語

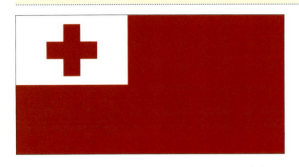

国旗比率1：2。1866年より使用。白地に赤十字の旧国旗を左上に配した赤旗。赤はキリストの血、白は純潔、十字はキリスト教を表す。正式に制定されたのは1875年の新憲法により、以後、国旗のデザインはけっして変更しないことがさだめられた。

1866年より使用。盾型紋章で、左上には黄地におもな3つの群島を表す3個の白い六角星、右上は赤地に王国を表す王冠、左下は青地に平和・統一・キリスト教を表すオリーブの枝をくわえた白いハト、右下は黄地にトンガ、タカラウア、カノクポルの3王家とその血をひく現トゥポウ王家の歴史を表す白い3本の剣、中央の六角星には赤十字。

◆トンガ王国　1850～62

1845年にトゥポウ1世がトンガを統一。1850年にトンガ王国の国旗を制定。中央に赤字Aと青字Mをくみあわせ、左右に4個の十字を配した白旗。AMは聖母マリアへの祝いの言葉「アベ・マリア」をしめすと考えられる。

◆トンガ王国　1862～66

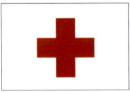

1862年、トンガ王国の憲法を発布。国旗を中央に赤十字を配した白旗に変更。しかし、1864年にヨーロッパで同じデザインの国際赤十字旗が制定されたため国旗の変更が検討された。

自然　ポリネシア海域のもっとも西のはしにある。火山島のトンガタプ島が中心で、4つの諸島、約170の島じまからなる。熱帯雨林気候。産業は農業、漁業、観光業。キャッサバ、タロイモが自給用の作物、バナナ、ココヤシ、カボチャが商品用の作物。

歴史　紀元前850年ころにオーストロネシア系住民が移住、10世紀半ばには最初の王朝が成立したと思われる。1616年にオランダ人がヨーロッパ人としてはじめて来航。1643年にオランダ人航海者・探検家のタスマンが南部諸島を、1773年・1777年にはイギリス人クックがトンガタプ島をおとずれた。1845年にタウファアハウが全土を統一して、1875年に国王トゥポウ1世を名のって立憲君主国を宣言。来島していたキリスト教宣教師団の協力を得て法典をつくり、奴隷を解放した。

1900年にイギリスの保護領となり、1970年にイギリス連邦内の立憲君主国として独立した。2006年、史上初の王族出身以外の首相が誕生した。

Republic of Nauru

ナウル共和国

首都：ヤレン　面積：21km²（東京都多摩市程度）　人口：1万人　公用語：ナウル語

国旗比率1:2。1968年より使用。中央に赤道を表す黄色い横線と、赤道から42km南にある国であることをしめす白い星を配した青旗。星の12の光は12の部族を、青は太平洋を表す。

1968年より使用。盾のなかの上部は黄色の織物の上におもな産物のリン（工業の原料として利用される鉱物資源）が錬金術で用いられる記号で白く描かれ、その下は波の上の止まり木にとまるナウル固有の黒いオオグンカンドリとカロフィルムの花が描かれている。盾のまわりには、2枚のヤシの葉と首長が儀式でつかうヤシのロープなど。

◆ドイツ植民地行政旗　1888～1914

1888年、ニューギニアの一部としてドイツ領となる。中央に金色の王冠と羽を広げたプロイセンのワシを描いた白い円形紋章を配した、黒白赤横三色のドイツ植民地行政旗がつかわれた。

自然　赤道の南約40kmにあり、周囲が19kmのサンゴ礁の島。バチカン、モナコについで世界で3番目に小さい。熱帯雨林気候。リン鉱石の採掘により、石灰岩がむきだしになっている。自給用に野菜や果物の栽培と、漁業をおこなっている。

歴史　先住民はメラネシアから移住したオーストロネシア系の人びと。1798年にイギリスの捕鯨船がはじめて来航。1830年代からは欧米の捕鯨船が寄港するようになり、1888年ドイツが保護領化。1898年にリン鉱石が発見され、1900年にイギリスがドイツから権利を得て、1906年から採掘。1920年、オーストラリア、ニュージーランド、イギリス3国の国際連盟委任統治となる。

　第二次世界大戦で1942年に日本軍が占領、1943年に島民約1200人をトラック島に強制連行した。戦後ふたたび3国の国連信託統治領となる。1966年に立法議会を設立し、1968年にイギリス連邦内で独立。1999年、地球温暖化による海面上昇への危機感から国連に加盟。20世紀後半まではリン鉱石を輸出した収入で国民の生活レベルは高かったが、資源がなくなり経済は破綻した。

リン鉱石バブルのはて

　良質なリン鉱石が採掘されたナウルは、かつて世界有数の金持ち国だった。税金なし、医療費や教育費は無料、年金も支給…。ところが20世紀末、資源はなくなり、たよるのは外国の支援のみ。

サンゴ礁の島は地球温暖化で水没の危機も。

ニウエ

首都：アロフィ　面積：260㎢（徳之島よりやや広い）　人口：0.16万人　公用語：ニウエ語・英語

国旗比率1：2。1975年より使用。左上にイギリス国旗、そのなかに黄色い五角星を入れた青円と4個の小さな黄色い五角星を配した黄旗。黄はニウエを照らす明るい太陽とニウエ国民がニュージーランドとその国民にいだくあたたかい気持ちを表す。

1956年より使用。中央にニュージーランドの国章を配し、周囲に黒字で「ニウエ公式印章」と記した円形印章型の紋章。ニュージーランド国章の盾のなかには3隻のガレー船、南十字星を表す4個の赤い星などが描かれ、盾の左右には国旗をもつ白人女性とタイアハとよばれる儀式用の槍をもつ先住民マオリの男性。ニュージーランドに属していた時代に制定され、1975年に国旗が制定されたのちも使用。

◆イギリス領ニュージーランド域旗　1901～02

1901年、イギリス領ニュージーランドの属領ニウエとなる。当時のニュージーランド域旗を使用。右側に4個の赤い五角星を配したイギリス青色船舶旗。

◆イギリス領ニュージーランド域旗　1902～75

1902年、イギリス領ニュージーランドの域旗を変更。4個の白ふちどりの赤い五角星を配したイギリス青色船舶旗。

自然　トンガの東480kmにある、世界最大のサンゴ礁の島。海面上約60mにわたって石灰岩の断崖がそそりたつ。山や湖はない。11月から翌年4月までが雨季で、サイクロンの通り道になりやすい。パッションフルーツやライム、バナナ、ココヤシなどを栽培。

歴史　10世紀ころ、サモア諸島方面からオーストロネシア系の人びとが移住したと思われ、のちにトンガ諸島方面からも移住。1774年にイギリス人のクックが来航。1846年、サモア人宣教師による布教が成功、1854年までにほとんどの島民がプロテスタントに改宗した。1866年には6つの教会が建設された。1900年にイギリスが併合し、1901年にニュージーランドに施政権がゆだねられた。1904年、評議会が設立されて保護領となった。

1960年、立法議会を設立。1974年の住民投票で外交・防衛をニュージーランドにゆだねる自由連合協定をみとめ、自治政府が成立している。

New Zealand

ニュージーランド

首都：ウェリントン　面積：26.8万km²（日本の7割）　人口：471万人　公用語：マオリ語・英語

国旗比率1：2。1902年より使用。右側に4個の白いふちどりの赤い五角星を配したイギリス青色船舶旗。4個の赤い星は南十字星、左上のイギリス国旗はイギリスとの歴史的・政治的関係を表す。イギリス領だった時代に制定された域旗が、1907年に自治領になっても、また、1947年に完全に独立したのちもひきつづき使用されている。

1956年より使用。盾型紋章。盾は赤と青で4分割され、中央に交易を表す3隻のガレー船を描いた縦の帯がある。盾のなかの左上は青地に赤い4個の星で南十字星、右上は赤地に黄色いヒツジで畜産を、左下は赤地に黄色い麦の束で農業を、右下は青地に黄色い交差したハンマーで工業を表す。盾の両側には白人の女性とマオリの男性。

◆ニュージーランド部族連合旗　1834～40

1834年、ニュージーランド部族連合旗が制定される。左上に白ふちどりの赤い十字と4個の白い八角星を配した聖ジョージ十字旗。

◆イギリス領ニュージーランド域旗　1867～69

1840年にイギリスがニュージーランドの領有を宣言。1867年に域旗を制定。右下に略号のNZと記したイギリス青色船舶旗。

◆イギリス領ニュージーランド域旗　1869～1900

1869年、イギリス領ニュージーランドの域旗を変更。右側に4個の白ふちどりの赤い五角星を配したイギリス青色船舶旗。現国旗と同じデザイン。

◆イギリス領ニュージーランド域旗　1900～1902

1900年、イギリス領ニュージーランドの域旗を変更。4個の赤い五角星を入れた白い円を右側に配したもの。2年後には前の域旗にもどされた。

自然　環太平洋造山帯に属する島国で、火山のある北島、高くけわしいサザンアルプス山脈や氷河のある南島と周辺の島じまからなる。西岸海洋性気候、冷帯多雨気候。酪農・畜産がさかん。漁場もゆたかでマグロ、イカ、タラ漁をおこなう。観光業もさかん。

歴史　ポリネシア系先住民のマオリは9世紀ころから移住してきたとされる。1642年にオランダ人タスマンがやってきて欧米とのつながりができる。1769年にイギリス人クックが探検して地理の全体があきらかになると、捕鯨船や交易商人、宣教師などが来訪。1840年イギリスはマオリの首長たちとワイタンギ条約をむすび直轄の植民地とした。1852年には6州からなるイギリス連邦の自治植民地とされ、マオリは土地の大部分をうばわれた。1860年代になると、南島で金鉱石が発見され、大量の労働者が流入し、1907年、イギリス連邦内自治領となる。1947年、立憲君主国として独立。

　第二次世界大戦後に移民が急にふえたため、1970年代に民族の統合・同化主義から多文化主義に転換。マオリの社会や文化の復権につとめ、2004年にマオリ党が結成された。

Republic of Vanuatu

バヌアツ共和国

首都：ポートビラ　面積：1.2万km²（新潟県程度）　人口：28万人　公用語：ビスラマ語・英語・フランス語

国旗比率3:5。バヌアツ共和国としてイギリスとフランスの共同統治より独立した1980年より使用。左の黒い三角形にブタの牙とナメレという原生のシダを配し、黒でふちどりをした黄色い線で赤と緑に染めわけた横Y字旗。黒は国民のメラネシア人、黄は太陽とキリスト教、赤はブタと人間の血、緑は国土のゆたかさを表す。

◆バヌアツ臨時政府旗　1978～79

1978年、与党バヌア・アク党によりバヌアツ臨時政府が成立。臨時政府旗は、左側の緑地に黄色い3個の3角形、真っ直ぐな棒、曲がった杖を配し、右側は2個の赤い三角形と1個の黒い三角形をくみあわせた旗。

1980年より使用。火山の前に槍をもって立つバヌアツの戦士を描いたもの。背景に国旗にもつかわれたブタの牙とナメレの葉があり、底部にはビスラマ語で「神とともに立つ」という標語が書かれた黄色いリボンが配されている。1980年、イギリスとフランスの共同統治より独立したときに制定された国章。

自然　ソロモン諸島の南東の海域に、南北800kmにわたって点々とある、エスピリツサント島、マラクラ島、エファテ島など約80の島じまからなる。熱帯雨林気候。自給用にヤムイモ、タロイモ、ココヤシなどを栽培。

歴史　前1000年ころに移動してきたオーストロネシア系住民が先住民とみられている。離島部にはポリネシア系の子孫も現存する。1606年にポルトガル人が初来航。1774年イギリス人クックが来航し、ニューヘブリデス諸島と命名。19世紀前半に白檀（香木）が発見されて交易がさかんとなり、宣教師も来島。

1906年にイギリスとフランスの共同統治となったが、1979年の総選挙でイギリス系の政党が圧勝し、1980年にイギリス連邦内の一員として独立した。

太平洋の3文化圏

太平洋の島じまは、3つの地域に分けられる。住民はいずれも東南アジアからわたってきた。

Independent State of Papua New Guinea

パプアニューギニア独立国

首都：ポートモレスビー　面積：46.3万㎢（日本の1.2倍）　人口：825万人　公用語：トクピシン語・英語

国旗比率3：4。1971年より使用。黄色いゴクラクチョウと白い南十字星を配した赤と黒の斜め二分割旗。1971年にパプアニューギニア域旗として制定され、1975年の独立、2007年に国名をあらためたのちもつかわれた。

1971年より使用。槍とクンドゥとよばれる太鼓の上で羽を広げているゴクラクチョウを描き、底部に英語で国名を記したもの。ゴクラクチョウはニューギニアやその付近に生息する鳥で、雄の成鳥は美しい飾り羽をもつ。1975年にパプアニューギニアとして独立したときも、2007年にパプアニューギニア独立国とあらためたときもこの紋章を国章として使用。

◆ドイツ領ニューギニア提案域旗　1914

1884年、ニューギニア島の北東部とビスマルク諸島はドイツ領となる。1914年に域旗を提案。中央にゴクラクチョウを描いた緑の盾を配したドイツ国旗。

◆イギリス領ニューギニア域旗　1884～88

1884年、イギリスは島の南東部を支配し、域旗として王冠と域名の頭文字NGを黒字で記した白い円形域章を右側に配したイギリス青色船舶旗を採用。

◆オーストラリア領パプア域旗　1906～49

1906年、イギリス領ニューギニアはオーストラリア領にうつり、オーストラリア領パプアにあらためられた。域旗は域章の部分の文字をPAPUAに変更。

◆オーストラリア信託統治領パプアニューギニア域旗　1965～70

1965年、オーストラリア信託統治領パプアニューギニアの域旗を制定。ゴクラクチョウを配した緑旗。これ以降の域旗・国旗にはゴクラクチョウを採用。

自然　オーストラリアの北、赤道の南にあり、ニューギニア島の東半分とニューブリテン島、ブーゲンビル島など大小1万ほどの島じまからなる。ニューギニア島の中央部は4000m級の高山地帯。熱帯雨林気候。ヤシ栽培に適し、金、石油などの鉱物資源も。

歴史　先住は約5万年前に東南アジアから移住した現在のニューギニア高地人の祖先と、前3500年ころに広く移住したオーストロネシア系の人びと。1526年にポルトガル人が来航。1884年にドイツが島の東部北岸地域とビスマルク諸島を、イギリスが島の東部南岸地域と周辺地域を保護領とした。

　1906年にイギリス領はオーストラリア領にうつり、パプアと改称。第一次世界大戦後、1920年にドイツ領はオーストラリアの国際連盟委任統治領、第二次大戦後の1946年に同国の国連信託統治領となる。パプアとニューギニアは1949年に一体化し、1973年に内政自治権を得、1975年に独立。ブーゲンビル島は1975年に分離独立運動がおこり、1988年に革命軍と政府軍が衝突。2001年に和平協定がむすばれ、2005年に自治政府が発足した。

Republic of Palau

パラオ共和国

首都：マルキョク　面積：459km²（種子島程度）　人口：2万人　公用語：パラオ語・英語

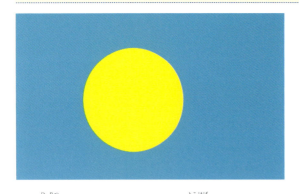

国旗比率5：8。1981年より使用。横幅の4分の1左よりに黄色い円を配した青旗。黄色い円は満月で主権と統一、青は太平洋と独立を表す。1981年に憲法を発布し、自治政府が発足したときに独立をめざして制定。1994年にパラオ共和国としてアメリカより独立したのちも使用。

1981年より使用。印章型で、なかに自治政府が発足した年号1981年をローマ数字で書き、外の壁にパラオの戦いや神話が描かれているバイとよばれる伝統的な集会所、公式印章と書いた旗、外の青い円の帯に国名を記したもの。国旗と同様、1981年に憲法を発布し、自治政府が発足したときにアメリカからの独立をめざして制定された。

◆ドイツ領ニューギニア提案域旗　1914

アメリカとスペインとの戦争の結果、パラオは19世紀末にスペインからドイツに売られ、ドイツ領ニューギニアの属領となる。1914年、ドイツ領ニューギニアの域旗を提案。中央にゴクラクチョウを描いた緑の盾を配したドイツ国旗。

ペリリュー島の玉砕

パラオ諸島のペリリュー島は、南北9km、東西3kmの平たんな小島。太平洋戦争末期の1944年9月15日からの日米両軍の激戦で、日本軍約1万はほとんど全滅した。

自然　フィリピン諸島の東にあり、火山島やサンゴ礁など約200の島じまのパラオ諸島からなる。熱帯雨林気候。漁業とココナッツなどの農業、観光業がおもな産業。

歴史　紀元前2000～紀元前1500年ころには人が住んでおり、東南アジアなどからの移住もあった。16世紀にスペイン人が来航、19世紀初頭からは捕鯨船や商船の来航がさかんとなる。1886年にスペインが領有を宣言したが、1899年にパラオをふくむカロリン諸島をドイツに売った。第一次世界大戦中は日本軍が占領し、1920年から日本の国際連盟委任統治領「南洋群島」となった。第二次世界大戦後の1947年、国連はミクロネシアを6つの地区に分けアメリカの国連信託統治領「太平洋諸島」とし、パラオはその一地区となる。

1965年、ミクロネシア議会が発足。1978年、パラオは住民投票の結果、ミクロネシア地域の統一国家構想からはなれることを決定。1981年にパラオ自治政府が発足、核の貯蔵やもちこみを全面禁止した非核条項をふくむ憲法を公布した。1994年に独立、国連に加盟。2006年、首都をコロールからマルキョクへうつした。

Republic of Fiji

フィジー共和国

首都：スバ　面積：1.8万km²（四国程度）　人口：91万人　公用語：フィジー語・英語・ヒンディー語

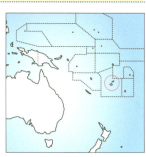

国旗比率1：2。1970年より使用。右側に国章の盾部分を、左上にイギリス国旗を配した水色旗。1970年にフィジーとしてイギリス連邦内の独立国となり、制定された国旗。以後、フィジー共和国、フィジー諸島共和国など、国名があらたまっても国旗として継続して使用されている。

1908年より使用。盾型紋章で、盾のなかの上部は赤地にカカオの実をもつ黄色いライオン、下部は白地に赤い聖ジョージ十字で四分割され、左上にサトウキビ、右上にココヤシ、左下にオリーブの枝をくわえた白いハト、右下にバナナの房。盾の上にはカヌー、盾の左右には2人のフィジー戦士。イギリス領時代に域章として制定され、独立後も使用。

◆フィジー王国　1871〜74

1871年、サコンバウ王が統一してフィジー王国が成立。国旗は中央にオリーブの枝をくわえた白いハトを描いた赤い盾を配した青白の縦二色旗。

◆イギリス領フィジー域旗　1874〜83

1874年、イギリスの植民地となる。イギリス領フィジーの域旗を制定。ヤシの葉をもった人魚を描いた域章を右側に配したイギリス青色船舶旗。

◆イギリス領フィジー域旗　1883〜1908

1883年、イギリス領フィジーの域旗を変更。ライオンの乗った王冠を描き、FIJIと記した白円の域章を右側に配したイギリス青色船舶旗。

◆イギリス領フィジー域旗　1908〜70

1908年、イギリス領フィジーの域旗を変更。右側に域章を配したイギリス青色船舶旗。ここに使用された域章が現在の国章となっている。

自然　南太平洋上の中央部にあり、ビティレブ島、バヌアレブ島を中心に大小330あまりの島じまからなる。熱帯雨林気候。農業はプランテーションによるサトウキビ栽培のほか、米やココヤシも。漁業や林業もおこなわれ、鉱物資源として金が採掘される。

歴史　紀元前900年ころにオーストロネシア系の人びとがうつり住み、のちにポリネシア系の人びとが移動。1643年にオランダ人タスマンが、1774年にイギリス人クックが来航。1874年にイギリスの植民地となり、綿花やサトウキビのプランテーションが発達。労働力を得るため、1879〜1916年で約6万人のインド人が移民として移住した。

1970年、イギリス連邦内の立憲君主国として独立。1987年の総選挙でフィジー系の同盟党政権からインド系の国民連邦党と労働党の連立政権にうつる。しかしフィジー系の軍人がクーデターをおこし、共和国を宣言して連邦をはなれる。1990年にフィジー系を上位とする新憲法を制定。1997年に憲法を改正してインド系住民の権利を拡大して連邦に復帰した。2006年ふたたび軍事クーデター。2009年に非常事態宣言がだされたが、2012年にとかれた。

マーシャル諸島共和国

首都：マジュロ　面積：181㎢（利尻島程度）　人口：5万人　公用語：マーシャル語・英語

国旗比率10：19。1979年より使用。左上に24の光を放つ白い星、左下から右上にかけてオレンジ色と白の斜め帯のある青の旗。青は太平洋、白は平和、オレンジ色は勇気、2本の帯はマーシャル諸島の東側のラタク列島と朝日、西側のラリック列島と夕日を表す。

1979年より使用。鎖でかこまれた印章型国章。中央に翼を広げた平和の天使、上部に国旗にある24の光を放つ星とオレンジ色と白の帯2本、天使の右肩にどの家庭にもあるオオジャコガイでつくられた打ち棒、左肩には魚をとる網、下部には浮き材つきのカヌー、ココヤシの葉と貝殻でつくった伝統的な海図などが配されている。

◆ラリック列島旗　1878～85

1859年にドイツが本格的に植民を開始。1878年、マーシャル諸島西側のラリック列島旗を採用。当時のドイツ国旗の3色を使った横五分割旗。

◆ドイツ領ニューギニア属領マーシャル諸島提案域旗　1914

1906年、マーシャル諸島はドイツ領ニューギニアの属領となる。1914年にドイツ領ニューギニア属領マーシャル諸島となり、中央にゴクラクチョウを描いた緑の盾を配したドイツ国旗が域旗として提案された。

自然　ミクロネシア連邦の東、キリバスの北にあり、ラタク列島とラリック列島からなる。熱帯雨林気候。農業、漁業とブタの飼育で生活をいとなむほか、観光業とマグロ漁がおこなわれるようになった。

歴史　紀元前1000年ころオーストロネシア系の人びとが移住。1529年にスペイン人が来航。諸島名は1788年に来航したイギリス人マーシャルによる。1885年にドイツ保護領に。1914年に日本軍が占領し、1920年に日本の国際連盟委任統治領「南洋群島」の一部とした。

第二次世界大戦後、ミクロネシアは6つの地区に分けられ、アメリカの国連信託統治領「ミクロネシア連邦」となる。アメリカは1946～1958年、ビキニ環礁、エニウェトック環礁で67回の核実験をおこなう。1954年の水爆実験で日本の漁船「第五福竜丸」が放射性物質をあびた。1978年の住民投票により連邦からはなれ、1979年に憲法を制定、自治政府を樹立した。1982年にアメリカと自由連合盟約をむすび、1986年に独立するが、国防と安全保障の権限はアメリカにゆだねられている。

Federated States of Micronesia

ミクロネシア連邦

首都：パリキール　面積：702㎢（対馬程度）　人口：11万人　公用語：英語

国旗比率10：19。1986年より使用。中央に4個の白い五角星を配した青旗。4個の星は連邦を構成する4州を意味する。これらを結ぶと十字になり、南十字星とキリスト教を表す。青は太平洋と自由、白は平和を示す。前の国旗より青の濃さが変更された。

1979年より使用。印章型紋章で、中央に海にうかびヤシの葉が出はじめたココナッツの実、上部に連邦を構成する4州を表す4個の白い五角星、下部に英語で「平和、統一、自由」と書かれた白いリボン、憲法が発布された年号を記し、黄色の縄と国名・政府の英語名、さらに青い縄でかこんだもの。自治政府が発足したときに独立をめざして制定。

◆**アメリカ太平洋諸島信託統治領域旗　1965～79**

1947年、国際連合の信託統治領 太平洋諸島としてアメリカが統治を開始。1965年にミクロネシア議会が発足し、アメリカ太平洋諸島信託統治領の域旗を制定。中央に6個の白い五角星を配した青旗。

◆**ミクロネシア連邦　1979～86**

1979年、憲法を発布し、ミクロネシア連邦自治政府が発足。独立をめざして国旗を制定。アメリカ太平洋諸島信託統治領の域旗では6個だった星が4個になり、配置もかわった。

自然　フィリピンの東方の西太平洋、東西約3200km、南北約1200kmの海域に広がるカロリン諸島に属し、600あまりの島じまからなる。農産物はココナッツ、キャッサバ。

歴史　紀元前1000年ころから人が住んだとされるが、東南アジアやメラネシアからの移住民も多い。1529年にスペイン人が来航、スペイン領を宣言。1830年から捕鯨船の寄港地に。19世紀半ばからアメリカの伝道師によるキリスト教化がすすむ。1899年にスペインはドイツに売ったが、第一次世界大戦後の1920年に日本の国際連盟委任統治領「南洋群島」となり、日本人も多く住むようになった。チューク島（旧トラック島）では、第二次世界大戦で日本とアメリカがはげしく戦った。

1947年にアメリカの国連信託統治領「太平洋諸島」となる。1979年にマリアナ諸島、パラオ、マーシャル諸島をのぞく4州（ヤップ、チューク、ポンペイ、コスラエ）で連邦を構成するミクロネシア憲法草案がみとめられ、自治政府が発足。1982年にアメリカと自由連合盟約をむすび、1986年に独立するが、国防と安全保障の権限はアメリカにゆだねられている。

国名さくいん

国名	ページ
ア行	
アイスランド共和国	134
アイルランド	135
アゼルバイジャン共和国	14
アフガニスタン・イスラム共和国	16
アメリカ合衆国	194
アラブ首長国連邦	18
アルジェリア民主人民共和国	74
アルゼンチン共和国	220
アルバニア共和国	136
アルメニア共和国	19
アンゴラ共和国	75
アンティグア・バーブーダ	196
アンドラ公国	138
イエメン共和国	20
イギリス（グレートブリテン及び 北アイルランド連合王国）	139
イスラエル国	21
イタリア共和国	141
イラク共和国	22
イラン・イスラム共和国	23
インド	25
インドネシア共和国	27
ウガンダ共和国	76
ウクライナ	144
ウズベキスタン共和国	28

国名	ページ
ウルグアイ東方共和国	221
エクアドル共和国	222
エジプト・アラブ共和国	77
エストニア共和国	145
エスワティニ王国	101
エチオピア連邦民主共和国	79
エリトリア国	81
エルサルバドル共和国	197
オーストラリア連邦	236
オーストリア共和国	146
オマーン国	30
オランダ王国	148
カ行	
ガイアナ共和国	223
カザフスタン共和国	31
カタール国	32
ガーナ共和国	82
カナダ	198
カーボベルデ共和国	83
ガボン共和国	84
カメルーン共和国	85
ガンビア共和国	86
カンボジア王国	33
ギニア共和国	87
ギニアビサウ共和国	88
キプロス共和国	35

国名	ページ
キューバ共和国	199
ギリシャ共和国	149
キリバス共和国	237
キルギス共和国	36
グアテマラ共和国	200
クウェート国	37
クック諸島	238
グレナダ	201
クロアチア共和国	151
ケニア共和国	89
コートジボワール共和国	90
コスタリカ共和国	202
コソボ共和国	153
コモロ連合	91
コロンビア共和国	224
コンゴ共和国	92
コンゴ民主共和国	93

サ行

国名	ページ
サウジアラビア王国	38
サモア独立国	239
サントメ・プリンシペ民主共和国	95
ザンビア共和国	96
サンマリノ共和国	154
シエラレオネ共和国	97
ジブチ共和国	98
ジャマイカ	203

国名	ページ
ジョージア	40
シリア・アラブ共和国	41
シンガポール共和国	42
ジンバブエ共和国	99
スイス連邦	155
スウェーデン王国	156
スーダン共和国	100
スペイン王国	157
スリナム共和国	226
スリランカ民主社会主義共和国	43
スロバキア共和国	159
スロベニア共和国	160
スワジランド王国	101
赤道ギニア共和国	102
セーシェル共和国	103
セネガル共和国	104
セルビア共和国	161
セントクリストファー・ネービス	204
セントビンセント及びグレナディーン諸島	205
セントルシア	206
ソマリア連邦共和国	105
ソロモン諸島	240

タ行

国名	ページ
タイ王国	44
大韓民国	45
タジキスタン共和国	46

国名	ページ
タンザニア連合共和国	106
チェコ共和国	163
チャド共和国	108
中央アフリカ共和国	109
中華人民共和国	47
チュニジア共和国	110
朝鮮民主主義人民共和国	49
チリ共和国	227
ツバル	241
デンマーク王国	164
ドイツ連邦共和国	165
トーゴ共和国	111
ドミニカ共和国	207
ドミニカ国	208
トリニダード・トバコ共和国	209
トルクメニスタン	50
トルコ共和国	51
トンガ王国	242

ナ行

国名	ページ
ナイジェリア連邦共和国	112
ナウル共和国	243
ナミビア共和国	113
ニウエ	244
ニカラグア共和国	210
ニジェール共和国	114
日本国	53

国名	ページ
ニュージーランド	245
ネパール連邦民主共和国	54
ノルウェー王国	167

ハ行

国名	ページ
ハイチ共和国	211
パキスタン・イスラム共和国	55
バチカン市国	168
パナマ共和国	212
バヌアツ共和国	246
バハマ国	213
パプアニューギニア独立国	247
パラオ共和国	248
パラグアイ共和国	228
バルバドス	214
バーレーン王国	56
ハンガリー	169
バングラデシュ人民共和国	57
東ティモール民主共和国	58
フィジー共和国	249
フィリピン共和国	59
フィンランド共和国	171
ブータン王国	60
ブラジル共和国	229
フランス共和国	172
ブルガリア共和国	174
ブルキナファソ	115

国名	ページ
ブルネイ・ダルサラーム国	61
ブルンジ共和国	116
ベトナム社会主義共和国	62
ベナン共和国	117
ベネズエラ・ボリバル共和国	230
ベラルーシ共和国	175
ベリーズ	215
ペルー共和国	232
ベルギー王国	176
ボスニア・ヘルツェゴビナ	177
ボツワナ共和国	118
ポーランド共和国	178
ボリビア多民族国	234
ポルトガル共和国	179
ホンジュラス共和国	216

マ行

国名	ページ
マケドニア旧ユーゴスラビア共和国	181
マーシャル諸島共和国	250
マダガスカル共和国	119
マラウイ共和国	120
マリ共和国	121
マルタ共和国	182
マレーシア	64
ミクロネシア連邦	251
南アフリカ共和国	122
南スーダン共和国	124

国名	ページ
ミャンマー連邦共和国	65
メキシコ合衆国	217
モザンビーク共和国	125
モナコ公国	183
モーリシャス共和国	126
モーリタニア・イスラム共和国	127
モルディブ共和国	66
モルドバ共和国	184
モロッコ王国	128
モンゴル国	67
モンテネグロ	185

ヤ行

国名	ページ
ヨルダン・ハシェミット王国	69

ラ行

国名	ページ
ラオス人民民主共和国	70
ラトビア共和国	186
リトアニア共和国	187
リビア	129
リヒテンシュタイン公国	188
リベリア共和国	130
ルクセンブルク大公国	189
ルーマニア	190
ルワンダ共和国	131
レソト王国	132
レバノン共和国	71
ロシア連邦	191

苅安 望（かりやす のぞみ）

1949年、千葉県生まれ。早稲田大学政治経済学部政治学科卒業。
三菱商事(株)に入社し東京本店、ニューヨーク支店、メルボルン支店食品部門
勤務を経て、ヤマサ醤油(株)の取締役国際部長、顧問を歴任し2015年退職。
2000年より旗章学協会国際連盟(FIAV)の公認団体である日本旗章学協会会長。
北米旗章学協会、英国旗章学協会、オーストラリア旗章学協会、各会員。
2009年7月横浜で海外研究者を招致してアジア初の国際旗章学会議開催。
旗章学協会国際連盟には「太極旗の歴史」ほか投稿論文多数。

著書:「歴史と共に進化する国旗—世界の国旗図鑑」(偕成社)／「世界の軍旗、
翼章、国旗図鑑」(彩流社)／「世界海事旗章図鑑」「列強植民帝国旗章図鑑」
「世界旗章図鑑番外編」(以上、彩流社)／「世界の国旗と国章大図鑑」「こど
も世界国旗図鑑」(以上、平凡社)／「世界地方旗図鑑」(えにし書房)／「決
定版　国旗と国章図鑑」(世界文化社)／「日本地方旗図鑑—ふるさとの旗の
記録」(えにし書房)／「歴史と共に進化する国旗—世界の国旗図鑑改訂版」(偕
成社)／「日本地方旗図鑑—解読編」(えにし書房)／「世界の国旗・国章歴
史大図鑑」(山川出版社)　他

編集協力／洛思社
装丁・本文デザイン／グラフ
組版／横田右近（ココンブレンド）、安田桂子（RAFT design）
写真／Shutterstock 他

歴史がわかる！ 世界の国旗図鑑

2018年8月27日　第1版第1刷印刷　2018年8月31日　第1版第1刷発行

著　者　苅安 望

発 行 者　野澤伸平

発 行 所　株式会社 山川出版社
　　　　　〒101-0047　東京都千代田区内神田1-13-13
　　　　　電話　03（3293）8131（営業）／03（3293）1802（編集）
　　　　　https://www.yamakawa.co.jp/
　　　　　振替　00120-9-43993

企画・編集　山川図書出版株式会社

印 刷 所　共同印刷株式会社

製 本 所　株式会社ブロケード

©2018　Printed in Japan ISBN978-4-634-15136-9 C0022

・製本には十分注意しておりますが、万一、落丁、乱丁などがございましたら、
　小社営業部宛にお送りください。送料小社負担にてお取り替えいたします。
・定価はカバー・帯に表示してあります。